아 !
대 한 민 국
저 들 의
공 화 국

아! 대한민국, 저들의 공화국

지은이 | 지승호
펴낸이 | 김성실
편집주간 | 김이수
편집 | 박남주 · 천경호
마케팅 | 이동준 · 이준경 · 강지연 · 이유진
디자인 · 편집 | (주)하람커뮤니케이션(02-322-5405)
인쇄 | 중앙 P&L(주)
제본 | 대흥제책
펴낸곳 | 시대의창
출판등록 | 제10-1756호(1999. 5. 11)

초판 1쇄 인쇄 | 2008년 7월 28일
초판 1쇄 발행 | 2008년 8월 4일

주소 | 121-816 서울시 마포구 동교동 113-81 4층
전화 | 편집부 (02) 335-6125, 영업부 (02) 335-6121
팩스 | (02) 325-5607
이메일 | esuesu21@naver.com(책임편집자)

ISBN 978-89-5940-125-3 (03300)
책값은 뒷표지에 있습니다.

아!
대한민국 저들의 공화국

지승호 인터뷰

홍성태 박상표 강수돌 조약골 김용철 김상조

토건·시장 만능, 미국·재벌 프렌들리, 딴나라 2MB정권

시대의창

'저들의 공화국'에서 '우리의 공화국'을 염원하며

지난 대선과 총선 결과는 진보진영, 아니 시대의 진보를 바라는 많은 이들에게 무력감을 안겨주기에 충분했다. 우파를 참칭한 사이비 우파들은 진보·보수 얘기를 낡은 담론으로 치부하면서 경제를 살려야 한다고 거품을 문다. 누구를 위한 경제인지는 모르겠지만 말이다. 늘 얘기하는 거지만, 진보와 보수는 자신의 사회적 위치와 세계관을 종합적으로 반영하는 단어에 불과한데, 그들은 늘 그것에 이데올로기의 딱지를 붙이면서 사람들이 정치에 관심이 없어지기만을 바라고 있다. 그리고 그 결과는 자기들끼리 알아서 세상을 망치는 것으로 나타난다. 그들은 늘 경제, 경제만을 입에 달고 살지만 어디 경제가 정치와 사회 영역과 뚝 떼서 생각할 수 있는 문제인가 말이다.

진보 역시 낡은 패러다임에 갇혀 있었는지도 모른다. 그들 역시 다수의 국민들에게 희망을 주지 못한 것이 이런 결과로 나타났을 것이다. 희망은 절망의 끝에서 온다고 했던가? 10대 소녀들이 촛불을 들고 나왔다. 예전 박정희 시절 말기에 동일방직, YH무역의 여공들이 나와서 똥물을 먹으면서 저항(저항이라는 단어를 쓸 수밖에 없는 내 상상력이 슬프다)했던 것처럼 시대의 가장 약한 곳에서 빛은 나오기 시작했다. 그런데 그때의 여공들과 이 소녀들은 또 좀 다르다. 달라진 시대만큼이나 밝았고, 여유로웠다. 물대포를 쏘면 온수를 외치고, "불법 집회니 해산하고 집에 가라"는 경찰의 방송에는 "노래해"로 대응했다. 경찰의 과잉진압에 대해서는 도망갔다 다시 돌아오는 방법으로, 끝까지 비폭력을 외쳤다. 물론 일부에서는 이런 방식으로 그들에게 조금의 위협도 줄 수 없으며, 아무런 변화도 얻을 수 없다고 주장했다. 그런데 어쩌랴, 절차적 민주주의로 뽑힌 대통령이라는데, 정말 지겹고 지겹도록 비폭력으로 촛불을 들어서라도 하나하나 바꿔나가는 수밖에 도리가 없지 않은가 말이다.

작가 이외수도 자신의 홈페이지에서 〈그래도 나는〉이라는 시로 촛불을 얘기했다.

촛불입니다
예전에는
심지를 태우는 아픔으로
온 방안을 환하게 밝힌다는

자부심이 있었습니다
요즘은
아무리 많은 심지를 태워도
이 세상의 어둠은
쉽게 물러가지 않는다는 사실에
전율감을 느낍니다
그래도 저는
촛불입니다
눈부시게 타겠습니다

정말 이외수의 말대로 이 세상의 어둠은 쉽게 물러가지 않는다는 사실에 좌절했었다. 60일을 넘게 촛불을 들어도 눈 하나 깜짝하지 않고, 100만의 인파가 모여서 촛불을 들어도 대통령은 "잠시 소나기를 피하느라" 사과하는 시늉만 했다. 그래도 우린 아무것도 얻은 것이 없을까?

진중권은 〈촛불에 대한 단상〉이라는 글에서 이렇게 말했다. "하지만 촛불이 거둔 성과는 정작 다른 데에 있습니다. 이제까지 정치에 관심 없던 시민들이 드디어 정치가 자신의 삶과 밀접한 관련이 있다는 것을 몸으로 깨달았습니다. 그리고 그 어떤 정당이나 단체도 생각해보지 못했던 창의성으로 정치의 또다른 차원이 존재한다는 것을 보여주었습니다. 직접 경찰에 맞서다가 위협당하고, 연행당하고, 폭행당하고, 구속당하면서 시민이 주권을 잃으면 국가권력으로부터 어떤 대접을 받는지 생생히 체험했습니다. 그리고 이 모든 사태가 자신들의 정치적 무관심에서 비롯한 것임을 절실히 깨닫고, 자신을 정치적 주체로 세워냈습니다. 저는 이것이야말로 촛불이 거둔 승리의 핵심이라고 생각합니다."

사람들이 자신을 억압하는 것이 무엇인지, 우리가 무관심하면 광우병 위험이 있는 소를 먹여도 아무 소리도 할 수 없으며, 거기에 항의하면 방패로 찍힌다는 경험도 했다. 누군가가 말한 것처럼 쇠고기에 무슨 좌파, 우파가 있겠나.

조선시대에는 왕이 실정을 하면 목숨을 걸고 상소하는 선비들이 있었다. 어차피 지금도 대의민주주의 시대인 만큼 누군가는 국민들을 대신해서 정책을 입안하고 결정해야 한다. 누군가는 그들에게 상소문을 올려야 한다. 상소문의 핵심은 그 안의 내용이 아니라 목숨을 걸고 왕에게 직언할 수 있느냐, 바로 그것일 것이다. 그리고 설득을 하려면 사안을 꿰뚫는 통찰력이 있어야 할 것이다. 낡은 우파들은 "감히 왕에게"라고 하면서 논의를 막고 있고, 낡은 좌파들은 올린 상소문 자체를 보지도 않은 채 절차의 문제를 따지고 상소문의 문장을 따지고 있다. 이런 한국에서 좌·우파를 넘어서는 고민이 시작되었고, 그것이 가시화되어 나타난 것이 지금의 촛불집회가

아닐까? 냄비? 진중권의 말대로 60일이 넘게 끓는 냄비가 어디 있
단 말인가? 그들은 100일, 아니 5년간 촛불을 들어서라도 합리적인
나라를 만들려고 하고 있다. 평화적으로.

　이 책은 (처음부터 의도하지는 않았지만, 하긴 이것이 의도한다
고 될 일이겠느냐만) 2002년부터 나오기 시작한 지승호의 지식인,
활동가를 통해서 본 한국사회 들여다보기 시리즈의 2008년 버전이
자 지난해 펴낸 《하나의 대한민국, 두 개의 현실》의 연장선에 있는
인터뷰집이다. 《하나의 대한민국, 두 개의 현실》이 좌파 지식인들
과의 인터뷰를 통해서 한국사회가 실상 두 개의 현실로 구성되어
있으며, 양극화를 해소하기 위해서는 새로운 상상력이 필요하다는
것을 보여줬다면, 《아! 대한민국, 저들의 공화국》에서는 한결같이
좌파고 우파고 뭐고를 떠나서 대한민국을 틀어쥔 소수의 전횡을 견
제하지 못하면 대다수 국민들의 삶은 물론 한국에 미래가 없음을
말하고 있다.

　이 책 제목을 생각하다가 정태춘의 〈아! 대한민국〉 노래말이 떠
올랐다. 나온 지 10년이 지난 그 노래가 지금에도 이렇게 현실적으
로 느껴지다니. 아니 오히려 껍데기를 벗고 본 모습을 시원하게 드
러낸 그들을 보면서 이 가사가 더 명확하게 파고든다. (고맙다고 해
야 하나?) 그래서 주저없이 "아! 대한민국, 저들의 공화국"을 책 제

목으로 정했다. 그리고 정태춘이 그렇게 생각했던 것처럼 이 제목은 국민 대다수의 삶을 보장하는 "아! 대한민국, 우리의 공화국"을 염원하는 것이기도 하다. (설마 '우리의 공화국'이 '조선인민민주주의공화국'을 이르는 것이라고 게거품을 무는 인간이 나오진 않겠지. 대한민국 헌법 제1조는 "대한민국은 민주공화국이다"라고 시작한다는 사실을 다시 한 번 일깨워주고 싶다.)

한국사람 어느 누구라도 토건국가가 문제를 내포하고 있다는 건 어느 정도 알고 있다. 나는 홍성태 교수만큼 토건국가 문제를 명쾌하게 알려준 사람을 본 적이 없다. 홍 교수는 토건국가 문제가 환경 문제뿐 아니라 예산 배분의 문제이기도 하며, 이것은 소수 건설자본의 배만 불릴 뿐 대다수 국민들의 삶의 안전망과는 전혀 관계가 없다는 것을 보여준다. 박상표 국민건강을 위한 수의사연대 정책국장은 지금의 촛불집회가 단지 30개월 이상 된 쇠고기를 먹지 않기 위해 나온 것이 아님을 강조한다. 광우병의 위험성은 물론, 그런 위험성은 전혀 고려하지 않거나 거짓말로 일관하는 우리 관료들의 문제를 통해 한국사회 상층부가 얼마나 부패하고 무능한지에 대해 폭로한다.

강수돌 교수는 생태와 농업의 문제에 대해 얘기한다. 우리 삶과 경제를 좀더 건전한 구조로 돌려놓으려면 죽음의 경제가 아니라 삶의 경제로 인식을 전환해야 한다는 것이다. 노래하는 아나키스트

조약골은 좀더 다양한 형태의 대안적 운동과 실험을 통해 사회적 약자들이 좀더 살기 나은 세상을 만들어야 한다고 말한다.

김용철 변호사는 자신의 인생을 걸고 이건희 일가와 그 가신 그룹의 비자금과 정관계 로비, 불법승계에 관한 내용을 폭로했고, 이 인터뷰를 통해 자신의 심경을 털어놨다. 그리고 삼성 문제는 자본주의의 상식으로도 이해할 수 없다고 얘기한다. 김상조 교수는 재벌의 지배구조 문제가 해결되지 않고는 한국 경제의 미래가 없다고 말한다. 장하준 교수가 말한 사회적 대타협 역시 한번 주면 다시 돌려받지 못할 것을 약속하는 것이기 때문에 실효성이 없으며 재벌개혁, 지배구조 개선을 통해 한국경제의 구조를 바로잡아야 한다고 역설한다.

한국의 대다수 구성원들에게 간절하게 들려주고 싶은 이야기들이다. 좀더 많은 인터뷰를 실을까도 했으나, 선택하고 집중했다.

이 인터뷰들은 월간 《인물과사상》을 통해 진행된 것들이다. 하지만 지면관계상 절반 또는 3분의 1 정도밖에 게재하지 못했고, 단행본에서는 인터뷰 전체를 다 살릴 수 있으므로 메시지를 훨씬 더 강하게 전달할 수 있으려니 생각했다. 단행본을 시대의창에서 낼 수 있게 허락해주신 인물과사상사 분들에게 감사드리고, 좋은 분들과 인터뷰할 수 있도록 주선해준 월간 《인물과사상》 정지희 씨에게도 감사드린다. 간단없이 책을 펴낼 수 있도록 배려해주신 시대의창 김성실 대표에게도 감사의 말씀을 전하고 싶고, 특히 바쁜 시간을 쪼개서 인터뷰에 응해주신 강수돌, 김상조, 김용철, 박상표, 조약골, 홍성태 여섯 분에게는 특별한 감사의 말씀을 드리고 싶다. 하나 되는 '우리의' 대한민국을 바라며.

지승호

강수돌 _ 생태마을 공동체를 위해 투쟁하는 이장님

김상조_ '유전무죄'의 부패구조 청산 없이는 미래도 없다

한반도대운하는 돌이킬 수 없는 대재앙

홍성태

● 문화연대 공간환경위원회 부위원장, 정보공유연대 대표, 참여연대 정책위원장으로 활동한 바 있다. 현재 상지대 문화컨텐츠학과 교수로 재직하고 있으며, 참여연대 집행부위원장을 맡고 있다. 저서로는 《생태사회를 위하여》 《대한민국 위험사회》 《개발주의를 비판한다》 《반미가 왜 문제인가》 《서울에서 서울을 찾는다》 《생태사회를 위하여》 《현대 한국사회의 문화적 형성》 등이 있다.

"저들이 지금 왜 안면몰수하고 운하를 강행하려는지 알아요? 정치적인 이유 때문입니다. 처음부터 끝까지 정치사업이에요. 그 실체를 우리가 똑바로 알아야 합니다. …… 여기 국내 5대 건설사 컨소시엄이 참여한다는데, 그것들이 어떤 기업인지 따져보자고요. 작년, 재작년에 아파트 분양과 관련해서 큰 문제가 된 담합 혐의에 연루된 기업들이에요. 대형 부정부패, 정경유착의 주범들이라고요. 그런 건설사들이 대규모 토목 공사 반대할 리가 만무하잖아요. 그들로서는 노다지를 캐는 일인데 쌍수를 들어 환영할 일이죠. 그런 기업들이 찬성하면 추진한다는 게 말이 되는 얘긴가요. 터무니없습니다. 이명박 대통령은 입만 열면 '기업의 도우미'가 되겠다고 하는 모양인데요. 그럴 거라면 대통령을 해서는 안되죠. 대통령 자리가 기업의 도우미나 할 자리입니까? 그럴 거면 차라리 전경련 회장이나 해야죠."

사진 ⓒ 권영탕

홍성태

● 참여연대 집행부위원장을 맡아 분주한 나날을 보내고 있는 홍성태 상지대 교수를 만나 '뉴타운' '혁신도시' '한반도대운하' 등으로 상징되는 토건국가 문제를 들어보았다.

황상윤 씨는 "신자유주의 10년으로 이명박 정권에게 청와대행 대로를 만들어줬다. 청와대에 무혈입성만 시켜준 것이 아니다. 청와대에 입성한 후 겪게 될 수많은 어려움들을 알아서 미리 해결해놨다. 이명박 정권이 사회 양극화를 확대한 정권이란 비판을 받지 않도록 신자유주의 정책을 미리 확대했다. 이명박 정권이 전범 정권이 되는 어려움을 겪지 않도록 이라크 파병을 미리 연장했다. 이명박 정권이 미국의 애완견 정권으로 비판받지 않도록 애완견이 되어 미리 평택에 군부대를 투입했다. 어쩌면 노무현 정권은 이명박 정권의 개국공신으로 훈장을 받을지도 모를 일"이라고 했다.

노무현 정권은 기대와는 다르게 각종 개발사업을 일으켜 민심을 수습하려고 했고, 이를 바탕으로 이명박 정권은 전대미문의 토건사업 확대 정책을 계획하고 있고, 많은 이들이 이를 우려하고 있다. 상지대 교수이자 참여연대 집행부위원장인 홍성태 교수는 "대운하 계획을 철회하지 않으면 경제파국을 맞게 될 것"이라고 하면서 "토건거품이라는 것은 반드시 토건공황으로 폭발할 수밖에 없고, 토건공황은 반드시 금융공황으로 이어지게 된다"고 경고하고 있다.

또 홍성태 교수는 "토건국가에 시달리면서 토건국가에 제대로 관심을 기울이지 않는 것은 군부독재에 시달리면서 군부독재에 제대로 관심을 기울이지 않는 것과 같다. '사익'을 위해 막대한 혈세를 탕진해서 국토를 파괴하는 토건연합의 문제를 널리 알리고 해결하지 않는다면, 우리는 결국 만성적 불안에 시달리면서 명백한 파국을 향해 치달리게 될 것"이라고 하면서 "진보개혁 진영이 토건국가 문제에 대해서 무관심해도 너무 무관심하다. 그 문제를 해결하지 못하면 한국의 미래는 없다"고 덧붙였다.

홍성태 교수와의 인터뷰는 2008년 2월 2일 토요일 오후 참여연대 3층 회의실에서 이루어졌다.

{ 한반도대운하는 철저하게 정치놀음의 산물

지승호(이하 **지**)　　지금 보면 이명박 대통령이 당선인 시절부터 경부운하를 밀어붙이려는 의지를 강하게 내보여왔는데요. 대선 전만 해도 대개들 '(당선되더라도) 집권 기간에 기껏 착수 정도 할 수 있지 않겠나' 예상하지 않았습니까? 대선 기간에도 (이명박 후보의 핵심 공약임에도 불구하고) 경부운하는 일부러 의제에서 피해갈 정도로 민심을 잘 읽고 있었던 듯한데, 국민이 그토록 싫어하는 대운하를 말만 바꿔가며 기만적으로 강행하려는 이유가 뭐라고 생각하십니까?

홍성태(이하 **홍**)　　일부에선 이렇게 밀어붙이진 않을 거라고 생각했지만, 저는 그렇게 보지 않았습니다. 저는 "틀림없이 강행할 것이니 여기에 적극적으로 대응해야 한다. 시간이 얼마 남지 않았다"고 얘기해왔습니다. 이명박 대통령이 대선 기간 동안 이것을 사실상 뒤로 빼놓았던 것은 그 나름의 정치적 계산에 따른 거죠. (공약 입안 자체가) 정략의 산물이었던 거고, 이게 워낙 무모하고 황당한 사업이다보니까 비판이 클 수밖에 없었기 때문이에요. 십 몇 년을 연구해왔다고 하지만 실제로 지난 1년 6개월 내내 말 바꾸기를 해온 것만 봐도 근거 없는 얘기라는 게 훤히 보입니다. 그러다보니까 급기야는 "이명박이 하는 일이므로 무조건 된다. 믿고 따르라"는 식의 터무니없는 주장들을 하고 있는 거죠.

추부길 씨는 "사장들은 다 찬성하는데, 직원들이 변화가 귀찮아서 하지 않는다"는 그야말로 몰상식하기 짝이 없는 발언을 서슴지 않았다는 말이에요. 그런 사람이 당선인 비서실 정책팀장을 했다는 자체가 터무니없고요. 더욱이 그 사람이 목사라고 하는 사실도 황당한데요. 결국 선거가 끝나고, 12월 20일에 운하저지국민행동에서 긴급행동을 했습니다. 그때 제 발언의 요지도 "당장 바로 밀어붙일 것"이라는 거였습니다. 청계천도 비슷한 방식으로 해왔잖아요. 아니나 다를까 21일 아침에 대뜸 예정대로 할 것이라고 주장하고 나왔죠. 이 사업은 예정이라는 게 없어요. 있을 수가 없는 것이고, 그건 첩첩산중 넘어야 할 모든 절차를 무시하겠다는 발언이기도 합니다. 그건 정말 대통령으로서 할 소리가 절대 아니죠.

저들이 지금 왜 안면몰수하고 운하를 강행하려는지 알아요? 정치적인 이유 때문입니다. 운하사업은 무슨 국운 융성하는 사업이 절대 아니고, 정권을 획득하기 위해서, 또 정권의 안정을 위해서 추구하는 사업입니다. 그래서 처음부터 끝까지 정치사업이에요. 그 실체를 우리가 똑바로 알아야 합니다. 우선 이명박 대통령은 누구보다 강한 경제에 대한 기대를 안고 당선된 사람이고요. 스스로도 엄청난 경제 성장을 약속했죠. 우리 경제는 이미 너무나 거대하게 성장해 있는 상황이고, 한나라당이 망쳐놓은 경제를 지난 10년간 되살려놨기 때문에 이것을 더 크게 확 키운다는 것은 불가능해요. 귀신도 못하는 일이에요. 우리 경제가 이미 제조업이나 이런 실제적인 경제 분야에서 다 세계 최고 수준에 있기 때문에 급속한 성장이 불가능한 상황에서 사실 그나마 성장을 추동할 수 있는 분야는 토건 분야밖에 없어요. 박정희 때부터 구조화된 토건국가 문제가 여전히 남아 있는 건데요. 이런 딜레마가 있어요. 우리 경제가 실질적으로 양적 성장을 넘어 질적 성숙을 해야 하는 단계인데, 이게 되려면 병적으로 비대한 토건 분야를 정상화하는 게 중요합니다. 그런데 그렇게 하면 정치권으로서는 상당한 부담을 안게 되요. 그러다보니까 정권을 잡은 사람들은 자신들의 정략을 위해서 오히려 줄여야 하는 토건업을 계속 살려나간다는 겁니다. 반시장적인 정책을 펴는 겁니다. 반시장적 토건국가 정책을 펼치면서 재정의 왜곡과 국토의 파괴를 일삼고 산업구조의 혁신을 가로막고 있습니다. 노무현도 그랬죠. 노무현 정권의 가장 큰 실패는 거기 있었어요. 그리고 그것을 이어 받아서 원조 개발주의 세력답게 이명박 정권은 더 큰 토건국가 정책을 펼치는 거죠.

또 운하는 한나라당 내부 경선 과정에서 박근혜 진영으로부터 강력하게 비판받았던 정책이란 말이에요. 지금 와서 그것이 잘못됐다고 말하면 비판을 결국 인정하는 셈이라는 거죠. 그런 점에서도 막무가내로 밀어붙이는 경향이 있습니다. 좀더 직접적으로는 총선용 정략으로도 활용해 먹겠다는 거죠. 실체도 전혀 없다고 평가되는 호남운하, 금강운하를 먼저 착수하겠다, 그리고 민자가 아니라 국고로 하겠다고 얘기했는데요. 호남, 충청 표 얻겠다고 그런 터무니없는 얘기를 한 거죠. 그 점에서 보자면 이른바 이명박 구상이란 것은 노태우의 새만금 구상부터 시작해서 노무현의 행정도시 구상, 그런 정치적인 성공을 위한 토건국가 확대 정책의 연장선에 있는 겁니다. 그 중에서도 가장 거대한, 전대미문의, 단군 이래 최대 최악의 토건국가 확대 정책이라고 볼 수밖에 없습니다. 이런 정치적인 계산 때문에 정말로 국가와 국민에게 파멸적 영향을 미칠, 더군다나 한순간에 끝나는 것도 아니고 후세에 영구히 파멸적인 영향을 미칠 이런 토건국가 확대 정책을 펼친다는 것은 정말 불행한 일이 아닐 수 없습니다. 너무도 비극적인 상황입니다.

{ 대통령이 '기업의 도우미'나 하겠다니

지   어떤 분은 성동격서 전략이 아닌가 우려하고 있는데요.

홍   제가 성동격서聲東擊西와 차도살인借刀殺人을 얘기했는데요. 대선 기간에 운하를 뒤로 뺐던 것은 일종의 성동격서 전략이었어요. 마치 그것을 하지 않을 것처럼 사람들을 안심시켜 놓고 실상은 그러는 중에 준비를 하고 있었던 거예요. 그림 그리는 작업을 하고, 사람들을 포섭하는 작업과 지역 조직 사업을 계속 하고 있었고요. 지역의 개발업자들을 중심으로 해서 이것을 하면 땅값이 굉장히 상승할 것이라는 기대심리를 유포하는 식으로 해서 지역조직사업을 계속 펼치고 있었던 거죠. 그래서 이미 상당히 많은 투기꾼들의 투기가 이루어진 상태고요. 그래서 "겉으로 적극 얘기하지 않는다고 해서 안 하는 것이 아니라 뒤로 다 하고 있다, 그것을 잘 봐야 한다" 고 해서 성동격서라고 얘기한 겁니다.

재정파탄에 대해서는 한나라당 내에서도 이한구 의원을 비롯한 경제 전문가들도 우려하고 있는 바입니다. 토건국가는 기본적으로 재정파탄 국가예요. 그래서 이게 경제적으로 가장 큰 문제가 되는 건데, 그러다보니까 민자 유치하겠다고 나오죠. 이것은 두 가지인 데, 하나는 민자 유치 얘기하다가 일방적인 민자 유치의 문제점을 얘기하니까 민간제안사업으로 하겠다, 그러니까 마치 민간에서 제 안을 해서 정부가 받아들이는 것처럼 하겠다는 건데, 그것은 도무 지 앞뒤가 맞지 않는 얘기예요. 그런 주장을 한다는 것 자체가 그들 의 신뢰를 떨어뜨리는 일입니다.

민자 유치를 하더라도 전부 국고로 보증 서주고 보전해줘야 합 니다. 민자 고속도로 같은 데서 잘 나타나듯이 이자까지 쳐서 손실 보전, 이익보전을 다 해주고 있단 말입니다. 그로 말미암은 재정 왜 곡이 상당한 정도인데, 이것은 말할 것도 없어요. 그래서 민자 유치 전술은 차도살인 전술이라는 겁니다. 남의 칼을 빌려서 사람을 죽 이는(목적을 달성하는) 방법이 차도살인인데, 기업을 내세워서 기업이 할 것처럼 얘기하는 것, 그렇게 해서 자신들의 목표를 달성하는 것 은 차도살인이라는 거죠. 이것은 일반적인 살인의 차원을 넘어서 (추진하는 쪽에서 얘기하듯이) 국가 백년대계인데, 그런 일을 몇몇 기업이 찬성한다고 해야 하나요? 설령 다수 국민이 기대심리에 부 풀어서 원한다고 해도 이것은 해서는 안 되는 사업이에요.

그리고 여기 국내 5대 건설사 컨소시엄이 참여한다는데, 그것들이 어떤 기업들인지 따져보자고요. 작년, 재작년에 아파트 분양과 관련해서 큰 문제가 된 담합 혐의에 연루된 기업들이에요. 대형 부정부패, 정경유착의 주범들이라고요. 그런 건설사들이 대규모 토목공사 반대할 리가 만무하잖아요. 그들로서는 노다지를 캐는 일인데 쌍수를 들어 환영할 일이죠. 그런 기업들이 찬성하면 추진한다는 게 말이나 되는 얘긴가요. 터무니없습니다. 이명박 대통령은 입만 열면 '기업의 도우미'가 되겠다고 하는 모양인데요. 그럴 거라면 대통령을 해서는 안 되죠. 대통령 자리가 기업의 도우미나 할 자리입니까? 그럴 거면 차라리 전경련 회장이나 해야죠. 도대체 말이 안 되고 논리도 없어요.

지 어떤 분들은 다른 차원에서 성동격서를 얘기하기도 하는데요. 경부운하를 추진하는 척하면서 반대운동이 온통 그쪽으로 쏠릴 때 다른 원하는 것을 다 얻어내려고 하지 않느냐는 건데요.

홍 그런 분들이 판단을 잘못한 거죠. 지금 민중운동 쪽에서 이에 대해서는 별로 대응하지 않고 있는데, 예컨대 비정규직이나 재벌 문제, FTA 문제 같은 것들이 중요하지, 토건국가 문제는 별로 중요한 것이 아니라고들 하는데, 그것은 터무니없이 비현실적인 망상이라고 생각합니다. 2006년 현재 전국에서 766개의 대규모 공공투자 개발 사업이 벌어지고 있고, 거기에 223조 원의 돈이 처박혀 있어요. 매년 추가로 들어가는 예산이 50조 원이 넘어요. 그런 엉터리 개발사업에 막대한 돈을 쓰고 있으니 무슨 복지재정이니, 교육재정이니, 의료 문제를 개선할 의지나 여력이 있겠어요.

한국은 돈이 없어서 못사는 나라가 아니라 돈이 많은데도 못사는 나라입니다. 돈 많은 못 사는 나라, 이게 기형국가 한국의 가장 큰 특징인데요. 이 문제가 일어나는 원천이 뭐냐는 겁니다. FTA 때 문인가요? 되지도 않은 FTA 때문에 그런 문제가 생기나요? 아녜요. 바로 토건국가 때문이에요. 있는 돈을 엉뚱한 데 쓰기 때문에 생기는 비극인데, 그건 오로지 토건국가에서만 일어나는 일입니다. 그렇다면 당연히 토건국가를 탈피하기 위해 최선을 다해야 하는데, 이것을 너무 우습게 본다니까요. 대형 토건사업은 적어도 수천 억 원에서 수십 조 원의 돈이 들어가는 일인데, 그게 다 국민이 낸 세금이잖아요. 이것을 소홀하게 여기는 것은 판단착오 아니면 무지입니다. 정말 깊이 반성해야 할 일이에요.

지 일본을 흔히 토건국가라고 하는데요. 우리나라가 일본보다 건설업 비중이 더 높지 않습니까?

홍 1970년대 말 이후, 다나카 수상의 일본 열도 개조계획을 계기로 일본이 토건국가가 되었어요. 막대한 재정을 투입해서 토건업을 육성하고, 그렇게 해서 경제를 지탱하는 방식이 토건국가인데요. 토건국가의 결말은 재정 탕진과 국토 파괴의 구조화로 나타납니다. 그렇게 해서 경제가 돌아가지만, 그렇게 해서 돌아가는 경제가 제대로 된 경제냐고요. 게다가 이게 어디까지 유지될 수 있느냐는 겁니다. 한계가 있거든요. 그 한계가 일본에서는 1990년대에 버블 경제 붕괴라는 치명적인 결과로 나타났던 겁니다. 그래서 한창때 일본을 팔면 지구를 20개는 살 수 있다는 얘기까지 나왔어요. 그래서 일본은 1990년대 이후 토건국가를 폐기하기 시작한 거죠. 새로운 개발사업을 크게 제한한 것은 물론이고 이미 확정된 개발사업까지도 대거 폐기하기에 이른 것입니다. 우리는 그와는 반대로 개발사업 확장을 본격화하기 시작합니다. 노태우 시절부터 지금까지 20년이 그렇거든요. 민주화 20년은 토건국가 본격화 20년입니다. 여기에 우리 민주화의 비극도 있는 것인데요. 이명박에 앞서서 가장 큰 토건국가 확대 정책을 폈던 것은 노무현이에요. 이름도 열거하기 힘들 정도로 많은 각종 도시 건설 정책 남발에 따라 땅값이 전국적으로 4년 동안 무려 1300조 원이나 올랐어요. 또 막대한 토지 수용 보상금(노무현 정권 5년 동안 98조 원, 작년 한 해만 25조 원)이 풀리면서 아예 '개발보상금 경제'가 만들어졌습니다. 이게 우리 사회·경제에 어떤 영향을 미쳤는지 고민하고 따져봐야지 않겠습니까? 그런 분석 없이, 지난 대선 결과나 이번 총선 전망과 같은 한나라당 싹쓸이 정국을 이해할 수 있다고 생각하십니까? 지금 진보 쪽에서는 어느 누구도 그런 문제를 제기하지 않고 있습니다. 그래서 제가 《프레시안》 칼럼에 〈토건국가에 대한 진보개혁의 오해와 무지〉라는 글을 쓰기도 했는데요. 이래서는 안 됩니다. 토건은 개발과 투기와 부패의 세 고리가 맞물려서 가는 것인데, 이게 극성을 부린다는 것은 그만큼 대다수 국민이 거기에 연루되어서 개발과 투기와 부패의 구조 속에서 살아간다는 말입니다. 이걸 그대로 두고서는 민주주의는 고사하고 상식적인 사회조차 얘기할 수 없습니다.

지　자조적으로 얘기하면 노무현 정권이 길을 닦아놓으니까 이명박 정권이 차를 타고 들어온다고 볼 수도 있는 건데요.

홍　그런 것도 있고요. 노태우의 새만금, 골프장, 고속철로부터 시작되어온 겁니다. 그 이후 민주화가 되면서도 이것을 고치지 못하고 오히려 계속 확대재생산해온 과정의 역사가 있습니다. 김영삼 때는 준농림지 규제 완화를 통해서 농촌 곳곳에 모텔이니 가든이니 하는 것들이 들어섰습니다. 더욱이 1994년도에 본격적인 지자체가 실시되면서 그런 지역 난개발이 더욱 기승을 부렸습니다. 투기나 개발에 따른 이익 환수 장치가 정립되어 있지 않은 상태에서 개발만 하면 무조건 막대한 돈을 벌 수 있는 구조가 만들어졌고요. 이것을 고치는 게 무엇보다 중요했어요. 불로소득과 근로소득의 차가 갈수록 커집니다. 아무리 근로를 해도 평생 집 한 칸 마련하기 어렵게 됐지만, 불로소득으로 한 건만 터뜨리면 대대손손 놀고 먹을 수도 있거든요. 그 불로소득을 챙기는 게 그렇게 어려운 것도 아닙니다. 땅 조금 잘 사놓으면 되는 겁니다. 그러니 거기로 사람들이 몰리죠.

그래서 이 문제의 근원을 국가 정상화 차원에서 바로잡았어야 했는데요. 불행히도 민주화 동안에 이것을 바로잡지 못하고 휘둘린 거죠. 사실 민주화 정권이라는 것이 약체 정권이고, 보수세력에 의해서 포위된 상황에 있다보니까 이런 기존의 잘못된 구조를 적극적으로 개혁하기보다는 어떻게든 이것과 야합하거나 이것을 이용해서 뭔가 정권을 강화할 수 있지 않을까 하는 그런 어리보기한 정책을 펼쳤던 겁니다.

그런 점에서 토건국가 문제는 정말 심각합니다. 이것만이 아니에요. 재벌 문제 같으면 밖에 있는 문제에 가깝고, 전국민의 일상에 연관되어 영향을 미치긴 하지만 국민 생활에서 그것보다 더 심각하게 영향을 미치는 것이 토건국가 문제입니다. 그런 만큼 이것의 개혁을 위해 다양한 차원에서 지혜를 모으고 개방적인 논의들이 더욱 적극적으로 이루어져야 하는데 그렇게 되지 못한 거죠. 그러면서 노무현 정권에 와서는 본격적으로 토건국가의 전국화가 이루어진 건데, 이명박 같은 원조 개발주의자 관점에서 봤을 때는 이것보다 훨씬 더 강력한 개발 공약을 제시할 필요가 있었던 겁니다.

경부운하 자체는 박근혜와의 경선에서 영남 표를 끌어오기 위해서 정략으로 고안됐던 것인데요. 이에 대한 지역주의 비판이 쏟아지자 (지역주의 비판 자체가 문제를 안고 있었던 것인데) 전국으로 확대하는 쪽으로 간 거죠. 아예 호남을 넘어서 북한으로까지 확대하겠다는 건데, 될 수가 없는 겁니다. 한강만 해도 겨울이면 얼기 때문에 운하가 안 되는 건데, 북한은 더구나 말이 안 되는 거죠. 그런데 그런 식으로 치고 나온 겁니다. 그래서 어쨌든 노태우에서 시작된 정략적인 토건국가 확대 정책이 노무현 정권에서 전국화가 되고, 이제는 이명박 정권으로 넘어와 한반도대운하 차원으로 확장된 형태가 된 거죠. 토건국가의 망령은 그만큼 뿌리 깊고 병적인 것이죠. 이게 얼마나 심각한 문젠지 새롭게 인식해야 합니다. 정말 이 땅에서 진보와 개혁을 바라는 사람이라면 이에 대한 전면적인 고민과 대응이 필요합니다.

지 막연하게 토건국가가 문제라고 인식한 사람은 많은 것 같은데, 정작 구체적인 부분에서 싸움을 하거나 문제를 제기하는 것이 약했던 것 같은데요.

홍 약할 수밖에 없는 것이, 운동을 보세요. 한국에 사회운동이 강력하게 정립되어 있는데, 민중운동에서 토건국가 문제를 지금 이 순간에도 얘기하지 않고 있어요. 오히려 민중운동의 상당 부분은 토건국가적인 것과 깊이 연관되어 있기도 해요. 예컨대 한국농촌공사 노조 같은 경우에 민주노총에 가입해 있다가 민주노총이 새만금 반대 입장을 공식적으로 결정하자 탈퇴해버리기도 했는데요. 뭐 이런 식이죠. 한국노총을 민중운동의 한 요소로 볼 수 있을지 어떤지 모르겠지만, 실제 이런 토건국가를 주도하는 제도적인 주체는 건교부와 건교부 산하의 개발공사들, 산자부 산하 한전 같은 개발공사들인데요. 제가 몇 년 전부터 6대 개발공사 문제를 제기해왔습니다. 거기 노조들 다 한국노총 쪽에 있으면서 오히려 강력한 개발정책을 주장하는 사람들이에요.

어쨌든 공사와 관련해서도 IMF 때부터 해서 10년 이상 공사 계획이 굉장히 중요한 국가 과제가 되었던 건데요. 박정희 시스템의 개혁이랑 직결되어 있는 문제인데, 이에 대해서 기존의 민중운동 쪽에서는 민영화 반대 얘기만 하고 있습니다. 그것도 굉장히 중요합니다만 그 이상의 부분을 얘기하지 않는다는 말이죠. 그렇다면 이렇게 거대해진 개발공사들을 유지하는 것이 올바른 것이냐, 예컨대 한국토지공사만 봐도 단순히 민영화만 반대하는 것이 얼마나 허황된 것이냐는 건데요. 한국토지공사는 지난 5년 동안 직원이 1800명에서 2800여 명으로 1000여 명이나 늘어났습니다. 이걸 이해할 수 있어요? 다른 공사들도 상황은 비슷해요. 그러다보니까 자신들의 거대해진 몸집을 유지하기 위해서 경쟁적으로 불필요한 개발사업들을 마구 기획하고 추진해요. 안 할 수가 없어요. 일거리가 없어지면 자기들도 없어지거든요. 그런데 개발에는 한도가 있잖아요. 공사는 말 그대로 공적인 목적을 위해 한시적으로 존재하는 것이고, 개발의 한도나 목표를 달성했으면 없어지는 게 맞는 겁니다. 그게 공공성을 살리는 길입니다. 민영화 반대론만으로는 너무나 공허하고, 정치적으로도 잘못이에요. 그런데 여전히 그 노래만 부른다는 말입니다. 그러니 그렇게 해서 우리가 진보라고 얘기한들 사람들이 믿겠어요? 설득력을 가질 수 있겠습니까?

지　당장 눈에 안 보이니까…….

홍　안 보이기는 왜 안 보입니까? 다 보이는 것을 안 보고 있을 뿐입니다. 정말로 못 보고 있다면 그거야말로 큰 잘못이죠. 한국의 진보개혁 진영의 실패 얘기를 많이 하는데, 가장 큰 문제는 비현실성에 있다고 생각해요. 우리 사회는 마구 변하고 있는데, 이게 어떤 내용으로 어떻게 변해가고 있는지를 도무지 모른단 말예요. 다들 공부를 제대로 안 해서 그렇습니다. 그러면서 만날 하느니 서양 이론이나 가져다 보고 있는 거죠. 그것도 서양의 정치나 사회를 정식으로 연구한 사람들 얘기도 아니고, 철학자니 하는 사람들의 이상한 얘기를 가져와서 주문 외듯이 퍼뜨리면서 그렇게 하면 세상이 바뀔 것이라고 말하는, 그거야말로 관념론의 극치 아닙니까. 학문의 식민성을 너무도 노골적으로 보여주는 것이고요. 그런 태도로 현실을 고칠 수 있겠습니까? 진보개혁이라는 것은 누구보다 현실을 잘 알고 있으면서 현실에 밀착해야 하고, 현실 지배세력 문제를 간파하여 널리 알리고 해서 변화의 실마리를 찾아야 하는데, 그런 논의가 이루어지지 않잖아요.

　지금 우리 경제가 너무나 커져서 진짜 우리는 세계적인 경제대국이에요. GDP 기준으로 세계 12위인데요. 거대한 대륙 국가들을 제외하고 보면 한국은 세계 8위의 경제대국입니다. 어마어마한 나라거든요. 외국인 노동자들이 몰려들 수밖에 없는 나라입니다. 그러면 이런 경제대국이란 것을 전제로 어떻게 해서 경제대국이 됐고, 어떤 문제를 안고 있고, 사람들이 어떻게 살고 있는지 연구해야 합니다. 민중 어쩌고 얘기하는데, 지금 얘기하는 민중과 20년 전의 민중은 같은 민중이 아니거든요. 그 차이는 뭐고, 여기에 대해서 어떻게 대응해야 하는지에 대한 정말로 구체적인 경험과 연구들이 필요하죠. 그런데 그런 것에 대한 연구는 이루어지지 않고 있어요. 공허한 말들만 나돌고 있죠.

{ '국가균형발전' 도 결국 토건국가 확대 정략

지　처음에 노무현 정부 들어섰을 때는 "땅 가진 사람이 어렵게 만들겠다"고 하고, 부동산을 잡는다면서 종합부동산세 같은 걸 실시하지 않았습니까?

홍　그렇지 않았어요. 그렇게 얘기하지 않았습니다. 행정수도를 얘기하면서 "강남으로 대표되는 한 줌의 기득권세력이 국가의 균형발전을 가로막는 것"이라고는 했어요. 국가의 균형발전 개념 자체는 나름 의미가 있어요. 국가 차원에서 수도권 과밀화가 갖는 폐해가 크니까 그 자체는 의미가 있지만, 그 방법에는 문제가 많았어요. 그래서 나는 "기존의 도시를 활성화하는 것을 강화해야지, 신규 개발을 강화하는 것은 너무나 문제가 많다"고 얘기했는데요. 도시 개발과 관련된 논의도 있었습니다만, 그것 이상의 접근이 필요했다고 봐요. 그런 점에서 국가균형발전이라는 것도 결국은 노무현

식의 정략적 토건국가 확대 정책이 되고 말았던 거예요.

실제로 노무현이 그런 문제를 고치려는 의지를 제대로 보였느냐 하면, 아니었다는 거죠. 단적인 예가 2004년 6월에 있었던 아파트 분양원가 공개를 둘러싼 논란이었어요. 6월 9일에 노무현 대통령이 민노당의 원내 진출을 축하하면서 민노당 의원들을 청와대로 초청했는데, 그때 아파트 값이 폭등하면서 그에 대한 분양원가 공개 요구가 사회적으로 높았어요. 민노당 의원들이 거기에 대해 어떻게 생각하느냐고 물어봤잖아요. 그게 총선 때 열린우리당 공약이기도 했는데, 노무현 대통령이 대뜸 한다는 얘기가 "기업은 이익을 남길 수도, 손해를 볼 수도 있는 것이다. 분양원가 공개는 시장원리에 맞지 않다고 생각한다"면서 거부를 했어요. 심지어 "열린우리당의 공약은 나와 상의해서 이루어진 것은 아니"라고까지 얘기했습니다. 그것은 명백한 배신행위였고, 계속해서 그 뒤로 2006년 10월에 추병직 장관의 신도시 건설론이 제기되면서 완전히 폭등에 폭등을 거듭하게 된 거고요. '이 정부를 믿을 수 없다'고 하는 그런 국민적 불신이 깊어진 것은 사실은 그 점에서 총선 직후가 되는 겁니다. 그것을 자초한 장본인은 다름 아닌 노무현 자신이었고요. 참여정부와 열린우리당 실패의 가장 큰 책임은 그 점에서 노무현에게 있죠. 노무현의 스타일(너무 천박해서 국민에게 신뢰를 주지 못한 스타일) 문제뿐만 아니라 정책의 실패를 주도한 책임이 큽니다.

국민에게 가장 큰 고통을 안겨준 게 아파트, 땅 같은 부동산 가격 폭등이었는데요. 부동산 정책에 대한 국민적인 기대가 그렇게 컸을 때, 노무현 스스로 경원시했던 한 줌의 토지귀족들 손을 들어주고 나선 거거든요. 그래서 그때부터 투기꾼과 개발업자는 노무현을 무시하기 시작한 거죠. 결국은 까불어봤자 우리 손바닥 안에 있다, 저 사람 말은 저렇게 까칠해도 실제로는 아무것도 못한다고 생각지 않았겠어요. 그렇게 된 거죠. 또 국민이 죄 바봅니까? 그 정도는 다 꿰뚫어볼 수 있는 지적, 정치적인 능력을 가지고 있죠. 그래서 노무현이 팥으로 죽을 쏜다 해도 믿을 수 없게 되고 만 겁니다. 그때부터 그의 언행이 사사건건 더욱 밉보이기 시작한 것이고요.

토건국가 문제는 시민운동 쪽이나 환경운동 쪽에서 많이들 얘기하고 있는데요. 다들 토건국가 문제라 하면 겉으로 가장 크게 드러나는 환경 파괴와 오염 문제를 제기합니다. 그러다보니까 '토건 국가 문제는 환경 문제'라는 오해가 널리 확산되어 있어요. 공부 좀 했다는 사람들, 진보개혁 진영을 이끈다는 사람들도 그런 생각을 하고 있습니다. 토건국가 문제 얘기를 하면 그게 무슨 문제인지 잘 이해가 안 되니까 돌려서 자기 나름대로 해석해서 한다는 얘기가 "환경 문제는……" 하는 식이에요. 참 무식한 겁니다. 그렇게 무식하고 비현실적이니까 우리 현실을 해석할 수도 없고, 변화를 주도할 수도 없다고 생각하는데요. 외국 책 보면 이것저것 어려운 점들이 많은데, 그런 것 봐봐야 우리 현실을 이해하는 데 도움이 안 되니까 그런 건 덮고 우리 현실을 열심히 봤으면 좋겠습니다. 참 그렇게 똑똑한 진보개혁 지식인들이 토건국가 문제와 우리 현실 문제에 왜 그렇게 관심이 없을까 생각해보면요. 그들이 그렇게 좋아하고, 스승으로 모시고, 인용하는 사람들의 책에서는 토건국가 문제가 한 줄도 안 나오기 때문입니다. 일본 학자들 글이나 좀 봐야 나오죠. 그러니까 그런 서구 학자들의 눈으로 현실을 보는 것이 골수에 사무친 사람들에게는 우리의 이런 절박한 현실이 보이지 않는 겁니다. 구조적인 악마가 심장에 박혀 있는데도 못 보는 거고, 존재하지 않는다고 생각하는 겁니다.

만약에 서양의 누군가가 토건국가 얘기를 했더라면 상황이 많이 달라졌을 텐데요. 서양에서는 그런 얘기가 나올 수가 없어요. 왜냐 하면, 거긴 토건국가 현실이 나올 수가 없는 제도와 구조로 되어 있기 때문입니다. 그럼 이게 무슨 얘깁니까? 서양 이론을 가지고 아무리 공부를 해봤자 한국의 현실을 올바로 이해할 수 없다는 얘깁니다. 한국과 일본으로 대표되는 동북아 국가의 특수성인데, 이걸 가지고 가서 서양 사람들 가르쳐주면서 "당신들이 보는 이론은 보편적이지 않거든, 당신들 역사나 사회의 특수한 일면에 불과한 거니까 그런 보편주의적인 방식으로 얘기하지 마라"고 해야 합니다.

서양 사람들 글을 보면, 18세기 때부터 인류의 대변자로서 자신들을 파악하는 관점이 정착되어 있어서 다들 보편적인 담론의 형식을 취하고 있어요. "우리는……"이라고 하는데, 그 우리가 독일인이면 독일인, 프랑스인이면 프랑스인이어야 맞는데, 이 사람들의 '우리'는 건방지게도 인류를 지칭합니다.(웃음) 스스로 인류의 스승을 자처합니다. 그리고 거기서 배워온 사람들은 '인류의 스승에게 배워온 제자'라는 식입니다. 옛날 소공자의 재판이라니까요. 똑같아요. 이런 건 터무니없는 일이에요.

토건국가 문제는 환경 문제이기도 하지만, 환경 문제만은 아닐뿐더러 환경 문제에 앞서서 다른 문제입니다. 일차적으로 토건국가 문제는 재정 왜곡의 문제입니다. 재정이란 국가 운영의 물질적인 기반입니다. 재정을 어떻게 쓰느냐에 따라서 국가의 성격이 달라질 수밖에 없습니다. 재정 운용에 따라 산업도 달라지고 고용도 달라집니다. 사람들의 사는 방식이 달라지고 삶의 질이 달라집니다. 그런데 재정에 대해서 관심이 없어요. 권력만 잡으면 뭐든지 다할 수 있다고 생각합니다. 권력 잡아봤는데, 뭐했습니까? 달라진 게 없어요. 막대한 재정을 땅 파먹고 공사하는 데 쏟아붓다 보니까 토건업이 GDP의 19~20퍼센트를 차지하고 있습니다. 그렇게 무한확장한 토건업을 유지하려다보니까 더 많은 돈이 들어가게 되고…… 악순환의 고리가 눈덩이처럼 커지는 거죠. 그러니까 재정개혁 문제, 불필요한 재정을 개혁하는 문제가 정말 중요합니다.

다음으로는 이것과 직결되어 있는 토건경제 문제가 있습니다. 병적으로 비대해진 우리나라 건설업 비중(GDP 기준)은 OECD 평균(6~7퍼센트 정도)의 두 배를 훨씬 넘습니다. 재작년에 19퍼센트였고, 이명박이 이런 식으로 하면 당연히 20퍼센트 금방 넘어서 25퍼센트까지 될 수도 있습니다. 노무현 5년 동안에도 한없이 늘어난 겁니다. 게다가 개발이익환수제도가 되어 있지 않으니까 어떻게 됩니까? 곳곳에서 대형 개발사업이 벌어지고 있는데, 개발이 되면 땅값이 올라가고 하니까 다들 땅투기를 합니다. 우리나라에서는 땅투기가 재테크의 가장 보편적인 수단으로 되어 있습니다. 부자들(30억대 이상의 100명의 부자들)에게 어떻게 돈을 벌었느냐고 물어봤더니 절반 가까운 사람들(45퍼센트)이 땅으로 돈을 벌었다고 합니다. 이건 미친 나라입니다. 개발을 적극적으로 한다는 것은 다시 말해서 투기를 적극적으로 조장한다는 얘깁니다.

개발과 투기가 맞물려서 미쳐 돌아가는데 산업이 온전히 굴러가겠습니까? 안 되는 겁니다. 땅값이 폭등하니까 공장을 유지하기가 힘들어지고, 재벌들만 버틸 수 있게 되는 겁니다. 왜냐하면 재벌들이 우리나라에서 가장 큰 지주거든요. 여수 엑스포 유치하면서 돈을 가장 많이 번 데가 삼성과 현대입니다. 이런 식이란 말이에요.

이런 개발투기 와중에서 온갖 불법과 탈법이 횡행하는데, 이게 부패 안 하고 될 수가 있겠어요? 우리나라는 세계적인 경제대국이지만, 여기에 걸맞지 않은 세계적인 부패대국입니다. 부패지수가 세계 40위권이 넘습니다. 아주 후진적이라고요. 북아프리카, 서남아시아 수준입니다. 부패지수를 보는 데는 (일반적인 순위도 중요하지만) 어떤 나라들이랑 같이 있느냐가 중요합니다. 그 성격을 보여주는 거거든요. 40위권에 있는 나라들이란 지금 GNP 8000~9000달러 수준입니다. 우리는 돈만 놓고 보면 2만 달러인데, 사회구조는 여전히 8000~9000달러 수준밖에 안 되는 겁니다. 이것은 병적인 후진상황이거든요.

산업구조 후진적이지, 부패로 나타나는 사회구조 후진적이지, 여기에 투기 문제라든가 학벌 문제 같은 걸 놓고 보면 경제와 걸맞지 않은 병적인 사회 문제가 계속 악화되었던 것이고, 이런 불협화음으로 인해서 국가가 계속 삐거덕거릴 수밖에 없는 겁니다. 낡은 보수세력이 계속 힘을 얻을 수 있는 것은 이 때문이에요. 이걸 고쳐야죠. 단순히 정권을 잡고 말고가 중요한 게 아니라는 겁니다. 정권 잡으면 뭐합니까? 이런 문제를 이해하지도 못하고, 알지도 못하니까 고치지를 못하는데요. 정말로 우리 사회의 문제가 무엇이고, 우리 사회의 현실이 어떤 것인지 지금부터라도 천착하자는 겁니다. 토건국가 문제는 그것을 상징하는 대표적인 문제인데, 그에 대한 무관심과 무지 자체가 우리 사회의 가장 큰 병입니다.

토건공황은 반드시 금융공황으로 이어진다

지 흔히 "잘사는 일본, 가난한 일본인"이라고 얘기하듯이 "한국은 잘사는데, 한국인은 못산다"는 말씀이신데요. 왜 한국이나 일본이 다른 나라에 비해서 더 크게 토건으로 경제를 일으키게 된 걸까요?

홍 우선 제도적인 문제가 있는데요. 제가 지난 연말에 《풍요란 무엇인가》라는 책을 번역했는데요. 번역본은 《부자 나라, 가난한 시민》이라는 제목으로 나왔습니다. 대체적으로 우리나라보다는 소득 수준이 높지만, 일본의 경우도 시민의 빈곤을 얘기할 때 단순히 돈이 없다는 차원이 아니에요. 1990년대 이후에는 악화되고 있지만, OECD 국가들 중에서 어쨌든 일본은 부의 분배나 이런 것이 평등했던 나라예요. 그럼에도 불구하고 빈민이라고까지 얘기한 것은 이유가 다른 데 있는데요.

크게 두 가지로 볼 수 있는데, 첫째는 공간과 관련된 것으로, 협소한 곳에서 협소하게 살아야 한다는 거죠. 곧 땅값이 너무 비싼 겁니다. 둘째는 사회복지가 굉장히 취약해서 사람들이 다 개인예금에 의지해야 한다는 겁니다. 일본은 세계적인 장수국가인데, 노인들이 국가와 사회를 믿지 못해요. 다들 장롱 속에, 은행 금고 속에 현금을 넣어놓고 있어요. 이게 투자로 전환되지 못하는 거죠. 터무니없이 비싼 땅값 문제와 취약한 복지 문제가 서구 선진국들에 비해 삶의 질을 형편없게 낮게 만드는 거죠. 일본은 세계에서 두 번째로 돈이 많은 국가인데도 말이죠.

우리의 경우는 더 형편없습니다. 땅값은 일본보다 오히려 더 비싸진 데다가 소득은 일본보다 훨씬 낮고, 학벌 편향도 일본보다 더 심하고요. 게다가 사교육비는 세계 최고잖아요. 이렇게 되니까 소득이 웬만큼 되어도 삶의 질은 소득에 비해 훨씬 형편없는 겁니다. 한국사람들이 가난하다는 건 일단 말이 안 되는 게, GDP 기준으로 세계 10위권의 어마어마한 경제대국이고 1인당 GDP만 해도 세계 30위권인데요. 사실 GDP를 총액으로 따질 때는 직접적인 비교 대상이 될 수 없는 대륙 국가들을 제외하고, 1인당으로 따질 때도 다른 변수를 고려해야 합니다. 그런데 그 변수를 일부러 무시하고 얘기하는데요. 이게 바로 삼성에서 써먹는 수법이에요 "GDP는 세계적인 수준이지만, 1인당 GDP는 아직도 낮은 수준이기 때문에 우리는 허리띠를 더 졸라매야 한다"는 것이 삼성이 2005년도에 냈던 공식보고서 내용인데, 웃기는 소리입니다. 사람들을 속이는 짓이에요. 1인당 GDP 1위를 보면 룩셈부르크 같은 데예요. 나라라고 보기 어려운 조그만 규모의 도시국가들, 그런 유럽의 소국들이 대거 앞자리를 차지하고 있다고요. 또 우리보다 훨씬 후진국이지만 우리 앞자리에 올라 있는 나라도 많습니다. 어디겠어요? 아랍의 산유국들입니다. 돈은 엄청 많거든요. 이런 나라들을 다 빼놓고 보면 한국은 1인당 GDP로도 엄청 잘 사는 나라예요. 돈 많습니다. 그래서 여전히 민중운동이나 이런 쪽에서는 한국을 가난한 나라로 보고 있지만 그렇지 않습니다. 양극화 논의 같은 게 사실상 폭발적인 힘을 얻지 못하는데, 왜 그런가를 고민해야 합니다. 전반적인 빈곤화가 이루어지고 있지 않기 때문에 그래요.

노동운동에서도 실제 다수의 개별 노동자들의 경우는 양극화 자체에 초점이 있기보다는 자신의 소득 증대에 초점이 맞춰져 있습니다. 그래서 그런 상황에서 우리는 일본보다도 더 불평등 문제가 심각하고, 갈수록 땅값 상승에 따른 피해도 크지만, 이득을 얻는 사람들도 있어요. 그것도 꽤 됩니다. 그리고 학벌 문제로만 일상적으로 나가는 비용이 너무 많고요. 그러니까 사람들이 여유가 있을 수가 없어요. 시간적으로도 여유가 없고, 경제적으로도 힘들 수밖에 없어요. 늘 그런 불안들을 느끼면서 살아가게 되는 거고요. 복지도 취약하고 그러니까 정상적인 과정으로 해서는 결국 삶의 경제적 안정을 찾기가 어렵다는 판단들을 하게 되죠. 노무현의 개혁에 기대를 했지만, 그것이 무산되는 것을 보면서 불안감이 더 커지고, 그러면서 개발과 투기 쪽에 더 관심을 갖게 된 겁니다. 이게 악순환의 구렁텅이로 빠져드는 건데요. 이게 국가 전체적으로 봤을 때 얼마 못 간다는 겁니다. 토건거품은 반드시 토건공황으로 폭발할 수밖에 없어요. 그리고 토건공황은 반드시 금융공황으로 이어지게 되어 있어요. 그러니까 경제 파국이 임박했다는 얘기예요.

지　일본도 그런 위기를 겪었다가 극복한 지 얼마 안 되는데요. 우린 더 안 좋은 상황 아닌가요?

홍　그렇죠. 그런데 일본도 아직 다 극복하지 못한 상태입니다. 미국 대공황의 뿌리도 바로 토건과 개발에 있었어요. 1920년대 중반에 플로리다에서 저금리를 이용해서 개발 열풍이 불었고요. 이것이 결국은 제대로 분양이 안 되자 토건공황이 오고, 그것이 바로 금융공황으로 이어지면서 1929년에 대공황이 일어난 겁니다. 그래서 그 뒤로 미국도 그에 대한 강력한 규제책을 행하게 됐던 것이고요. 독일에서는 그보다 더 앞서 100년 전에 그런 문제가 있었어요. 토지는 공급이 제한되어 있어서 물과 더불어 그 공공성이 너무나 강한 공공재예요. 이런 중요한 공공재의 운용 방식에 따라 그 사회의 안정, 발전 경로가 크게 결정되어버리고 맙니다. 그런데 이것에 관해서 기존의 보수세력 또는 천민자본주의 세력은 당연히 자신들의 기득권을 확장할 수 있는 쪽으로 요구를 하죠. 거기에 길들여진 국민들도 계속 그런 것을 요구하게 되는 건데요. 적어도 진보와 개혁 쪽에서라면 이 문제의 중요성과 심각성을 올바로 이해해야지요. 이거야말로 기반을 다지는 문제입니다. 바로 그 기반이 엉망인데, 그 위에서 치고 빠지고 싸운들 뭐가 제대로 되겠습니까? 기반이 너무 엉망이니까 기반을 잘 다져야 하는데, 여기에 관심조차 제대로 기울이지 않고 있으니 잘 될 수가 없는 거죠.

청계천 '복원' 사업의 실상은 청계천 파괴사업

지　운하를 강행하게 되면 우리 경제에 미칠 구체적인 충격은 뭐라고 생각하십니까?

홍　저는 이미 "운하는 망국의 길"이라고 했습니다. 지난번 참여연대에서 이명박 당선인한테 주는 편지에서 맨 먼저 운하사업을 얘기했는데요. 첫째로 재정 왜곡이 훨씬 심화될 것입니다. 국가재정을 투입하지 않고 민간자본으로 한다는데, 그건 아무도 믿지 않아요. 불가능한 얘기고요. 새만금 12년 동안 2조 5000억 원을 퍼부었는데, 호남운하 하면서 3~4년 만에 3조~3조 5000억 원을 퍼붓겠다는 얘기를 하기도 했고요. 경부운하는 15조 원이면 끝난다고 얘기했지만, 반대쪽 전문가들은 50조 원 이상이 들 것이고, 얼마나 더

들지 아무도 모른다는 겁니다. 그동안에 이런 대규모 개발사업들의 사업 규모가 어떻게 바뀌어왔는가에 대한 여러 조사가 있어요. 그걸 보면 처음에 1000억 원으로 시작했다가 곧 이어서 1조 원, 2조 원으로 늘어난 경우도 있고요. 그런 것에 관해서 여러 자료가 있는데, 최근에 건축가 김원 선생이 모아놓은 글도 있던데요. 일단 국회 심의를 통과하고 봐야 하니까 그런 식으로 줄이고 줄여서 장난을 치는 겁니다. 예산은 아주 조금 들고 효과는 아주 클 것처럼 말이죠. 그러나 막상 공사 시작되면 비용은 눈덩이처럼 불어나는데요. 설계도도 수십 번씩 고치고 하면서 엄청난 부패 문제가 생깁니다. 아까 부패 문제 얘기하다가 깜빡했는데요. 우리나라의 부패 정도가 높을 뿐만 아니라 부패의 절반 이상을 당연히 토건업이 차지하고 있어요. 부패에 연루되어 구속되는 공무원의 60퍼센트 이상이 건설, 토건 관련 공무원입니다. '토건은 곧 부패'가 상식화되어 있어요. 얼마 전에 서울의 동남권 유통단지에서도 전문가들에게 억대 뇌물을 주면서 전문가 관리를 해왔다는 것이 밝혀졌는데요. 실제로 공공연한 비밀인데, 전국의 모든 전문가들에게 업체에서 돈이나 선물을 주면서 관리를 하고 있고요. 병적으로 비대한 토건국가는 병적으로 비대한 부패국가일 수밖에 없는 것입니다.

지　환경 문제도 심각하지 않겠습니까?

홍　병적으로 높은 토건업을 줄이지 못한다는 말입니다. 후진적 산업구조를 줄이지 못하는 문제, 산업구조 개혁을 막는 문제가 있어요. 재정구조의 왜곡에서부터 산업구조의 왜곡, 그 다음에 산업구조가 왜곡되어 있다는 것은 고용구조도 후진적이라는 겁니다. 네티즌들 얘기하듯이 삽질부대 종사자들이 그만큼 많은 겁니다. 그러면 이 것은 이른바 지식경제, 기술경제, 문화경제, 복지경제, 생태경제까지 얘기되는 세계 경제 흐름에 비추어서 거꾸로 가는 짓이죠.

전에 이명박 대통령이 당선인 시절에 환경영웅상을 받으면서 "환경이 성장의 동력"이라고 해서 뒤집어지는 줄 알았는데요. 그걸 보면서 《타임》지가 어떤 잡지인지 조사해볼 필요가 있다고 생각했 습니다. 이명박은 반反환경으로 잘 알려져 있고, 우리에게는 환경 영웅이 아니라 반환경의 대표격으로 되어 있는데요. 이런 사람이 천연덕스럽게 환경을 얘기하는 걸 보고 "세상의 도가 땅에 떨어졌 구나"고 탄식했습니다. 2500년 전 공자의 탄식을 오늘날 우리가 하 게 된 것이지요.

청계천만 해도 그 엉터리 같은 물을 흐르게 하기 위해서 연간 8억 7000만 원의 돈을 전기세로 내야 합니다. 그 문제뿐 아니에요. 재정 문제, 산업 문제, 고용 문제, 나아가 문화적인 차원에서의 지 역사회 파괴 문제도 있어요. 그리고 환경 문제도 있죠. 대대적으로 환경을 오염시키고, 자연을 파괴해왔기 때문에 우리나라 환경지수 는 부패지수보다 더 나쁩니다. 세계경제포럼에서 발표하는 환경지 수를 보면 한국은 136위에서 122위 사이를 오가는 수준입니다. 이 건 아주 엉망진창인 나라라는 말입니다. 그래서 이런 지표들이 잘 보여주고 있듯이, 종합적인 삶의 질 지수도 30~40위에 머물러 있 는 것이고요. 그러니까 각종 사회지표들이 보여주는 것을 보면 경 제지표에 비해 다른 것들이 터무니없이 낮아요.

깨끗한 환경, 잘 보존된 자연은 우리가 인간답게 살 수 있는, 생 물종으로서 온전하게 살아가기 위한 가장 근본입니다. 이게 망가졌다는 것은 우리 삶이 엉망이 될 수밖에 없다는 얘기에요. 이것을 그 지수들이 잘 보여준다고 생각합니다. 거기서 드러나는 문제들이 어떤 건지 명확하고, 뭘 고쳐야 할지도 명확한 겁니다.

지　예전에도 청계천 복원공사를 '청계천 파괴사업'이라고 하셨는데요. 많은 사람들이 '만들어놓으니까 보기 좋네' 하면서 친환경 개발사업이라고 오해하고 있지 않습니까?

홍　그렇죠. 그래서 이명박 정권을 신개발주의라고 부르는데요. 박정희로 대표되는 구개발주의자들은 "환경이나 문화 이런 게 뭐가 중요하냐. 우리한테는 지킬 만한 것도 없다. 일단 먹고 살아야지"라고 노골적으로 얘기했습니다. 대신에 공장 굴뚝의 검은 연기, 고속도로 이런 것을 밀어붙였어요. 그런데 이제 그런 것의 문제가 막 드러나니까 이명박은 그런 것을 역으로 이용해서 개발하는 거죠. 마치 환경을 지키고 문화를 살리는 것처럼 연막을 치고 개발을 일삼는 건데요. 이게 바로 신개발주의죠.

　청계천을 놓고 보면 고가도로 없애고 청계도로 뜯어낸 건 잘한 일이죠. 도시 환경 개선에도 이바지했고요. 저도 적극적으로 그걸 주장했던 사람입니다. 그래서 시민위원회에 들어가서 활동했는데요. 사실 청계천 복원은 시대적 요구였어요. 그걸 잘 활용한 것은 이명박의 정치적인 능력이지만, 그것을 올바로 해야 하는 정치적인 책임을 다했느냐 하면 그건 아니라는 겁니다. 크게 보면 역사와 생태 두 가지가 있을 텐데요. 청계천은 단순한 하수로가 아니라 조선시대를 대표하는 도시 토목 유적입니다. 그것도 하부구조를 보여주는 굉장히 희귀한 유적이에요. 영조 때 석축을 다 쌓아서 만들어놨고요. 그러니까 석축 복원이 가장 중요한 기준이었는데, 뜯어내봤더니 거기에 석축이 540미터나 온전히 남아 있는 거예요. 그걸 보면서 정말 감동했습니다. 그런데 그걸 어떻게 처리한지 아세요? 불과 며칠 사이에 설계도 그림 좀 그려놓고, 사진 몇 장 찍어 놓고는 싹 밀어버렸어요. 그 돌덩이들이 어디 가 있는지도 모릅니다. 그것 때문에 이명박을 우리가 서울지검에 형사고발을 하기도 했어요. 이처럼 노골적으로 문화 파괴행위를 저질렀어요.

그뿐 아니라 수표교 복원 공약도 지키지 않았습니다. 입만 열면 거짓말이었어요. 광교도 600년 동안 그 자리에 있던 것을 상류로 150미터나 옮겼습니다. 문화재청에 가면 '문화재보호헌장'이라는 것이 있는데요. 그 첫째가 "문화재는 원래 있던 그 자리에서 지켜져야 한다"는 겁니다. 600년 동안 그 자리에 있던 것을 이명박이 자기 맘대로 옮겨버린 거라고요. 이것은 엄청난 문화재 훼손행위입니다. 공사 과정에서 공사를 마구잡이로 하다가 거기 있던 돌들을 크게 훼손한 것은 말할 것도 없고요.

참, '생태' 하면 이명박 운하가 생태적이라고 극구 주장하는 전문가 중에 정동향 교수라는 사람이 있는데요. 이 사람이 하천 전문가입니다. 이 사람이 대표적인 증인인데, "청계천은 생태적인 하천 복원이 아니"라며 시민위 활동 하면서 주장하고, 지적하고, 우리를 가르쳤던 사람입니다. 그런데 그런 사람이 지금은 운하는 생태적이라는 황당한 모습을 보이고 있는데요. 첫째로 지금의 청계천은 한강물을 12킬로미터나 역류시켜서 내려보내는 거란 말예요. 거기에 연간 들어가는 전기세만 8억 7000만 원이고요. 어떻게 세상에 아래에 있는 물을 억지로 끌어올려 흘려보내는 것이 생태적일 수 있겠어요? 그 자체로 반생태적, 반환경적이에요.

이렇게 시멘트로 발라서 수변정원 같은 걸 꾸며놓고서 생태적이라고 떠드는데, 물론 어항 효과와 같은 작은 생태효과는 거둘 수 있어요. 약간의 대기개선 효과라든가 하는 건 있을 수 있죠. 그렇다고 해서 이걸 생태적이라고 떠드는 건 거짓말예요. 아주 정교한 마네킹을 만들어놓고 사람이라고 말하는 것이나 다름없습니다. 말하는 로봇을 사람이라고 할 수 있어요? 아니거든요. 운하사업도 비슷한 거지만, 이명박의 청계천 '복원' 사업은 사실상 역사와 문화를 대대적으로 파괴한 것이고, 또 생태적이라고 말할 것도 없는 엉터리 복원이에요. 그래서 저는 청계천 '복원' 사업은 잘못된 명칭이고 청계천 개발사업, 아니 명박천 개발사업으로 불러야 옳다고 생각합니다.

여기 덧붙여서 생긴 문제가 주변 지역 재개발사업이 같이 진행된 겁니다. 거기서 엄청난 부패 문제가 발생해서 양윤재 전 부시장이 구속되어서 대법원에서 5년형을 받았지 않았습니까. 그 사람이 이명박의 청계천 개발사업에서 최측근이었는데요. 지금 운하사업에서도 같은 방식을 쓴다는 말이죠. 주변지역 재개발을 같이 하려고 하는데, 운하가 운하만은 아니고 주변 지역 개발이 같이 되는 거다 하면서 주변 지역 주민들, 지주들, 투기꾼들을 마구 끌어모으는 방식을 쓰고 있는 것인데요. 청계천 5.8킬로미터에서도 그렇게 어마어마한 부패 문제가 발생했는데, 그보다 100배나 더 긴 560킬로미터 경부운하, 나아가 1000~2000킬로미터 대운하를 하면 그 부패 문제가 얼마나 심각하겠어요. 청계천에서 수천억 부패가 발생했다면 운하에서는 수십조 부패가 생길 게 불을 보듯 뻔한 거 아닙니까. 이런 게 바로 투기 조장, 부패 조장 정책이 되는 거예요. 토건국가 문제는 바로 그런 문제입니다. 혈세를 낭비해서 재정을 탕진하고, 산업구조, 고용구조의 혁신을 가로막고, 국토를 파괴하고, 투기를 조장하고, 부패를 만연시켜 골병이 든 국가를 만드는 겁니다.

전깃줄에 걸려서 쓰러지는 대한민국

지 '전봇대와 전깃줄 공해' 문제도 5~6년 전부터 지속적으로 제기하셨는데요.

홍 2002년 겨울에 새 대통령을 맞아 《동아일보》에서 국가적인 의제를 개발하자고 해서 활동했는데요. 그때 전봇대 없애는 걸 국가 의제로 하자고 했더니 사람들이 "요즘도 전봇대, 전깃줄이 있느냐?"고 묻더라고요. 아예 그런 게 있다는 사실조차 모르고 살았던 것 같아요. 그 문제가 굉장히 심각합니다. 사실 한전이 발전부문은 다 빼고 송배전 사업만 하는데요. 이것만으로도 매년 2조 3000억원 이상의 순이익을 거둡니다. 전국에 전봇대가 780만 개가 넘는데, 거기에 설치된 전깃줄로 지구를 40바퀴쯤 감을 수 있어요. 그러니 깨끗한 하늘, 깨끗한 거리를 볼 틈이 있겠어요? 그뿐 아니라 안전 문제도 심각해요. 소방차가 전깃줄에 걸려서 못 다니는 문제도 있고, 스파크 현상이나 누전, 감전 문제가 있습니다. 전봇대 감전사고로 매년 100명 이상이 죽습니다. 이게 작은 문제입니까?

서울 시내 보도 위에 거대한 쇠상자들 있는 것 보셨죠. 그게 배전함이에요. 그 안으로 고압선 개폐기가 들어가 있습니다. 이것 자체가 하나의 거대한 폭탄일 수 있습니다. 폭발사고를 일으킬 수가 있어요. 몇 해 전에 이게 하나가 폭발해서 길 가던 노인이 목이 잘려 즉사했어요. 이게 작은 사고냐고요. 서울에만 그런 게 1만 개가 넘어요. 전국적으로 수십 만 개가 설치되어 있고요. 전세계 어디를 가더라도 저렇게 큰 쇠상자를 보도 위에 해놓은 나라가 없어요. 일본도 없어요. 그래도 일본이 우리보다 선진국이에요. 대만에 가니까 비슷한 게 있는데, 거기는 우리보다 작아요.

 이런 것으로부터 생겨나는 문제가 굉장히 큰데요. 한전 순이익이란 게 전봇대 장사 해서 나온 겁니다. 전봇대 설치하는 토지 이용료로 지자체에다가 1000원을 냅니다. 여기에 통신선 가설해서 1만 원 넘게 받습니다. 그래서 100배 넘는 장사라는 지적을 받고 있습니다. 이게 공기업 맞아요? 전봇대, 배전함 문제 너무 심각하니까 지중화하는 게 맞는데요. 유럽에는 전봇대, 전깃줄, 배전함이 없어요. 한전 스스로도 배전함 폭발사고 일어났을 때 "지중화하는 게 맞지만 돈이 없다"고 얘기했어요. 전봇대의 경우에도 그렇게 얘기했고요. 돈이 없다니? 몇 조 원씩 벌어들이는 돈은 다 어디로 가고 돈이 없다니? 송전탑도 마찬가지예요. 전국에서 지역주민의 민원을 가장 많이 사고 있는 것이 송전선로예요. 한전이 일방적으로 긋고, 건설해버리거든요. 송전탑, 전봇대, 배전함, 이 세 가지는 박정희식 천민자본주의를 대표하는 또 다른 상징이라고요. 단순히 민영화 반대 싸움만으로는 한국이 달라지지 않습니다. 민영화는 막고, 송전탑이나 배전함은 이대로 둬도 됩니까? 우리가 민영화를 막는 이유가 뭔데요? 공기업의 공공성을 살리기 위한 거잖아요.

지　외국의 경우 보도블록 잘못 깔아서 다치는 경우 시나 정부를 상대로 거액의 배상금을 받아내기도 하지 않습니까? 그렇게 사고가 많이 난다면 배상금도 감당하기 힘들 텐데요.

홍　우린 그런 것 없습니다. 대부분 그걸로 끝이죠. 심지어는 조심해서 다녀야 한다는 둥, 전봇대 가까이 가지 말라고 하지 않았느냐 하는 식이니까요. 전번에 이명박 대통령 때문에 전봇대 문제가 불거졌잖아요. 사실 전봇대 문제의 본질은 그게 아녜요. 그것도 마구잡이로 전봇대를 세워놔서 생겨난 문제긴 하지만, 그것보다 더 절박한 문제들이 있거든요. 제가 지난번에 〈전깃줄에 걸려서 쓰러지는 대한민국〉이라는 칼럼에서 그 얘기를 했는데요. "정말 급한 건 경부운하가 아니라 전봇대"라고 했는데, 780만 개나 되는 전봇대는 상상을 초월하는 거라고요. 도시고 농촌이고 가릴 것 없이 전깃줄 공해가 심한데요. 제가 6년 전에 《한겨레》에도 〈전봇대 공화국, 전깃줄 공해〉라는 제목으로 칼럼을 썼습니다. 그때 그 칼럼에 대해서 한전 경영진과 노조에서 반론을 보내왔어요. 경영진은 "지중화가 옳은 줄 알지만, 돈이 없다"고 했는데요. 똥이 너무 많은지 알지만 참고 살라는 거겠죠.(웃음) 노조도 다르지 않아요. "우리가 연구하고 있지만, 신자유주의 때문에 안 된다"고 하는데요. 그래서 노동조합 홈페이지에 가봤더니 그런 문제에 대한 글 하나 없어요. 단 한 번도 이 문제에 관심을 기울여본 적이 없습니다. 노조는 전부 노조원의 이익을 위해서 존재하는 것이라고 다수의 노동자들이 생각하는 측면이 강한데요. 오직 그것일 뿐이라고 한다면 노조는 한낱 이익집단일 뿐이에요. 그렇다면 그런 이익집단을 위해서 공공성을 주장하거나 사회적으로 힘을 모아줄 이유가 전혀 없는 거죠.

지　새로 가설하는 전깃줄이라도 지중화해야 하지 않나요?

홍　지금도 대개는 그렇게 안 해요. 아주 일부에서 하는데, 종로 안국동 같은 데서 시범 삼아 하는 수준이에요. 모범사업이라고 사진 찍어서 홍보하는 거고요. 그냥 전봇대 세우는 게 훨씬 더 많죠.

지　'박정희 체계를 넘어 생태적 복지사회로'라는 부제로 《개발주의를 비판한다》는 책도 내셨는데요. 박정희식 개발주의는 더 심화되었다고 볼 수도 있지 않습니까? 개발은 멈추지 않고, 그나마 있던 그린벨트 같은 것도 해체되는 상황인데요. 미국도 구보수주의자들보다 네오콘들이 훨씬 지독하고 교묘한 것처럼 우리의 신개발주의자들도 그런 것 같습니다. 이런 상황을 헤쳐나가는 것이 쉽지 않을 것 같은데요.

홍　물론 쉽지 않은 일이지만 이걸 해결하지 않고서는 우리 사회의 발전을 이룰 수 없습니다. 그런데 우리 사회에는 여러 부류의 사람들이 있지 않습니까? 지금 이대로 좋다는 사람들도 있을 거고요. 이것보다 더 나쁜 사회를 만들어야 한다는 놈들도 있을 거고요. 어쨌든 "이대로는 안 된다. 더 좋은 사회를 만들자"는 사람들도 있을 텐데, 바로 이런 사람들부터 문제를 똑바로 보고 고치려는 노력을 해야죠. 그런데 우리 현실과 너무 동떨어져 있는, 서구에서 주워온 비현실적인 관념론만 가지고 주문을 외면 세상이 바뀔 것처럼 해서는 곤란하다는 겁니다. 우리 현실을 직시하고 전봇대, 전깃줄 같은 문제가 어떻게 만들어지고, 누가 주도하고 있고, 이걸 통해서 누가 어떻게 이익을 보는가 하는 것들을 꼼꼼하게 따져야 해요.

　한전 경영진뿐 아니라 노동자들도 그런 '안일한' 이익에 안주하고 있는데, 그러면 안 돼요. 만약 한전 내부 차원에서의 개혁이 불가능하다면 외부로부터의 어떤 실질적인 조치(예를 들면 시민적 노력 또는 정부 정책)들이 필요한 것이냐, 나아가 노동자들이 이런 문제에 관심을 가지고 적극적으로 참여할 수 있도록 하기 위해서 어떤 노력들이 필요하겠는가, 이미 시효를 상실한 공사를 계속 유지하는 것이 옳은 것이냐, 옳지 않다면 공사를 중단하는 대신 거기에 종사해온 노동자들은 어떻게 구제할 것이냐 하는 고민들을 안 하고 있거든요.

작년 초에 《오마이뉴스》와 인터뷰하면서도 한미FTA 반대에만 올인할 게 아니라 토건국가 개혁 운동도 같이 펼쳐야 한다고 얘기했는데요. 단일전선 운동은 지속적으로 형성되기도 어려울 뿐만 아니라 오히려 문제를 왜곡할 가능성도 크다고 생각합니다. FTA도 물론 막아야 하는 심각한 문제긴 하지만, 그게 발효되어서 현실에 영향을 미치기까지는 꽤 시간이 걸리잖아요. 그런데 이미 우리에게 파괴적인 영향을 미치고 있는 토건국가 문제에는 왜 소홀하냐는 거죠. 이건 정말 치명적인 착각이고 무지예요.

{ 사람들은 자기 지향을 위쪽에서만 찾는다

지 이명박 정권은 일종의 재앙일 수도 있는데요. 자신의 정체성을 너무나 적나라하게 드러내고 있기 때문에 근본적인 고민과 싸움에서는 차라리 노무현 정권보다 전선이 더 명확할 수 있지 않나 생각되기도 하는데요.

홍 그렇게 볼 수도 있지만, 너무나 위험한 생각이에요. 강한 적이 들어섰으니까 문제는 더 명료해질 것이다, 사실은 그럴 것 같지도 않고요. 이명박이 들어섰지만 여전히 전통적인 진보개혁 쪽에서는 FTA나 비정규직 얘기는 해도 토건국가 얘기는 안 하잖아요. 토건국가에 따른 투기 열풍은 국민들을 보수화하는 가장 중요한 물질적 근원인데, 도통 관심들이 없어요.

우리나라에서 인터넷을 일반인들이 일상적으로 활용하게 된 중요한 계기 가운데 하나가 바로 이 토건국가와 연관되어 있어요. 아파트마다 무슨 협의회 만들면서 홈페이지까지 만들어 아파트값 담합하여 올려서 단속하고, 그에 반하는 부동산업자들을 혼내주기까지 하거든요. 이제 주민들이 스스로 개발사업 기획하고, 아파트 브랜드화해서 땅값, 집값 부추긴다고요. 아파트만이 아니고 동네 단위로 그런 게 만들어져 있어요. 진보연하는 하는 이들은 너무 도덕적으로 우아하게들 살아서 그런지 모르겠지만, 그런 비속한 모습이 우리의 일상이고 현실이거든요. 이른바 진보적 지식인이나 단체 같은 데서 토건국가 문제를 한 번도 얘기한 적이 없어요. 내가 그 얘기를 꺼내면 기껏 한다는 소리가 환경 문제라고 합니다.

지금 우리 사회에서는 계급·계층구조에 대한 더욱 치밀한 논의가 절실하게 필요한데요. 우리 사회에서 계급론이 왜 학생들한테 인기가 없느냐면, 현실에서 별 의미가 없기 때문입니다. 왜 의미가 없느냐면, 계급론을 아직도 철지난 마르크스주의에 전적으로 의지하고 있어서 그런 거예요. 예전에는 마르크스주의 계급론으로 거의 모든 게 설명이 됐습니다. 노동자계급은 사회적 지위가 낮고 가난하다보니까 제대로 배우지도 못해서 무식해요. 반면에 자본가계급은 사회적 지위도 높고 부자이므로 당연히 학벌이 좋을 수밖에 없고 정치적 영향력이 강합니다. 노동자계급은 골병이 들도록 일을 해도 입에 풀칠하기가 바쁜데, 자본가계급은 만날 빈둥거리는 것 같은데도 엄청난 불로소득을 챙겨가는, 이런 모순과 대립을 해소하는 것이 중요한 과제라고 했는데요. 오늘날 우리 현실이 이렇다고 보십니까? 아니거든요.

계층은 여러 가지 기준으로 나누지만, 먼저 경제적으로 보면 소득과 교육이 제일 중요한데요. 마르크스 계급론에서는 생산관계에서의 지위가 가장 중요합니다. 생산수단의 소유 유무로 따진다고요. 그런데 지금 우리는 그것보다는 소득과 교육, 특히 소득지표로 따집니다. 소득으로는 대개 5분위나 10분위로 나누는데요. 5분위로 나누면 1그룹 20퍼센트, 2~3그룹 40퍼센트, 4그룹 20퍼센트, 5그룹 20퍼센트로 됩니다. 또 다르게 나누면 특권층, 부유층, 중산층, 서민층, 빈곤층으로 보는 거예요. 우리나라 부자 기준이 몇 해 전까지만 해도 자산 10억 원이었는데, 작년부터 이게 30억 원으로 폭등했어요. 3년 사이에 3배가 오른 이유는 바로 노무현 때문입니다. 부동산 부자들이 엄청 늘어났거든요. 이런 것을 잘 봐야 한다고요. 이것 자체가 중대한 사회 변화이고, 그에 따라서 사람들이 변하는 겁니다. "사람들은 변하지 않았는데……"라고들 하는데, 왜 안 변해요? 변하니까 이명박이 나오는 거죠.

우리네 특권층은 재벌로 대표되는데 재산이 조 단위예요. 그 다음이 중견기업이라고 하는데, 매출이 1조 원이 넘는 데가 있어요. 여기 가족들 재산을 따지면 수천 억대가 된다고요. 이명박도 바로 여기 속하는 사람입니다. 이런 특권층은 전체 인구 대비 0.001퍼센트 정도 될 텐데요. 부유층은 대체로 자산 30억 원 이상에 억대 연봉 정도로 생각하면 되요. 일반적인 상류층으로 치면 연봉 6000만 원 이상이면 거기에 들어갑니다. 그렇다면 노동자의 상당수도 상류층에 들어갑니다. 그러면 중산층은 얼마 정도 되어야 할까요. 명확한 기준은 없지만 전체 인구의 45퍼센트 정도 될 겁니다. 서민층은 10퍼센트 정도, 빈곤층은 15~20퍼센트 정도로 잡아요.

그렇다면 정치적으로 가장 중요한 게 중산층의 동향인데요. 이 사람들이 어떻게 살고 있느냐에 대한 이해가 필요하죠. 이 사람들은 자기 지향을 위쪽에서 찾는다고요. 아래쪽을 보고 살지는 않습니다. 사실은 서민층도 비슷해요. 빈곤층 문제를 얘기하는 것만으로는 이 사람들을 설득할 수 없어요. 빈곤층에도 여러 형태가 있는데, 이런 것을 따져봐야 합니다. 노동자도 다 같은 노동자가 아니에요. 소득에 따른 계층 차이가 다양하다고요. 어떤 노동자는 고액 연봉에다가 이미 땅이며 아파트며 자산을 잔뜩 가진 부자라고요. 노동빈민이니 노동귀족이니 하는 말도 이미 오래된 얘기에요. 이런 식으로 다원화되고 분화된 게 우리 현실이라고요. 어쨌든 이런 현실에 비춰보면 마르크스 계급론은 너무 단순해서 어떤 것도 설명하지 못합니다. 물론 마르크스가 말한 계급구조 문제가 아직 남아 있긴 하지만, 이미 그것만으로는 우리 현실 모순을 설명하고 답을 구할 수 없다는 거죠. 이미 우리 현실에 크게 영향을 미치고 있는 다원성을 보면서 구체적이고 실질적인 논의를 해야 합니다.

지 《반미가 왜 문제인가》라는 책도 내셨는데, 앞으로 세력으로서의 반미가 가능하거나 의미가 있을 거라고 보십니까? 이명박 정권

은 한미동맹 강화를 내세워 친미종속으로 간다고 볼 수밖에 없는데
요. 10.4 정상선언 재검토, 북한의 선핵폐기-후평화체제 선언, '반
反통일적인' 통일부 운영 등을 실행하고 있지 않습니까?

홍　저는 정치적인 반미보다는 경제적인 차원에서의 반미를 얘기
해왔는데요. 미군이 한국에 주둔하면서 곳곳에서 수많은 기지를 이
용하고, 이 과정에서 국민들에게 일상적으로 미친 경제적 피해가
지금도 막심합니다. 그런 차원에서 미국의 문제를 똑바로 알자는
거고요. 이전에 반미를 얘기하는 것 자체를 금기시하는 문제점을
지적하기 위해서 그런 주장을 했던 것입니다. 더 나아가서는 문명
적 차원에서의 반미를 얘기한 건데요. 미국이라는 나라가 1950년
대 이후에 세계적으로 현대사회의 상징이자 모범처럼 되어 버렸습
니다. 그러나 실상은 세계 인구의 4퍼센트밖에 안 되는 미국민이
세계에서 가장 많은 에너지를 낭비하고 있습니다. 석유 소비량이
세계 전체의 35퍼센트나 되고, 이산화탄소 배출량도 세계 최고입니
다. 이런 파괴적이고, 낭비적이고, 오염적인 생활을 하다보니까 늘
세계 곳곳에서 전쟁을 일으켜야 하는 전쟁국가가 된 거죠. 그래서
미국은 오염국가, 낭비국가, 비만국가, 전쟁국가라고 얘기한 거고
요. 그런 점에서 반미를 얘기했던 거고, 그런 미국을 닮아가는 우리
의 현실을 비판했던 겁니다. 우리나라 중산층 이상의 사람들은 미국
을 꿈으로 여기고 있고, 이명박은 그걸 적극 활용하는 거 아닙니까?

　저는 어쨌든 이와 관련해서 보수와 진보를 떠나서 정치의 책임
이 무엇인가에 대한 접근이 필요하다고 봅니다. 어떤 현상이 문제
인가에 대한 깊은 논의가 필요하고, 그것이 문제라고 한다면 설령
그걸 다수가 좋아한데도 절대 해서는 안 되고, 오히려 바로잡기 위

해서 노력해야죠. 그렇게 해서 사회의 질적 성숙을 추구하는 것이야말로 정치의 책임이죠. 그런 것을 제대로 하지 않을 때 정치가 바로서지 못했다는 비판을 받게 되는 거죠. 이명박도 큰 지지를 받고 대통령이 된 만큼 큰 정치를 보여줘야 하는데, 지금 보면 문제가 너무 심각합니다. 영어 몰입 교육이니 하는 것도 실용적이지도 않을뿐더러 비현실적인 거고요. 운하 문제도 비슷하다고 봐요. 둘 다 비실용적인 주장이고, 다만 사람들의 기대심리를 자극하는 주장일 뿐이죠. 그렇게 해서는 큰 정치가 이루어질 수 없고, 국가는 물론 이명박 본인을 위해서도 잘못된 일이라고 봅니다.

어쨌든 이런 저런 오해를 살 수도 있으니까 그걸 가지고 친미니 반미니 얘기할 필요는 없고요. 실체를 놓고 정말 실용성과 현실성 문제를 얘기하는 게 더 중요하다고 봅니다. 저는 《개발주의를 비판한다》를 펴낸 이후에 지난 연말 《대한민국 위험사회》를 펴냈고, 그전에 울리히 벡의 《위험사회》를 번역하기도 했는데요. 1990년대 외국 학자들 책 중에서는 그 책을 제일 재밌게 읽었어요. 거기서 여러 가지 시사점을 얻은 게 있었어요. 그 개념을 중심으로 해서 한국 사회의 문제를 계속 살펴보고 써왔습니다.

그래서 그 책을 냈는데, 거기서도 계속 고민하고 했던 것은 상당 부분 울리히 벡이 얘기하는 독일의 현실, 유럽의 현실에 비추어서 얘기하는 위험사회 문제가 한국에도 고스란히 적용되는데, 거기와 다른 한국만의 특수성이 분명히 또 있어요. 예컨대 그 나라보다 심각한 부패 문제예요. 우리한테 어떤 위험을 막을 제도가 없어서 어처구니없는 사고들이 터지는 건 아니잖아요. 제도는 있는데 제대로 작동을 안 하는 거지요. 그게 다 사회가 부패해서 그런 겁니다. 안전불감증 자체가 문제가 아니라 안전불감증을 조장하는 구조적 현실이 문제입니다. 이런 현실은 정치에 의해서 조장됩니다. 정치판이 엉망진창이라서, 이런 문제를 심각하게 고민하는 것이 아니라 정략적 이익에 따라서 왔다갔다하는 판이니까 그런 바탕에서 실제로 부패 문제가 작동하고, 부패 문제는 토건 문제로 작동합니다.

한국의 위험사회는 토건국가 위에 배양된 부패가 만들어온 겁니다. 그런 점에서 역시 위험사회 문제도 한국적 현실을 정확히 보고 개혁을 해야죠. 다른 나라, 예를 들어 미국에 그와 관련하여 성공적인 제도가 있다고 해서 그걸 그대로 가져다 써봤자 소용없어요. 공무원 일자리는 더 늘어나겠지만 실제로 개선되지는 않아요.

《대한민국 위험사회》 발간 직전에 삼성중공업 기름 유출 사건이 터지고, 발간 직후에 이천 냉동창고 화재 사건이 터졌는데, 둘 다 제도가 작동하지 않아서 생긴 비극이에요. 유조건 사고도 예인선이 매뉴얼대로 움직이지 않아서 생긴 겁니다. 냉동창고 화재 역시 마찬가지죠. 방화문만 작동했어도 30여 명의 목숨을 구할 수가 있었는데, 뿌리 깊은 부패 탓에 좋은 제도가 다 형식화되어서 생긴 참극이라고요. 삼풍백화점 붕괴 사고랑 그 점에서 똑같습니다. 거기도 3~4 단계의 감독 단계가 있었지만 하나도 작동하지 않았습니다. 다 뇌물로 통과했어요.

우리 사회에서 부패사고가 위험사고의 가장 큰 비중을 차지하고 있는데요. 위험사회는 위험을 안고 있는 고도의 과학기술을 일상적으로 사용하는 데서 나타나는 문제인데, 우리는 지금 세계 최악의 위험을 안고 있는 기술들을 쓰고 있습니다. 송전선 화재사고를 비롯하여 그야말로 일어날 수 있는 온갖 사고가 다 일어나고 있어요.

이제 남은 건 핵발전소뿐인가 하는 생각도 드는데, 참으로 처참한 지경입니다.

그런데도 이런 위험 문제에 대한 관심이 대단히 표피적입니다. 보수 쪽에서는 늘 하던 대로 안전불감증 타령이나 하고 있죠. 방재청 띄우면서 국가적 차원에서 안전문화운동 같은 걸 벌이기도 했습니다만 그게 3년밖에 안 됐습니다. 하지만 안전불감증을 조장하는 구조적 현실은 그대로 놔두고 그런 운동 만날 벌이면 뭐해요. 문제의 핵심은 이른바 천민자본주의, 토건국가랑 직결되어 있는데요. 보수든 진보든 구조개혁 차원에서 적극적으로 접근해야 하는데, 다들 그런 데는 도통 관심이 없어요.

지 우리 사회의 위험이라는 주제에 깊이 천착하고 계신데요. 우리 사회가 위험을 넘어 안전사회로 가기 위한 장치들로 가장 시급하게 필요한 것은 무엇이라고 생각하십니까?

홍 일상적인 노력들인데요. 위험 문제에서 제일 중요한 것은 위험한 기술을 가능한 한 쓰지 않는 거예요. 사회적 위험에서는 복지 확충이 무엇보다 중요합니다. 또 관련 제도를 만드는 것도 중요하지만 그 제도가 제대로 작동하도록 만드는 게 더 중요합니다. 사실 제도는 거의 완비된 상태예요. 그게 유기적으로 작동하지 않는다는 게 문제인 거죠. 이걸 제대로 작동시키려면, 현장에서 그 기술을 실제로 다루고 있는 기업에 대한 감독, 한편에서는 감독 주체인 공무원에 대한 감독이 중요합니다.

감독만 해도 무슨 연례행사처럼 형식적인 감독에 그쳐선 안 되고 감독체계가 상시 작동하도록 하는 게 중요하고, 실제 실행 주체인 기업의 책임을 강화하는 것도 중요합니다. 서해안을 몽땅 오염시켜놓고서도 "우리는 책임이 없고, 하청업체의 책임일 뿐"이라고 발뺌하는 저 철면피한 재벌을 보면 이른바 솜방망이 처벌이 문젭니다. 징벌 차원의 배상책임 같은 제도를 획기적으로 강화하지 않는 이상 이런 문제는 고쳐지지 않습니다. 기업은 항상 돈으로 움직이거든요. 설령 사고가 나더라도 일상적인 사고예방 노력에 드는 비용보다 유사시 사고처리 및 처벌 비용이 더 싸다면 차라리 처벌받고 만다는 거죠. 그러니까 제도가 제도로서 작동하려면 처벌이 현실화되어야죠. 그래야 예방을 하죠. 배상비용이 예방비용의 몇 배 이상은 되어야 해요. 그런데도 정부 정책은 거꾸로 가고 있습니다. 기업 프렌들린가 뭔가 한다고 규제 완화하고 있잖아요. 그러면 문제가 갈수록 악화될 게 뻔하죠.

이런 위험 문제가 탐욕스러운 자본만의 문제냐 하면 그렇지 않아요. 여기에 이해관계를 같이하는 사람들이 얼마나 많아요. 아까 전봇대, 전깃줄, 배전함 얘기했지만, 일상적으로 사람들을 위험 속에 방치하고 있는데, 이런 것을 적극적으로 얘기하는 것이 진보개혁을 주장하는 모든 세력의 공통된 요구여야 하는데 안 하고 있거든요. 그 점에서는 진보개혁진영의 책임도 아주 크죠. 우리가 얼마나 위험한 상황 속에서 살고 있는지를 자각하는 게 매우 중요합니다.

{ 지옥의 문이 바야흐로 눈앞에서 열리고 있다

지　참여정부를 지나면서 진보진영이 굉장히 어려워졌습니다. 그리고 시민사회단체들의 동력도 현저히 떨어진 듯한데요. 그 이유는 뭘까요?

홍　두 가지인데요. 시민사회가 약화되는 것은 민주화의 당연한 결과예요. 주요한 문제들이 많이 해결됐기 때문에 이제는 거기에 사람들이 몰릴 이유가 없는 거죠. 그런데 문제가 다 해결된 것이 아니고 다른 문제들도 많이 있으니까 시민단체가 더 전문화되고 시민들의 요구를 더 적극적으로 파악해서 활동해야 하는 운영상의 과제를 안게 된 겁니다.

사실 그동안 시민단체에서 노력을 기울인 일들 가운데 많은 부분은 정부가 해야 하는 일이었습니다. 민주화가 되면서 그게 상당히 실현된 측면이 있습니다. 한편으로는 민주정부가 들어서고 그런게 민주화의 성과인데, 민주정부가 국민의 기대에 부응하지 못하고 잘못한 것에 대해서 민주화 주체들도 어느 정도 책임을 느끼고 인식하는 것은 옳다고 생각합니다. 하지만 그렇다고 해서 정부의 잘못을 민주화 세력 전체의 잘못으로 몰아붙이는 건 옳지 않습니다. 보수세력이 그렇게 몰아붙이는 건 터무니없는 짓입니다. 만약 보수정권이 문제를 일으킨다고 해서 보수세력 전체가 욕을 먹어야 하느냐면 그건 아니잖아요. 정권이나 정부는 공식적인 책임을 지는 곳이고, 시민사회는 그런 게 아니거든요. 그런 권한이나 권력이 있는 것도 아니잖아요. 우리가 의견을 낼 수도 있고, 정부의 여러 활동에 관여할 수는 있는 거지만, 직접적으로 같이 갈 수 없는 것은 명백하거든요. 논란이 있기는 하지만, 이런 점에서는 기존의 진보개혁 쪽이 기본을 지키기 위해서 계속 노력해왔다고 봅니다.

그런데 보수 쪽은 좀 달라요. 뉴라이트는 노골적으로 한나라당의 전위대를 자처하는 사실상의 정치조직이잖아요. 그렇다면 솔직하게 정치조직이라고 얘기해야지, 보편적 기준에서 사회의 발전을 추구하는 시민사회적인 외향을 가지려는 건 사람들을 속이려는 짓이죠. 그렇게 해서는 곤란합니다. 시민단체로서의 보편성을 추구하려면 여러 가지 방식을 취할 수 있는데요. 적어도 그런 시민단체로서의 공정성을 중시한다면 정부와 일정한 거리를 두고 활동하는 것이 중요합니다. 스스로 적극적으로 실천하려 한다면 정치단체를 표방하고 그에 따른 책임을 지는 태도가 필요한 거죠. 그렇게 해야 하는 단계에 이르렀습니다.

지 이명박 정권에 대하여 참여연대는 어떤 방식을 취해야 한다고 생각하십니까?

홍 마찬가지예요. 우리는 항상 정부와의 거리를 중요하게 생각해왔어요. 그래서 지금까지 했던 것과 같은 방식으로 활동할 거고요. 다만 우리가 그동안 활동했던 원칙과 목표에 비춰봤을 때 우리는 권력 감시, 재벌 개혁 같은 것을 중요하게 여겼고, 최근에는 토건국가 개혁 문제를 전면적으로 제기하고 있는데요. 당면한 문제로 봤을 때는 이전 정부보다 훨씬 더 우려되는 상황이죠. 뉴라이트나 한나라당 쪽에서 참여연대에 대해 상당히 적대적인 태도를 보이고 있는 것도 사실인데요. 이미 조중동문(조선, 중앙, 동아, 문화일보)을 통한 공격들이 지난 연말부터 시작되었고요. 이에 대해서 우리는 시시비비를 똑바로 가리는 자세로 적극 대응할 준비를 하고 있습니다. 우리가 할 수 있는 최선을 다해서 적극 대응할 겁니다.

지 남한은 이미 개발 포화상태여서 북한을 새로운 개발 대상으로 생각하거나, 한국의 자본이 북한의 싼 노동력을 필요로 하고 있다는 시각도 있지 않습니까? 이명박 정권도 그런 면에서 북한과의 경제협력을 거부하지는 않을 것 같은데요. 지금 PSI(대량살상무기확산방지구상), MD 참가 등 미국 네오콘의 정책과 보조를 같이하고, 전시작전통제권 환수를 거부하는 등 자주적이지 못한 태도를 취하고 있는데요.

홍 전작권 관련해서는 확 바뀔 것 같지 않던데요. 남북관계도 지금까지 나온 것으로 봐서는 경색될 것 같아요. 이명박은 기업가적 측면과 정치가적 측면을 다 가지고 있는데요. 기업가로서 이명박은 정주영이 그랬던 것처럼 북한과도 적극적인 관계를 추구한다고 생각할 수 있는데요. 보수 정치인으로서의 이명박은 아무래도 지지자들의 눈치를 많이 봐야겠죠. 그러다보니 나름대로 속도조절론 같은 것을 내세워서 관계를 조절하려고 할 텐데요. 그것을 북한에서는 모욕적인 것이나 공격적인 것으로 받아들일 수도 있어요. 지금까지 해온 짓으로 봐서 남북관계는 이명박 정권 내내 경색될 것으로 봅니다. 이명박이 큰 정치를 위해서 슬기롭게 돌파해야 할 관문이라고 봅니다. 보수세력의 주장에 영합하여 패권적인 모습을 보인다면 불행한 대통령으로 남기 쉽겠죠.

지 노무현 정부는 공과를 떠나서 스타일의 문제도 제기되지 않았습니까? 사람들을 다독거리려면 유화적인 제스처도 필요할 텐데, 노무현 대통령은 그런 게 부족했던 것 같고요. 이명박 대통령 역시 어쩌면 자존심밖에 남지 않았다고 볼 수 있는 북한 정권에 대한 배려가 부족한 것 같습니다. 뭘 베풀 때도 상대방이 상처받지 않게 해야 할 텐데, 그런 면에서 어려워지지 않겠습니까?

홍 베푼다기보다는 필요에 의한 협력이라는 관점에서 접근해야 합니다. 절대 일방적인 관계가 아니죠. 한반도 평화는 우리의 미래에 결정적인 의미를 갖는 것이니까 우리한테 꼭 필요한 것이므로 그런 차원에서 접근해야 되고요. 거기서 오히려 보수 쪽을 설득하고 계몽하는 작업이 필요한 것인데요. 그것을 얼마나 할 수 있느냐가 관건이겠죠. 오히려 당장의 자기 지지와 연관이 되니까 회피할 가능성도 있는 거고요.

스타일 문제는 그것과는 다르게 얘기해야 합니다. 말하는 방식이라든가, 일을 추진하는 방식이라든가 하는 점에서 노무현은 굉장히 잘못한 거죠. 국민적 설득력을 갖지 못하는 어법과 제스처를 구사해왔는데 그것 자체가 사실 영상 미디어 시대에서는 결정적인 오류예요. 이명박 대통령도 설득력 있는 말주변이 아니고 막말 하는 사람에 가깝다는 문제를 안고 있습니다. 노무현은 정책 혼선을 빚으면서 사실상 끌려가는 모습을 보여왔습니다. 이명박은 정책을 추구하는 데 있어서, 아주 젊어서부터 대기업의 실세로 일해온 사람이다보니 불도저식이라는 말입니다. 자기가 생각하는 것을 밀어붙여서 강행하는 것에서 만족을 느끼고, 확신을 가지고 있고, 이제는 거기에 대해서 기대도 큰 상황이라 이게 정말 위험천만하다는 거죠. 이명박을 설명하는 용어로는 불도저가 제일 적당한 것 같은데요. 참 큰 문제입니다. 그만큼 한 사회의 변화가 어려운 겁니다. 한 사회를 구성하는 주체로서의 사람들의 생각이 바뀌어야 하는데, 그게 잘 안 바뀌거든요.

지　정리하는 차원에서 한 말씀만 해주십시오.

홍　어쨌든 이명박 정부의 등장은 민주화 20년이 정리되는 의미를 갖는 것이기도 하고요. 87년 체제든, 97년 체제든 정리되는 의미를 갖는 건데요. 저로서는 우리가 한국사회의 현실을 정말 객관적으로 파악하고 있느냐에 대해서 고민해야 할 과제를 갖고 있는 거라고 생각하고요.

또 어쨌든 이명박은 전대미문의 토건국가 확대 정책을 강행하고 있는데, 이것이 사실 많은 문제를 안고 있습니다. 운하가 강행되었을 때 한번 망가진 환경이나 자연 피해는 영구적인 것이고, 경제적인 피해도 수십 년에 걸쳐 영향을 미칠 테니 지금의 젊은 세대들이 다 떠안게 되겠죠. 또 한국사회의 경제적 도약이나 질적 성숙이 사실상 가로막히는 상황이 올 텐데, 이걸 막기 위한 노력이 여러 곳에서 펼쳐지고 있지만 지금보다 훨씬 더 강화되어야 합니다.

이에 대해서 무관심하거나 무지하면서 진보개혁을 외치는 건 난센스입니다. 지옥의 문이 바야흐로 눈앞에서 열리고 있는데, 다른 곳을 보면서 '저기로 가야 한다'고 하는 것은 터무니없는 얘기죠. 자기 땅 밑이 가라앉고 있는데요. 비현실적인 온갖 이론을 넘어서 우리 자신의 현실을 천착하는 연구와 실천을 통해 현실을 있는 그대로 파악하고 문제를 실질적으로 해결하려는 노력이 그 어느 때보다 절실합니다.

한미FTA에 건강주권을 팔아먹은 '쇠고기' 만행

박
상
표

● 의학의 역사, 고지도, 철학의 역사, 사회 문제 등에 관심이 많으며, 경실련, 참여연대, 국민건강을 위한 수의사연대 등에서 활동하면서도 여행과 문화답사를 즐기는 수의사다. 현재 현대동물병원을 운영하고 있다. 조용한 삶을 원하고 있지만, 한미FTA 등의 문제와 광우병의 위험성을 알리기 위해 아픈 몸에도 불구하고 지속적인 글쓰기와 토론회로 바쁜 나날을 보내고 있다. 최근 《조선의 과학기술》이라는 책을 출간했으며, 몇 가지 문화적 저술을 준비해왔는데 광우병 사태로 인해 중단된 상태다.

" 지금의 광우병 공포나 괴담은 정부가 광우병 관련 정보를 계속 비밀주의에 붙여서 자기네들끼리만 알고 국민들에게는 알리지 않은 데서 비롯한 것입니다. 정부도 OIE에 가서 "살코기도 위험성이 있고 혈액 제품도 위험성이 있다"는 시민단체의 주장과 비슷한 내용의 주장을 했는데, 그런 내용을 우리 국회는 물론 국민들에게도 알리지 않은 탓에 이런 불신이 쌓여서 이런 사태가 온 것이지, 무슨 배후세력이 괴담을 유포해서 그런 건 아니라고 생각하거든요. 정부가 처음부터 이 문제에 진실하게 접근했다면, 국민들도 차분하게 이 문제에 대응할 수 있었을 뿐더러, 협상단도 과학적 근거는 가지고 있었기 때문에 국민들의 이런 힘을 받아서 미국과 제대로 된 협상을 할 수 있었을 거라고 보는데요. 이런 게 전혀 안 됐기 때문에 지금 국민은 국민대로 뿔이 나버리고, 협상은 협상대로 엉망진창이 되고, 국익은 국익대로 손상된 결과가 빚어졌다고 생각합니다. "

박상표

● 대한민국 대통령 이명박은 총선이 끝나기 무섭게 캠프데이비드에 불려가서 부시랑 하룻밤 놀더니 미국산 쇠고기 '영업과장'이 되어 돌아왔다. 남녀노소를 불문하고 수많은 국민이 날마다 촛불로 밤을 밝혀가며 제발 '대한민국 대통령'으로 돌아오라고 염원했지만 쇠귀에 경 읽기다. 아니, 경을 읽는 국민들을 이제 아예 패대기친다. 그날 밤, 캠프데이비드에서는 무슨 일이 있었을까?

그런 '영업과장님'의 뜻을 받드느라 어용학자님들, 조중동문 등의 '찌라시'들이 "광우병 괴담"이라며 입에 거품을 물지만 사실 불과 두서너 해 전에 그들 자신이 정부 문건이나 논문 등을 통해 발표하고, 실상이 이렇다며 대서특필했던 내용이다. 같은 내용을 두고 한 입으로 '진실'도 되었다가 '괴담'도 된다. 참, 다들 웃긴다.

그게 어디 미국산 쇠고기뿐이랴. 한반도대운하, 공공부문 민영화 등 우리 국민의 삶을 직접적으로 위협할 정책들이 국민을 광장으로 내몰았을 터이다. 그 다음에 벌어진 사태는 굳이 말할 필요가 있으랴.

이런 상황에서 '국민건강을 위한 수의사연대' 박상표 정책국장을 만나 현재 광우병에 대한 연구 결과, 광우병의 위험성, 정부 협상 태도의 문제점, 미국 검역 시스템의 문제점, 앞으로의 대책 등에 대해 들어보았다. 박상표 국장은 "아직 정확하게 알려지지 않은 병이니만큼 누구도 얼마만큼 위험하다고 단정할 수 없으며, 철저한 위험 분석과 관리 없이는 대재앙이 올 수 있다. …… 국민의 생명이 걸린 문제를 단순하게 확률로 얘기해서도 안 될 것이고, 인간의 탐욕으로 인한 환경대재앙 문제를 계속 외면하는 한 전지구적 파멸을 부를 수도 있을 것"이라고 경고하면서 이렇게 탄식했다.

"최근 광우병 우려가 높은 미국산 쇠고기의 수입재개 상황을 지켜보고 있노라면 '관 짜는 이가 관을 만들어놓고 나면 남들이 일찍 죽기를 바란다'(匠人成棺則欲人之夭死 _《한비자韓非子》)는 말이 떠오른다. 이는 관 짜는 사람의 입장에서는 지극히 옳은 말일 수도 있겠지만, 보통사람들에게는 듣기에도 끔찍한 말이 아닐 수 없다. 아마도 관 짜는 사람이 이런 몹쓸 마음을 먹게 된 것은 이윤에 눈이 멀었기 때문일 것이다. 관 짜는 사람 몇 명 배불리기 위해 국민을 죽음으로 몰아갈 셈인가?"

인터뷰는 2008년 5월 27일 오후 금호동 현대동물병원에서 진행되었다.

{ 우리 국민이 미국산 쇠고기 실험동물인가

지승호(이하 **지**)　이제 곧 미국산 쇠고기가 국내에 유통될 텐데요. 지금 별다른 대책도 없는 상황에서 들어오면 굉장히 위험할 것 같은데요.

박상표(이하 **박**)　농림부 현지점검단이 어제 도착을 했고요. 처음에 고시를 오늘쯤 한다고 얘기를 했다가 금요일(30일)쯤 한다더군요. 그러면 6월초쯤에 관보 게재가 되겠지요. 이미 국내에는 검역 중단 되기 전에 들어온 5000톤 정도의 물량이 있거든요. 그게 먼저 유통 이 되고, 미국에서 우리나라에 배로 실어오는 데 빠르면 2주 정도 밖에 안 걸리니까 6월 중순에는 많은 물량이 유통될 것 같습니다.

　문제는 정부가 이번 쇠고기 협상을 하면서 주요 수입국 중에서 30개월 이상의 나이든 쇠고기까지 수입하기로 한 것입니다. 또 실제로 어떤 안전대책도 마련해놓지 않은 가운데 일본이나 유럽에서 광우병 위험물질SRM로 지정된 부위까지 수입을 허용한 것입니다. 이명박 대통령이 세 번이나 죄송하다고 했음에도 불구하고 수입위생조건에 전혀 변화가 없는 상태로 고시를 강행하고 있어서 국민들의 분노가 극에 달해서 가두시위까지 일어나고 있는 상황입니다.

국민들이나 전문가들 그리고 시민사회단체의 요구에 따라서 적어도 국민의 생명과 안전을 지키기 위한 기본 조치라도 취해놓고 수입을 결정해야 하는데, 그런 조치가 전혀 없이 수입이 강행되고 있기 때문에 우리 국민들이 마치 미국산 쇠고기 실험동물, 마루타가 된 현실입니다.

직접 먹어보고 앞으로 10~15년 후에 광우병이 걸리는지, 건강에 문제가 있는지를 우리 국민들을 상대로 확인해보는 가장 비극적인 상황이 지금 벌어지고 있다고 생각합니다.

지 이명박 대통령이 담화문을 통해서 사과의 뜻을 표명했는데요. 거기에 대해서도 "미안하다. 죽어줄래" 식의 담화가 아니냐는 만평도 나왔습니다.(웃음) 담화의 내용에 불신감을 가진 사람도 많은 것 같은데요.

박 전형적인 건설회사 사장의 사고방식을 가진 것 같은데요. '미안하다'보다 강도가 높은 '송구스럽다'는 말을 세 번이나 썼는데, 송구스럽다고 하는 얘기는 사실 의례적인 표현이고요. 본인이 하고 싶은 얘기는 '한미FTA 빨리 하고 싶다'는 것 아닙니까? 그야말로 송구스럽다는 말은 레토릭으로 사용하고, 실제 내용에서는 자기의 뜻대로 '대운하 삽질도 계속 하겠다, 광우병 헛발질도 계속 하겠다'는 것 아닙니까? 계속 밀어붙이기 식인데, 쇠귀에 경 읽기라고 할까요?

국민들과 의사소통이 부족하다고 얘기하면서도 국민들의 얘기를 들어보려는 의사는 전혀 없이 불도저처럼 밀어붙이겠다는 속셈이고, 이미 그 속셈에 따라 일을 진행시키고 있으면서 '송구스럽다'고 하는 말이 진심일 리 있겠어요? 과연 우리 국민들에게 송구스럽다는 것인지, 미국 농림부나 쇠고기 수출업자들에게 수출이 지연되어서 송구스럽다는 것인지 의심스럽습니다.

지 정권 초의 짧은 기간에 지지율이 이렇게 급락한 경우도 없었고요. 불도저처럼 밀어붙이는 데 비해서는 내용이나 힘도 없다는 생각이 드는데요. 사람이 다치기라도 하면 엄청난 반발을 불러일으키지 않겠습니까?

박 벌써 전주에서 한 분이 분신하셨고, 실제로 시위 과정에서 많은 사람들이 다쳤습니다. 시민들은 맨손에 촛불 하나 든 게 다인데, 거리 시위를 했다고 해서 배후가 있다는 둥, 조중동을 비롯한 수구 언론들이 그런 사실에 어긋난 보도들을 하기 시작하면서, 공안회의를 거치고 있는데요.

특히 첫 가두시위를 벌인 지난 토요일 밤(일요일 새벽)에 추부길 청와대 비서관과 경찰청장이 마지막 진압을 할 때 현장에 있었다는 것이 굉장히 놀라웠는데요. 노무현 대통령 당시에 FTA 시위가 그렇게 크게 일어났지만, 경찰청장이나 청와대 비서관이 현장에 나와서 구체적으로 지시하거나 숙의하는 모습이 전혀 감지되지 않았습니다. 이명박 정권이 지금 하는 거 보면 5공식의 공안정국으로 가려는 게 아닌가 하는 의심이 듭니다.

물론 인터넷이라든지, 김대중-노무현 정부를 거치면서 상당히 많은 민주주의를 경험했기 때문에 그렇게 되기는 어려울 거라고 보지만, 여전히 구시대적인 사고방식으로 문제에 접근하기 때문에 이 문제의 해결책이 전혀 나오지 않는 게 아닌가 생각합니다. 국민들은 인터넷 시대를 살고 있는데, 청와대라든지 공안당국은 여전히 5공식 사고방식에 젖어 있는 게 아닌가 싶습니다.

지 광우병 발생 위험이 있는 미국산 쇠고기 수입을 둘러싸고 국민의 저항이 거센데요. 이 건으로 국민적 저항이 촉발된 이유는 뭐라고 생각하십니까?

박 2006년 1월에 미국산 쇠고기 수입이 재개되었는데요. 한미 FTA의 4대 선결조건으로 수입이 재개되었죠. 스크린쿼터와 의약품, 자동차, 쇠고기였는데, 이게 미국에 가장 큰 경제적 이익을 가져다주는 거죠. 특히 스크린쿼터와 쇠고기는 바로 현찰로 바꿀 수 있는 경제적 이익이었던 거고요. 의약품이나 자동차, 특히 자동차는 장기적인 이익은 크지만 당장 현금화할 수 있는 이익은 아니었습니다. FTA를 반대하고, 광우병의 위험성을 알리는 활동을 하면서 보니까 예전에는 대중이 그런 문제들을 자기 문제로 느끼지는 않았던 것 같아요.

그때도 비록 미국의 압력에 굴복해서 양보하긴 했지만 그래도 정부가 버틸 수 있는 마지노선(비판적인 과학자나 시민단체는 마지노선으로 인정하지 않았지만 30개월 이하의 뼈 없는 살코기만이랄지, 모든 연령에서 광우병 위험물질 제거랄지, 미국 도축장의 승인권을 우리 정부가 가진달지 하는 최소한의 권리)을 그나마 조금은 지켰다는 의식이 있었기 때문에 정부를 비판은 하면서도 거리로까지는 나오지 않았다고 생각합니다.

그런데 이명박 정부 들어서는 인수위 때부터 정상적인 정부로서는 도저히 생각할 수 없는 방식의 일방적인 굴복을 했지 않습니까? 미국이 요구하는 것을 100퍼센트 다 들어주고, 심지어는 농림부 내부 회의 자료에 나온 전문가 소견(광우병 위험이 높은 30개월 이상의 살코기, 모든 연령대의 광우병 위험물질—혀, 곱창, 선진회수육, 꼬리곰탕, 사골 같은 우리 국민의 식습관과 연관된 부위—은 모두 수입을 금지해야 한다. 더구나 우리 국민은 광우병에 취약한 유전자를 가지고 있다)까지 싹 무시해버렸어요. 그 자료 저도 가지고 있는데, 사그리 다 내줘버렸어요.

이런 것을 알게 된 국민들이 분노했죠. 여기에 이명박 정부가 처음에 747 공약을 들고 나오면서 실업 문제도 해결할 것처럼 하고, 경제 문제도 해결할 것처럼 했는데, 막상 뚜껑이 열려보니까 노무현 정권 때보다 훨씬 더 경제 문제, 실업 문제, 양극화 문제가 악화되었고요. 게다가 국민들이 원하지 않는 대운하 삽질까지 밀어붙이려 하고 있으니까요.

며칠 전에 시내에 나가보니까 남대문 앞에 이런 플래카드가 내걸렸더라고요—"삽질은 밭에서나 하지, 강바닥에서 삽질이냐." 영어 몰입교육 '아륀지'로 국민들 속을 긁어놓더니, 몇몇 보험회사 이익을 위해서 가장 기본적인 건강보험까지도 민영화하려 들고 있습니다. 그래서 이명박 정부에 실망하고 있던 참에 미국산 쇠고기 수입 문제까지 터져 국민들이 분노하게 된 것이라고 봅니다.

캠프데이비드 하룻밤 숙박료로 내준 쇠고기

지 미국의 압력보다는 그것들을 내줌으로서 우리가 많은 것을 얻을 수 있을 것으로 착각하고 있다는 생각이 드는데요. 쇠고기 협상이 타결되었을 때 이명박 대통령이 박수를 치니까 청와대 관계자들이 언론에 "그것 좀 내보내지 마라"고 부탁했다는 얘기가 있던데, 자기들도 창피한 걸 안다는 얘기 아닙니까?

박 "때리는 시어머니보다 말리는 시누이가 더 밉다"잖아요. 농민 수탈의 역사를 보면 지주보다 더 악독한 것이 마름이라는 얘기도 있는데, 실제로 한미정상회담을 앞두고 미국에게 뭔가 선물을 줘야 한다는 강박관념이 있었던 것 같고요. 특히 이명박 대통령은 서울시장 할 때부터 "서울시를 하나님께 봉헌하겠다"는 심각한 종교적 편향성을 드러냈는데요. 부시 대통령도 같은 기독교 신자인데다 자기와 같은 정치적 이데올로기를 가지고 있다는 것 때문에 정상회담을 하면서 같이 기도도 하고 그랬지 않습니까? 정말 웃기는 상황인데요. 그러면서 실용주의적으로 상황판단을 못했다고 생각합니다.

부시 대통령은 지는 해잖아요. 그런 그가 설령 선물을 준다고 하더라도 실질적인 선물, 그러니까 경제적 이익이라든가 FTA 같은 걸 줄 수 있는 영향력이 없지 않습니까. 미국 의회도 민주당이 지배하고 있는데다가, 연속되는 공화당의 실정에 넌더리가 난 사람들의 기대가 민주당 쪽으로 기울어져 있고, 실제로 대권에 가장 근접해 있는 후보가 오바마 아닙니까. 이런 상황에서 사실상 행정부가 의회를 조정할 수도 없고, 특히 FTA의 신속처리권한을 미국 하원에서 회수해버린 상황이거든요.

미국 의회에서는 지금 미-파나마, 미-콜롬비아, 한미FTA 순서로 비준을 기다리고 있는데요. 미-파나마 FTA부터 신속체결권한을 의회가 회수해버린 탓에 현재 부시 행정부에서는 그것조차도 통과될 가능성이 거의 없는 상황입니다. 국제 정치나 미국 정치에 대해서 기본적인 이해만 있었어도 그런 오판을 안 했을 텐데요. 대통령이 사안을 실용적으로 판단하지 못하기도 했지만, 그 대통령을 보좌하는 장관을 비롯한 청와대 참모들에게 전략적으로 판단하여 조언할 만한 능력이 없었던 것 같습니다.

정말로 국익을 위해서 쇠고기를 양보하더라도 타이밍이라는 게 있는데, 하필 아무 실익도 얻을 수 없는 타이밍에서 그저 캠프데이비드 하룻밤 숙박료로 그렇게 비싼 대가를 치렀다는 게 이해가 되지 않습니다. 국민의 생명과 안전을 포기하는 엄청난 비용을 치르고도 아무 실제적인 대가를 얻어내지 못한 이런 어처구니없는 행동은 좌-우나 진보-보수를 떠나서 누가 보더라도 납득할 수 없는 거 아닙니까.

지 미국에서 민주당이 집권하게 되면 한미FTA를 재검토할 가능성이 있는데요. 최악의 경우 스크린쿼터 축소당하고, 광우병 쇠고기는 먹으면서 한미FTA마저 더 불리한 쪽으로 재협상해야 한다는 얘기 아닙니까?

박 미국의 민주당이나 공화당의 공통적인 특징은 실제로 미국의 국익에 대해서는 한 목소리를 낸다는 겁니다. 공화당은 거대기업의 이익을 대변하는 반면에 민주당은 미국 노총을 대변하다보니까 조금 입장은 다른데요. 오바마가 설마 한국 국민들을 위해서 한미

FTA 타결안 반대하겠어요? 미국 자동차업계 이익을 위해서 더 얻어내려고 그러는 것이거든요. 한미FTA 타결안 자체에 대해서는 미국의 경제학자들도 막대한 이익을 보는 건 미국이라는 사실을 솔직하게 인정하고 있듯이 미국이 얻을 수 있는 이익은 뚜렷한 반면에 한국에 과연 이익이 될 수 있을지는 모호합니다.

민간기업이 투자 손실을 입을 경우 국제기구에 제소할 수 있는 투자자-정부제소권을 우리 정부가 합의해줬잖아요. 위생검역이라든지 환경 관련 사안은 투자자-정부제소권의 예외로 인정한다는 조항이 있지만 미국 기업에서, 예를 들어 카길이 한국에 현지법인으로 진출했다고 하면 기술 장벽이라든지 투자 손실을 이유로 국제법정에 제소하겠다고 우리 정부를 상대로 으름장만 놓더라도 검역 조건을 더 완화할 수밖에 없는 상황에 직면하게 됩니다. 그것은 비단 쇠고기 문제뿐만 아니라 환경에 관련된 모든 문제에서 우리 국민의 생명이나 안전, 국권이 침해될 수밖에 없는 현실입니다.

특히 쇠고기 문제가 한미FTA의 4대 선결조건 가운데 하나였고, 이번에 미국이 요구한 대로 일방적으로 양보한 것은 미국 의회 비준의 선결조건이라고 해서 이렇게 됐는데요. 그래서 쇠고기 문제와 FTA는 별개가 아니라 우리 정부가 쇠고기 문제를 처리한 그 내용이 바로 FTA의 전주곡이라고 할 수 있거든요. FTA도 쇠고기 문제와 똑같이 처리될 거라고요. 이 부분에서 미국은 공화당이든, 민주당이든, USTR이든, 행정부든, 의회든 철저하게 자기네 국익만을 관철하려 할 것이고, 지금 우리 정부의 태도를 봐서는 그렇게 될 수밖에 없을 겁니다.

미국이 그런 반면에 우리 정부나 협상단은 과연 우리 국민을 대표하는 기관인지 의심스럽습니다. 마치 미국 축산업계의 대변인처럼 말하고 행동하고 있잖아요. 공무원은 국민의 공복이라고 하는데요. 국민이 주인이고 공무원은 국민이 고용한 머슴인데, 이게 거꾸로 되어서 고용된 머슴이 주인을 배신하고 엉뚱한 협상을 하고 말았습니다. 이게 쇠고기나 FTA 협상의 본질이 아닌가 생각합니다.

{ 과학자의 영혼을 팔아먹는 어용학자들의 충성 릴레이

지   재협상을 요구하는 수의사·의사 선언을 통해 "쇠고기 수입 협상을 둘러싼 논란에서 정부 주장의 근저에는 이번 협상 결과로 수입될 미국산 쇠고기가 광우병으로부터 안전하다는 맹신이 깔려 있다"고 지적했는데요. 왜 정부에서는 많은 사람들이 문제가 있다고 얘기하는 사안에 대해 '문제가 없다'는 맹목적인 믿음을 가지고 있을까요?

박   정부는 계속 '과학'이라는 말을 쓰고 있는데요. 정부 자료에 보면 30개월 이하에서도 광우병 위험물질이 검출되고, 살코기도 100퍼센트 안전한 것이 아니라는 과학적인 연구 결과들이 나와 있거든요. 이게 우리 과학자들 연구가 아니라 스페인이나 독일 등의 외국 학자들이 쓴 주요 논문 10개를 확보하여 추출한 과학적 근거들입니다. 어용학자들이 얘기하는 것처럼 미국 정부가 인정하면 과학이고, 그렇지 않으면 과학이 아닌 게 아니거든요. 우리의 이런 과학적 주장에 대해 미국 정부의 구체적인 반론이 있어야 하는데요.

우리 정부 협상단은 우리의 이런 주장에 대해 미국 정부가 구체적으로 어떤 반박을 했는지는 얘기하지 않고, 마냥 미국 정부가 '억셉트'(수용)하지 않았다는 얘기만 되풀이하고 있습니다. 그래서 과학으로 인정받지 못했다는 겁니다.

또 OIE(국제수역사무국) 기준, 이른바 '국제기준'으로 협상했다고만 얘기하는데요. OIE 기준은 새로운 과학적 사실에 따라서 변경이 가능해야 하는 겁니다. OIE 육상동물위생규약 광우병 관련 챕터 첫 마디에 "이 내용은 권고사항"이라고 나오거든요. OIE 관계자들을 인터뷰해보면 "OIE 기준이 강제력을 지닌 것은 어니다. 각국 정부가 알아서 하는 것이고, 이것은 권고사항일 뿐"이라고 얘기합니다. 세계에서 OIE 기준을 지키는 나라는 하나도 없거든요. 우리 정부도 그동안 유럽에서 OIE 기준에 따라서 쇠고기 수입하라고 했을 때 안 지켰거든요. OIE 기준에 보면 "광우병이 발생했더라도 30개월 미만의 뼈 없는 살코기는 자유로운 교역을 허용해야 한다"고 되어 있는데, 이 기준에 따라 쇠고기를 수입한 나라는 하나도 없단 말입니다. 그 기준에 따른다면 미국에서도 유럽산 쇠고기 수입해야 하고, 우리도 영국, 독일, 일본 등 광우병이 발생한 나라 쇠고기를 다 수입해야 하거든요.

그런데도 우리는 광우병이 발생한 국가의 쇠고기 중에서는 미국산 빼고는 수입하는 쇠고기가 없어요. 그런데도 "국제기준에 따라서 미국산 쇠고기 수입하지 않을 수 없다"고 얘기하는 것은 과학을 레토릭으로 사용하는 것이죠. 과학에 근거한 반증의 원칙에 따라 주장해야 하는데, 그런 기본적인 상식이 협상에 전혀 적용되지 않았습니다. 이런 엉터리 협상을 옹호하는 어용과학자들은 정말이지

권력에 과학자의 영혼을 팔아버린 셈입니다. 심지어 서울대 이영순 교수는 "5년 내에 광우병이 지구상에서 사라질 것"이라는 개그까지 했어요. 그게 점쟁이나 할 얘기지 과학자가 할 얘기입니까?

유럽을 보면요. 네덜란드에서는 얼마 전에도 광우병이 발생했고, 인간광우병 환자가 사망했는데요. 이런 것을 전혀 고려하지 않고 있어요. 영국에서는 통계상 인간광우병 환자가 줄어들고 있지만 프랑스에서는 늘어나고 있거든요. 그런 것을 무시한 채, 전세계적으로 인간광우병에 걸릴 확률은 로또에 당첨되고 나서 그 다음날 벼락에 맞아 죽을 확률만큼 낮다고 얘기하는데요. 확률이라는 게 기본 데이터가 정확하다는 전제에서 의미가 있는 것이지, 미국의 경우 광우병 검사를 0.01퍼센트만 하고, 그나마도 제대로 검사하지 않아서 데이터를 거의 신뢰할 수 없는데 확률이 무슨 의미가 있어요? 그런 데이터를 마치 진리인 것처럼 포장해서 곡학아세하는 것은 문제가 있습니다. 그래서 정부가 얘기하는 과학과 저희가 얘기하는 과학이 너무나 다른데요. 정부가 얘기하는 과학은 종교적 신념에 가까운 게 아닌가 하는 생각이 듭니다.

지 그분(이영순 교수)은 5년 내에 광우병 치료약을 개발해서 특허를 내려나본데요.(웃음) 정부 주장의 근거는 "미국에서 광우병과 변형크로이츠펠트야콥병(일명 '인간광우병')으로 확인된 예가 각각 세 건밖에 없고, 미국산 쇠고기를 먹고 인간광우병에 걸린 예는 현재까지 하나도 없었으므로 상대적으로 안전하다"는 건데요. 사실 광우병은 확인하기 쉽지 않을 뿐더러 잠복기간이 길어서 죽은 사람들 사이에서도 광우병으로 사망했는데 모르고 지나갔을 가능성도 있다는 얘기를 들었습니다. 잠복기간이 길어서 아직 더 지켜봐야 하는 것은 물론이고요.

박 맞습니다. 그리고 미국의 광우병 검사체계에는 문제가 있거든요. 일본은 모든 도축소를 다 광우병 검사를 합니다. 소를 도축한 이후에 뇌 연수 부위를 잘라내지 않으면 검사할 수 있는 방법이 없습니다. 고기나 살아 있는 상태로 검사할 수 있는 방법이 없어요. 살코기나 다른 뼈만 가지고 검사할 수 있는 방법도 없거든요. 그런데 미국은 이런 검사를 전체 도축소의 0.01퍼센트에 대해서만 실시하고 있습니다. 2003년 12월에 워싱턴 주에서 광우병이 처음으로 발생하면서 광우병 검사를 10배 더 늘려서 0.1퍼센트까지 검사한 적이 있거든요. 한시적으로 2년(2004년 6월~2006년 7월) 정도 그랬는데, 그때 광우병 소 두 마리를 추가로 찾아냈습니다. 일본은 모든 소를 다 검사(전수검사)해서 34마리를 찾아냈어요. 유럽에서는 24개월령 이상이면 전수검사를 하거든요. 최근에는 30개월로 바꿨지만요. 주저앉거나 병든 소는 24개월령 이상이면 무조건 의무적으로 전수검사를 하는데요. 미국에서는 병든 소, 갑자기 죽은 소, 주저앉은 소라 해도 그것의 2퍼센트만 검사합니다. 건강해보이는 도축소는 0.01퍼센트밖에 안 하고요. 이런 상황에서는 광우병 걸린 소를 찾아내기가 굉장히 어렵거든요. 이런 조건을 무시하고 있다고요.

건강보험 민영화 때문에 미국의 건강보험 제도 자체가 의료보험의 사각지대를 만들고 있습니다. 전체 미국 국민의 15퍼센트에 해당하는 5000만 명 정도가 건강보험 혜택을 못 받고 있습니다. 그러니까 이 사람들이 어떤 질병에 걸렸고, 어떤 질병으로 사망했는지에 대해서 미국 정부조차 통계를 못 냅니다. 인간광우병은 잠복기가 평균 8~10년입니다. 미국에서 2003년에 처음으로 인간광우병이 발생했고, 그로부터 아직 10년도 안 지났는데, 미국 사람들이 광우병으로부터 안전한지 아닌지 어느 누구도 객관적으로 판단할 수 없는 상황에서 위험하다는 것도 단정할 수 없지만 안전하다는 것도 단정할 수 없는 거예요. 그래서 "100퍼센트 안전하다, 문제가 없다"고 얘기하는 것은 곤란합니다.

저희도 위험의 우려를 제기하는 것이지, 아직은 시간이 안 지났기 때문에 위험하다고 단정할 수는 없는 상황인데요. 하지만 적어도 객관적인 사실을 가지고 서로 얘기해야 하는데, 정부가 팩트 자체를 자꾸 왜곡하고 있잖아요. 인간광우병 진단은 쉽지가 않습니다. 사후에 부검을 통해서 확정 진단을 내려야 하거든요. 그런데 많은 분들이 부검을 꺼려하고, 환자를 치료한 의사가 인간광우병 진단을 못해서 케이스를 놓치는 수도 있고요. 그래서 정확한 통계를 내는 게 굉장히 어려운 상황입니다.

CJD(크로이츠펠트 야콥병)만 하더라도 100만 명당 1명꼴로 전세계적으로 거의 비슷하게 분포하는데요. 미국은 100만 명당 0.4명이 안 되는 것으로 나와 있습니다. 그만큼 제대로 보고가 안 이루어져 있고, 제대로 찾아내지 못한다는 얘기거든요. 그리고 미국의 사슴 사냥꾼 중에서 CJD 환자가 일반 시민들보다 훨씬 많다고 하는 것을 근거로 미국에 다양한 형태의 광우병이 퍼져 있을 가능성이 미국 내에서도 제기되고 있는데요. 이런 전체적인 환경, 미국 내 도축장의 안전상태 같은 것을 무시한 상태에서 지금 드러나 있는 통계만 가지고 "몇 건 안 되니까 안전하다"고 얘기하는 것은 과학은커녕 국민을 상대로 사기를 치는 것이나 다름없습니다.

검역체계가 붕괴되어가고 있는 미국의 도축장

지　특정 업자의 로비도 있을 수 있고, 특정 산업에 영향을 줄 수 있기 때문에 정부도 조심스러울 수밖에 없을 텐데요. 영국 정부도 10년 동안 광우병을 숨겨온 사실이 있지 않습니까?

박　세계 모든 나라의 정부와 축산업자들의 마인드는 사실은 거의 비슷합니다. 정부가 볼 때는 어떤 특정 질병 때문에 축산업 전체의 기반이 무너지게 되면 농장뿐 아니라 가공업자들, 운반업자들, 유통업자들, 그리고 또 일반 식당들에 이르기까지 산업 전반에 미치는 영향이 막대하거든요. 그래서 영국 정부도 1980년대 후반에 광우병 걸린 쇠고기를 사람이 먹으면 광우병에 걸릴 위험이 있다는 것을 알았지만, 산업에 미칠 엄청난 영향 때문에 쉬쉬하다가 결국 더 큰 재앙을 부르고 만 거죠. 그래서 지금 영국에서는 수혈을 통한 광우병 발생 때문에 피도 수입해야 하거든요. 수술도 1회용 수술도구를 써야 하고요. 이런 간접비용까지 치면 엄청난 손실을 부른 거죠. 경제를 생각한답시고 초기에 적극적으로 대응하지 않아서 150명이 넘는 무고한 영국 국민들이 목숨을 잃었고, 엄청난 경제적 비용까지 치르고 있는 겁니다.

미국의 캔자스 주립 대학에서 "광우병이 쇠고기 산업에 어떠한 경제적 영향을 미쳤는가?" 에 대해서 분석한 자료가 있는데요. 미국에서 2003년에 광우병이 발생했을 때 미국 정부는 모든 기립불능소(다우너)의 도축을 금지했습니다. 그러다가 슬그머니 1차 검사를 통과한 경우에는 허용한다는 빈틈을 줬죠. 그러다보니까 불법행위가 만연하게 됐는데요. 그게 경제적인 이유 때문입니다. 굉장히 자세히 분석해놨는데요. 예를 들면 곱창 같은 부위는 미국 내에서는 사료 원료(렌더링 원료)로만 사용할 수 있거든요. 그런 용도로는 비싼 값을 못 받잖아요. 그런데 이것을 한국에 식용 곱창으로 팔아먹으면 얼마의 이득이 되는지, 이런 것을 쭉 분석해놨습니다.

그런 것을 봤을 때 영국 정부의 초기 대응과 마찬가지로 미국에서도 농축산식품 관련 기업들—특히 타이슨푸드, 카길, 스위프트 같은 초국적 거대기업들, 렌더링 업계(병들거나 죽은 소를 가져다가 열처리해서 단백질, 지방을 따로 분리한 다음 그것을 사료 회사에 원료로 공급하는 일종의 '쓰레기 산업'인데, 히틀러가 유태인을 학살해서 인간 비누를 만든 방식과 흡사하다)—의 경제적 이익을 보장해주기 위해서 안전조치를 계속 완화시키고 소홀히 해온 겁니다. 그것의 극단적 형태가 이번에 우리에게 가해온 쇠고기 수입 압력입니다.

미국 내에서 정상적으로 식용으로 판매되고 있는 수준의 쇠고기를 수입하라고 하면 그래도 이해는 하겠는데, 이건 그쪽에서는 사료 원료로만 취급하는 위험물질까지 사먹으라고 하니 이해가 됩니까? 우릴 완전히 봉으로 본 거 아녜요? 그런데 이걸 덥석 받아들인 우리 정부는 더 이해가 안 됩니다.

지 광우병의 발생 원인이 되새김 동물에게 동물성 사료를 줬기 때문이라고 얘기하고 있지 않습니까? 의견이 분분하긴 하지만, "2010~2020년경에 영국에서 400만 명 정도의 광우병 환자가 발생할 가능성이 있다"는 주장이 나온 적도 있는데요.

박 2000년대 초에 그런 주장이 나왔는데요. 어쨌든 미국과 영국 정부를 똑같이 놓고 봐서는 안되는 게, 영국은 광우병 대책을 세워

나가고 있습니다. 모든 주저앉은 소를 식용뿐 아니라 사료용으로 사용하는 것도 전면금지했고, 그런 소는 무조건 광우병 검사를 하고 있습니다. 반면 미국은 주저앉은 소를 아직도 사람에게 먹이고 있어요. 미 농무장관이 앞으로 식용 금지 입법 예고를 검토해보겠다고만 한 채로 아직 사람에게 먹이고 있거든요. 캘리포니아 주에서 일어났던 리콜 사태가 바로 그런 내용이었습니다. 주저앉은 소를 사료용은 물론 각종 가공용으로도 사용하고 있는데요.

영국의 경우 많은 정부 비용이 들었고, 렌더링 산업을 완전히 포기했습니다. 그래서 똑같이 봐서는 안 되고요. 영국은 엄청난 국가 예산이 낭비되고 적잖은 국민이 희생당하는 재난을 겪으면서 광우병을 통제하기 위해 비상한 노력을 기울여온 결과 지금은 광우병 발생 수나 인간광우병 희생자 수가 예상보다는 많이 줄어들었습니다. 지금까지 인간광우병은 주로 MM형 유전자형을 가진 사람에게서 발생했는데요. 두 번째 피크는 MV형에서 나타나고, 세 번째 피크는 VV형에서 나타나서 유전자형에 따라서 잠복기나 발병 가능성이 다른 게 아닌가 하는 우려가 있었고요. 2010년이나 2015년에는 희생자가 수백만에 이르는 대재앙이 올 거라는 암울한 전망도 있었는데요. 지금은 그런 전망보다는 '그렇게 대량으로 발생하지는 않을 것'이라는 전망이 우세한데, 그럼에도 앞으로 상당수는 발생할 것이라고 예측되고 있습니다.

WHO가 2000년대 초에 "조류독감과 광우병이 21세기의 대재앙이 될 수 있다"고 경고하면서 그런 대재앙에 미리 대비해야 한다고 역설했습니다. 그에 따라 각국 정부가 상당한 노력을 기울인 결과 다행히 대재앙으로까지는 번지지 않은 경우가 꽤 있는데요. 특히 광우병은 유럽 각국의 피나는 노력에 따라 밀레니엄 직전에 나왔던 암울한 전망을 비껴갈 것으로 예측하고 있습니다. 중요한 것은, 그런 사전 예방적인 조치—막대한 예산을 투입하여 광우병 전수검사를 실시하고, 광우병 위험물질은 식용뿐 아니라 사료용으로도 사용하지 못하도록 철저하게 법으로 금지하는 조치—들을 취했기 때문에 대재앙을 막았다는 겁니다. 미국은 아직 이런 조치들을 취하지 않고 있기 때문에 비판을 받는 것이고, 미국산 쇠고기가 위험하다고 얘기하는 겁니다.

지　오늘 《시사IN》 문정우 편집국장이 쓴 글을 보니까 "영화 〈타이타닉〉에서 배가 침몰하기 직전까지 호화로운 특등실에서 배가 침몰되는지도 모른 채 음악과 와인과 춤을 즐기던 부유층을 묘사한 장면이 인상적이었다"면서 지금 지구가 그런 형편이 아닌가 하는 얘기를 하던데요.

CNN 보도를 인용하면서 "미국의 검역체제가 붕괴되고 있다. 가장 강력한 쇠고기 로비 단체인 미국축산협회 출신이 농무부 고위직에 대거 포진해 있으며, 도축장의 위생을 점검해야 할 고위 공무원 자리를 축산협회 출신이 꿰차고 앉았다가 '규제 완화'라는 명목으로 축산업계의 이익을 대변하고 있다. 그리고 이들은 다시 축산업계로 돌아가서 고위 임원으로 활약하게 된다. 이러한 '회전문' 인사 시스템으로 쇠고기의 안전성을 위협하는 O157 병원성 대장균 및 리스테리아균 식중독, 광우병 같은 대재앙이 일어나고 있는 것"이라고 지적하셨는데요. 미국 축산업자들의 로비와 위험불감증 때문에 세계인들이 건강을 위협받고 있는 셈 아닙니까?

박 미국 농무부는 축산업계가 장악했다고 할 정도인데요. 최근에 《도살장》이라는 책이 나왔는데, 여기에도 보면 미국 농무부의 규제 완화 정책의 본질이라든지, 미국식 회전문 인사 시스템의 문제에 대해서 굉장히 자세하게 나옵니다. 규제를 받아야 할 축산업계에서 오랫동안 일했던 사람이 농림부에 들어가서 규제담당 차관보가 되어서 규제를 하는 것은 결국 고양이에게 생선가게를 맡기는 격이고, 도둑에게 은행금고 열쇠를 맡기는 격인데요. 그런 일이 미국에서 벌어지고 있다는 겁니다. 우리나라에 쇠고기 개방 압력을 행사했던 미국 정부의 고위 관료 중에 척 램버트라는 차관보가 있습니다. 이 사람은 미국육우협회에서 15년 동안 근무했던 사람입니다. 그리고 미국 농무부에 들어가서 차관보가 되었는데요. 2003년 12월 23일 미국에서 처음으로 광우병이 발생했거든요. 그리고 우리 정부가 쇠고기 수입 중단 조치를 취한 것이 12월 26일로 기억하는데요. 12월 27일부터 우리 정부를 상대로 어떤 압력을 가했냐 하면, 항상 동일한 얘기였는데요. "미국산 쇠고기가 과학적으로 위험하다는 증거가 없다"는 겁니다. 광우병이 발생해서 수입이 중단되자마자 한국 정부를 상대로 "과학적 근거를 대라, 과학적으로 미국산 쇠고기가 안전하다"면서 수입 개방 압력을 그때부터 가했습니다.

그리고 최근에는 척 램버트가 와가지고 "등뼈의 횡돌기 같은 부분은 광우병 위험물질이 아니"라고 압력을 가해왔죠. 2006년(이때는 수입예정 조건에 등뼈 전체를 광우병 위험물질로 명시)부터 그렇게 줄기차게 압력을 가한 결과 이번 2008년 협상에서는 횡돌기, 극돌기, 허리뼈와 꼬리뼈 사이에 있는 정중천골능선 등은 광우병 위험물질이 아니라는 식으로 우리 정부로부터 다 받아낼 정도로 미국 축산업계의 이익을 대변해왔고요. 결국에는 꼬리뼈를 팔아먹기 위해서 천골 부위를 넣었던 것이고, 티본스테이크를 팔아먹기 위해서 등뼈의 극돌기, 횡돌기를 SRM(광우병 위험물질)이 아니라고 넣었던 겁니다. 이렇게 철저하게 미국 축산업계의 이익을 대변하고 있어요.

제가 미국 농무부 홈페이지에 들어가서 주요 간부들 약력을 봤더니, 척 램버트와 같은 규제담당 차관보 7~8명 가운데 확실하게 미국 축산업계 출신으로 인정되는 사람이 6명이나 되더군요. 이렇듯 미 농무부는 축산업계가 장악하여 좌지우지하고 있습니다. 다우너 소에 대한 도축금지 조치도 미 농무부는 계속 반대했습니다. 미국 축산업계가 최근 여론의 압력에 밀려서 "다우너 소 전체에 대해서 도축금지를 의무화하자"고 건의해서 샤퍼 미 농무부 장관이 마지못해 발표할 정도로 미 농무부는 이미 정상적인 규제 기능을 가진 정부기관이 아니며, 그저 카길이나 타이슨푸드 같은 거대 축산기업의 대리인이나 대변인 역할을 하는 부서에 불과하다는 생각이 듭니다.

{ 쇠고기 '괴담'의 발원지는 바로 정부

지 "한국 국민의 생명과 안전을 지키기 위해서는 모든 연령에서 광우병 특정위험물질 제거를 의무화해야 마땅하다. 현재 일본, 대만, 홍콩, 베트남 등 미국산 쇠고기의 주요 수입국은 모든 연령에서 광우병 특정위험물질 제거를 의무화하고 있다. 한국 정부가 지난 2006년에 맺은 미국산 쇠고기 수입위생조건에도 모든 연령에서 광우병 특정위험물질 제거를 명문화했다"고 지적하셨는데요.

박　2006년에는 그래도 모든 연령에서 SRM의 제거를 의무화했었는데요. 2008년에 그걸 대폭 완화해버렸습니다. 예를 들면 2006년 우리나라와 일본에서는 모든 연령에서 광우병 위험물질을 다 제거하도록 했고, 유럽에서는 12개월 이상이면 광우병 위험물질을 다 제거하도록 했습니다. 회장원위부뿐 아니라 십이지장부터 직장까지 곱창 부위 전체를 SRM으로 지정하고, 장과 장 사이를 이어주는 부위까지도 SRM으로 지정했는데, 이번에 우리는 이런 부분을 다 풀어줬기 때문에 30개월 이상 소의 곱창도 우리나라에 들어오게 되거든요. 그러면 그 곱창 부위에는 광우병 위험물질이 섞여 있을 수밖에 없는데요.

그게 냉동상태에서 들어오게 되는데, 해부학적으로 소의 혀에는 편도조직이 들어 있거든요. 회장원위부, 맹장 뒤쪽으로 가면 대장이고, 결장, 직장, 항문 이렇게 가는 거고, 맹장 앞으로 가면 회장, 공장, 십이지장, 위 이렇게 가는 건데요. 혀라든지, 곱창 부위는 다 냉동상태로 들어옵니다. 얼려서 들어온다는 거죠. 그런데 냉동상태로 들어오면 눈으로 봤을 때 혀에 편도가 섞여 있는지, 아니면 곱창에 회장원위부, 페이어 스패치 같은 면역 기능을 하는 광우병 위험물질이 섞여 있는지 알 수 있는 방법이 없거든요.

그런데 우리 정부는 3퍼센트 샘플링 검사를 하고, 그 중 일부를 해동해서 검사하겠다고 얘기하는데요. 사실 엄청난 물량이 들어오면 현재의 검역 인력이라든지 장비를 가지고는 3퍼센트 검사도 제대로 못합니다. 이런 상황에서 나머지 97퍼센트는 광우병 위험물질이 섞여 들어 있는지 없는지도 확인이 안 되고요. 그런 상태에서 고

작 3퍼센트 검사해서 100퍼센트 안전하다고 딱지 붙여서 유통하게 되는 건데, 우리 정부 내부의 농림부 가축방역협의회라든지, 전문가협의회 내부 문서만 보더라도 이것은 굉장히 위험하기 때문에 혀나 곱창 같은 부위는 수입을 전면중단해야 한다고 얘기했습니다. 그렇게 얘기했는데, 이번에 그냥 과학적 근거로는 광우병 위험물질이 회장원위부만 해당되니까 그 부분만 빼고 수입을 허용하겠다고 해서 다 수입을 허용해준 거거든요.

이것은 짜장면 집에서 바퀴벌레나 파리가 빠졌는데, 그것 하나만 빼고 나머지는 먹으라는 것과 같은 거죠. 아니면 새우깡에서 생쥐머리가 발견됐는데, 생쥐머리만 지저분한 거고 나머지는 새우깡이니까 먹으라는 것과 같은 논리입니다. 우리가 모든 식품 사고에 대해, 이를테면 참치 캔에서 칼날이 나오거나 새우깡에서 생쥐머리가 나왔을 때는 이런 방식으로 대응하지 않았거든요. 생쥐머리나 칼날은 전염병 인자도 아니고, 더구나 새우깡은 지금까지 에베레스트 산 14배 높이만큼 팔렸는데 그 가운데 딱 한 봉지에서 생쥐머리 하나 나왔는데도 큰 사회 문제가 된 거 아닙니까?

그런데 확률을 얘기하고, 위험한 부위만 빼고 안전하다고 얘기하는 것은 사실 굳이 과학을 들먹이지 않더라도 식품안전 상식선에서만 봐도 있을 수 없는 일인데, 유독 미국산 쇠고기에 대해서만 그렇게 하고 있고요. 광우병 프리온은 300도 이상의 높은 열에도 파괴되지 않고, 포르말린에도 파괴되지 않고, 암세포를 죽이는 강한 자외선에도 파괴되지 않는 그런 아주 위험한 물질인데, 이런 물질에 대해서 검역원장이라는 사람이 나와서 "광우병 걸린 소라도 살코기는 날로 먹어도 안전하다"는 말도 안 되는 소리를 하고 있습니다. 정상적인 상식으로는 설명할 수 없는 일들이 우리나라에서 벌어지고 있고, 그야말로 '괴담'을 유포하는 주범이 정부와 관변과학자들 아닌가 하는 생각이 듭니다.

지 "1918년 살인독감으로 2000만~1억 명이 사망했고, 조선에서도 14만 명이 사망했다"고 하셨는데요. "게다가 우리 국민은 곱창이나 머리고기, 혹은 소뼈를 고아먹는 것을 귀한 음식으로 알고 있는 등 광우병 위험물질이 들어 있는 부위를 즐겨 먹고 있다. 그뿐 아니라 한국 사람들 중 95퍼센트는 광우병에 가장 취약한 메티오닌 동질접합체(MM 유전자형)를 가지고 있다. 다시 말해 한국 사람들이 광우병에 걸린 쇠고기를 섭취할 경우 인간광우병에 걸릴 확률이 전 세계에서 가장 높다는 것"이라는 말씀도 하셨고요. 게다가 식습관까지 광우병 위험에 노출될 가능성이 굉장히 높지 않습니까? 그러다 보면 엄청난 재앙에 노출될 수도 있을 것 같은데, 이런 문제에 대해 정부가 너무 안일하게 대응한다는 생각이 드는데요.

박 우리 정부가 인간의 생명, 환경, 생태에 대한 기본적인 경외심이 너무 희박하고, 지나치게 경제적 이익만을 추구하거나 단기간에 성과만 거두면 된다는 사고방식에 사로잡혀 있다고 생각합니다. 제정신인 정부라면 국민 한 사람 한 사람의 생명을 소중하게 여기는 게 당연하잖아요. 그런데 지금 우리 정부는 국민의 기본권은 무시한 채 미국 쪽의 논리만 추종하여 "(광우병) 확률이 낮다"느니 하는 식으로만 얘기하고 있지 않습니까. 수십, 수백 명 정도 되는 국민이야 희생되더라도 얼마 안 되는 숫자니까 상관없다는 식의 사고방식에 젖어 있는 거거든요. 이명박 정부가 그토록 친해지고 싶어 하고 경배해 마지않는 미국은 자국민을 그런 식으로 홀대하진 않아요. 미국 정부는 한국전쟁 당시 미군 전사자들의 유해를 지금도 찾고 있는데, 며칠 전에도 남의 나라 수도 한복판에 있는 한강 바닥을 자기들 멋대로 헤젓고 다닐 정도로 오래 전에 죽은 국민의 유해까지도 끝까지 챙기는 노력을 보여주고 있습니다. 정상적인 정부라면, 그런 정도는 아니더라도 적어도 살아 있는 국민의 생명 정도는 아끼는 모습을 보여줘야 되는 것 아닌가요?

그런데 우리 정부는 국민의 생명이나 환경이나 생태 같은 건 지키겠다는 의지 자체가 없는 게 아닌가 하는 생각이 들고요. MM형 유전자 얘기는 제가 주장한 것이 아닙니다. "한국 사람은 MM형 유전자를 가지고 있어서 인간광우병에 가장 취약하다"고 하는 정부 쪽 관변학자와 정부 내부 문서를 그대로 인용했던 거고요. 우리 국민이 광우병에 가장 취약한 식습관을 갖고 있다는 것도 사실은 정부 내부 문서를 인용했던 건데요. 이걸 최근에 정부가 '괴담'이라고 얘기했어요. 그러면 괴담의 유포처는 정부죠. 제가 자료를 가지고 있는데요.

MM형 유전자에 대해서 최초로 언급한 글이 2003년 5월 29일자 《의학신문》에 특집으로 게재된 김용선 교수의 글이었습니다. 여기에 보면 우리나라 사람이 메티오닌 동질접합체를 가장 많이 가지고 있기 때문에 인간광우병 곧 변종CJD에 걸릴 확률이 높다고 했거든요. 지금 일부 의사들은 김용선 교수의 논문은 sCJD에 관한 이야기지 vCJD에 관한 이야기가 아니라고 거짓말을 하고 있는데, 김용선 교수가 분명히 "vCJD에 걸릴 확률이 가장 높다"고 명시적으로 썼어요.

그뿐 아니라 최근에 "광우병이 5년 안에 사라질 것"이라고 큰소리친 이영순 교수가 한림원에서 발표한 논문에도 "연구 결과를 보면 우리나라 국민의 유전자형이 광우병 위험성이 매우 높은 제노타이프Genotype를 가지고 있어 각별한 주의가 요망된다"고 발제 자료에도 썼고요. 질병관리본부에서 나온 크로이츠펠트야곱병 표본감시 관리지침에도 'sCJD, iCJD, vCJD, Kure에 대해서도 유전자형에 따라서 감수성이 다르다는 것을 명시적으로 표로 작성했어요. 정부(보건복지부나 농림부)의 용역 연구에 보면 MM형 유전자와 관련된 용역 연구도 많았습니다. 그리고 정부 내 검토 보고서에도 "한국민의 vCJD 감수성이 높은 유전적 특성과 한국민이 현행 수입위생조건으로 SRM으로 규정한 등뼈 등 7개 부위를 OIE 기준과 관계없이 SRM으로 인식하고 있음을 고려할 때 안전성 확보는 물론 대국민 설득을 위해서 SRM을 모든 나이에서 제거해야 한다. 골수의 위험성과 뼈를 고아먹는 우리의 식문화와 vCJD에 유전적으로 민감한 우리 민족의 유전적 특성을 고려할 때 사골, 골반뼈, 꼬리뼈 등도 수입을 금지해야 한다"는 의견을 제시했고요.

저는 정부 내부의 주장을 근거로 해서 우리 민족이 가장 광우병에 취약하다는 얘기를 한 거죠. 정부 내부의 전문가들도 그렇게 얘기를 했으니까요. 그렇기 때문에 유럽이나 일본이나 미국보다도 광우병 안전대책을 더 강화해야 한다는 주장을 폈는데요. 이걸 괴담이라고 하고, 일부 관변 전문가들이 갑자기 나타나서 "그것은 sCJD에 관한 논문이지, vCJD에 관한 논문이 아니"라는 식으로 눙치고 있거든요. 사실은 민족별로 광우병 감수성이 다른지는 아직 과학적으로 완전히 밝혀지지 않았어요. 그것은 아직 과학적인 논란의 여지가 있다고 생각합니다.

이것은 과학계 내에서 동료 평가를 통해서 논문이 나왔을 때, 과학계 내에서 서로 비판하고 논쟁을 벌여야 하는 얘기지, 지금 상황에서 이런 논란은 미국산 쇠고기가 위험하다는 주장의 확실한 근거도 되지 못할 뿐더러, 더구나 '괴담' 퇴치용으로 동원할 만한 근거도 못 되는데요. 지금 연세대 신동천 교수, 서울대 이영순 교수 같은 분들이 과거에 이런 피어리뷰(Peer-Review, 동료 평가)도 전혀 하지 않고, 광우병에 대한 비판적 연구나 기본적 연구 성과도 제대로 발표하지도 않은 마당에 지금에 와서 갑자기 광우병 전문가인 양 행세하면서 국민을 호도하고 곡학아세하고 있는 거죠. 그러는 중에 서울대 우희종 교수가 이영순 교수의 주장을 실명으로 비판했어요.

의료계 내에서도 보건의료연합의 우석균 선생 같은 분들이 신동천 교수를 명확하게 비판했는데요. 사실 서울대 이영순 교수는 황우석 사태 때 황우석 연구를 위한 수의대 IRB 위원장을 했던 사람이고, 황우석을 처음에 옹호했던 사람 아닙니까. 이런 사람이 또 광우병을 옹호한다고 하는 것, 이런 사람이 과학계에서 퇴출되지 않고 아직까지 남아 있다는 것이 우리나라 과학계의 암울한 현실을 보여주는 게 아닌가 생각합니다.

위험관리의 기본도 무시하는 막무가내들

지   정부는 "광우병 위험이 과장되어 있고, 그런 불신을 부추기는 정치적 세력이 있다"고 꾸준히 주장해오지 않았습니까? 한국사람들이 위험을 무릅쓰는 성격이 있어서 그런지 〈100분토론〉에서도 김 선생님인가가 전화해서 "나는 광우병이 있다고 해도 먹겠다. 어릴 때 아파서 죽는 소를 먹지 말라고 했는데, 그것 먹고도 멀쩡했다"고 얘기하지 않았습니까?(웃음) 그런 생각들이 많은 국민들 사이에 있는 것 같은데요.

박 위험 분석에선 사실 세 가지 영역이 조화를 이루어야 하는데요. 첫째는 위험을 평가하는 영역입니다. 위험평가는 과학자, 의사, 수의사, 생화학자가 광우병의 위험성을 객관적으로 과학적인 사실 자체를 평가해주는 거죠. 예를 들면 '광우병 위험물질 0.001g만으로도 광우병을 발생시킨 사례가 있기 때문에 극히 미량으로도 위험하고, 나이든 소에서는 말초신경에서도 광우병 위험물질이 확인되기 때문에 살코기도 100퍼센트 안전하지 않다'는 것은 과학적 사실에 해당하는 겁니다. 이게 위험평가 영역이고요. 위험평가는 정부로부터 독립된 전문가들, 과학자들이 수행해야 합니다. 일본은 총리 산하에 프리온 전문위원회가 있어서 위험평가를 하고 있습니다.

둘째는 위험을 관리하는 측면이 있습니다. 과학자들이 객관적으로 평가한 위험에 대해서 정부 차원에서 관리하는 겁니다. 예를 들면 30개월 이상의 기준을 정하는 것이 대표적인 위험관리 측면이라고 볼 수 있는데요. 과학적으로는 20~30개월령 소에서도 광우병이 여러 차례 발생했습니다. 영국에서는 20개월령, 일본에서는 22개월령, 독일에서는 24개월령 소에서 광우병이 확인되었거든요. 최근 호프만 박사의 연구에 따르면 28개월령 소에서도 뇌나 척수나 말초신경에서 광우병 위험물질이 확인됐고요. 그런 걸 보면 30개월령 이하라도 100퍼센트 안전한 것은 아니거든요. 그런데 전체 비중으로 보면 30개월령 이상에서 광우병이 발생한 게 99.9퍼센트이고,

30개월령 이하에서는 0.01퍼센트에 불과합니다. 그런 걸 근거로 국민의 건강에 미치는 영향, 산업계에 미치는 영향 등을 종합적으로 고려해서 안전기준을 20개월령으로 할 것인가, 30개월령으로 할 것인가가 바로 위험관리 영역에 속하는 것이거든요.

정부가 그런 위험평가와 위험관리 정책을 수행하는 과정에서 국민들의 참여를 보장해주고, 국민들이 궁금한 것을 답변해주는 것을 리스크 커뮤니케이션이라고 하는데요. 이게 바로 위험관리의 세 번째 영역입니다. 일본은 학계 전문가들과 정부의 책임 있는 공무원들이 국민들을 상대로 1년에 수십 차례의 토론회, 설명회를 진행합니다. 우리나라로 치면 서울, 부산, 대전, 대구, 광주를 순회하면서 시민들과 함께 공청회, 설명회, 토론회도 하고 질의응답도 받고 한 내용을 정부 홈페이지에 올립니다.

어느 도시에서 어떤 시민이 이러이러한 우려나 공포감을 제기했다면, 이것에 대한 과학적인 답변이 이것이고, 정부는 그런 위험을 이렇게 관리하겠는 식으로 위험평가도 다 공개하고, 위험관리 내용, 위험 정보를 서로 교환하면서 국민과 정부간의 신뢰를 형성해야 하는데, 과학적인 안전에 대한 내용도 제대로 공개하지 않고, 국민과 정부, 전문가간에 리스크 커뮤니케이션도 제대로 안 되어서 국민들을 불안에 떨게 하는 상황에서 덮어놓고 "광우병 위험이 과장되었다"고만 하면 어떻게 합니까? 언제 정부가 광우병의 위험을 알리기라도 했습니까? 그런 기본적인 것도 하지 않으면서 과장되었다고 하면 과장의 준거가 될 표본이라도 있어야 하는데, 그런 것도 없는 상태에서 위험이 과대평가되었는지, 과소평가되었는지 누가 압니까?

우리 정부는 위험관리의 기본 과정도 전혀 거치지 않고, 그런 개념도 없는 상태에서 밀실에서 다 한 것 아닙니까? 어떻게 가축방역협의회 자료, 그러니까 청문회 자료들이 국회에도 보고되지 않고, 청문회 때도 제가 국회의원실에서 이 자료를 얻어 가지고 나오는데, 농림부 장관과 농림부 차관보의 지시를 받은 공무원이 "국회에 제출한 청문회 자료인데, 왜 주요 참고인이 이것을 들고 나가게 하느냐?"고 하더군요. 이게 국가기밀도 아니고 국민들에게 공개해야 하는 내용인데, 내가 정부에 비판적인 전문가라는 이유만으로 부하 공무원을 시켜서 자료를 빼앗아오라고 하는 그런 정보 공개 마인드를 가진 정부가 과연 위험관리를 제대로 할 수 있을지 의문입니다.

지금의 광우병 공포나 괴담은 정부가 광우병 관련 정보를 계속 비밀주의에 붙여서 자기네들끼리만 알고 국민들에게는 알리지 않은 데서 비롯한 것입니다. 정부도 OIE에 가서 "살코기도 위험성이 있고 혈액 제품도 위험성이 있다"는 시민단체의 주장과 비슷한 내용의 주장을 했는데, 그런 내용을 우리 국회는 물론 국민들에게도 알리지 않은 탓에 이런 불신이 쌓여서 이런 사태가 온 것이지, 무슨 배후세력이 괴담을 유포해서 그런 건 아니라고 생각하거든요. 정부가 처음부터 이 문제에 진실하게 접근했다면, 국민들도 차분하게 이 문제에 대응할 수 있었을 뿐더러, 협상단도 과학적 근거는 가지고 있었기 때문에 국민들의 이런 힘을 받아서 미국과 제대로 된 협상을 할 수 있었을 거라고 보는데요. 이런 게 전혀 안 됐기 때문에 지금 국민은 국민대로 뿔이 나버리고, 협상은 협상대로 엉망진창이 되고, 국익은 국익대로 손상된 결과가 빚어졌다고 생각합니다.

지 　정부는 재협상이 불가능하다고 말하고 있는데요. "광우병이 발생하면 수입을 중단할 수도 있다"는 얘기 역시 너무나 안일한 발상 아닙니까? "실제로 미국에서 광우병이 발생하더라도 GATT 20조와 WTO SPS 협정에 따라 미국산 쇠고기 수입을 전면중단하는 것은 불가능하다. 왜냐하면 미국산 쇠고기의 안전성이 한국 국민의 건강을 위협한다는 과학적 근거를 한국 정부가 입증해야 하기 때문"이라는 지적도 하셨지 않습니까? 투자자-정부제소권 같은 것을 들고 나올 텐데요.

박 　추가 협의를 했다는 것은 잘못된 협상을 인정했다는 것 아닙니까? 이게 수잔 스왑Susan Schwab 미 무역대표부USTR 대표 서한의 번역문인데, "GATT 20조와 WTO SPS 협정에 따라 한국은 건강 및 안전상의 위험으로부터 보호할 권리를 가지고 있다"고 얘기해놓고, "금번 위생조건은 미국산 수입 쇠고기의 안전성을 보장하는 적절한 기준과 절차를 포함하고 있다고 믿고 있다"고 되어 있거든요. 잘못된 협상을 잘된 거라고 못을 박는 것 아닙니까?

　이 서한 내용대로 하면 미국에서 광우병이 발생하더라도 우리 정부가 수입중단을 할 수 있는 권리를 확보했다는 것이 어디에도 명문화되어 있지 않거든요. 수입위생조건에 보면 5조에 미국에서 광우병이 추가로 발생하는 경우 OIE에 내국지위분류에 부정적인 영향을 가져올 경우가 아니면 수입중단을 할 수 없다고 못박아놓고 있거든요. 이 5조 조항이 그대로 살아 있는 한 사실은 수입중단을 할 수 없습니다. 합의 요록에서도 보면 불리한 내용을 빼고 번역했다는 의혹이 있는데요. "OIE에서 미국의 광우병 국가 등급을 부정적인 의미로 하향변경하지 않는 한 쇠고기 수입을 중단하지 못 한다”는 내용이 있습니다.

이런 내용이 들어 있는 한, WTO SPS 협정이나 GATT의 20조 같은 경우는 아주 추상적인 일반조항이기 때문에 구체적으로 수입을 못한다고 수입위생조건에 명문화해놓지 않는 한 수입을 중단할 수 있는 권리가 확보되지 않고요. 그런 상황에서 중단한다면 오히려 심각한 무역 분쟁이 초래될 것입니다. 지금 농림부 고시를 하기 전에 추가 협상 또는 재협상을 한다고 해도 당장 무역 분쟁이 일어나는 것은 아니기 때문에, 미래의 무역 분쟁을 얘기하고 수입중단을 대통령이 얘기했다면 그걸 명문화해서 미래에 나타날 분쟁의 소지를 없애는 것이 정확한 거고요. 수입위생조건에 미국에서 광우병이 발생하면 수입을 즉시 중단할 수 있다고 명문화해놓으면 간단한 문제인데, 그걸 안 하고 추상적인 규정을 들고 나오는 자체가 꼼수라고 봅니다. 그거 가지고는 확실하게 검역주권을 회복했다고는 볼 수 없죠.

지 실제로 그런 경우가 있었지 않습니까? “2006년 한국 정부는 미국산 쇠고기 수입위생조건 4조와 21조를 통해 미국에서 광우병 발생할 경우 쇠고기 수입을 중단한다는 내용을 명문화시켰다. 그럼에도 불구하고 2006년 3월 앨라배마 주에서 광우병이 발생했을 때 미국산 쇠고기 수입을 중단하지 못했다”고 하셨는데요.

박 수잔 스왑이나 김종훈 통상교섭본부장이 얘기했던 GATT 20조나 WTO SPS 협정이 그때도 있었거든요. 1995년부터 계속 있었던 협정의 수입위생조건에 우리의 수입중단 권리를 명문화해왔는데도 권리를 행사하지 못했는데, 하물며 수입위생조건에 그 내용이

들어 있지도 않은 상황에서 우리가 어떻게 권리를 행사할 수 있겠어요? 더구나 우리 정부가 과학적 입증을 해야 하는 조건에서요. 우리 협상단이 상당한 과학적 근거—30개월 이하도 안전하지 않고, 살코기에도 위험성이 있다는 우리 과학자들의 논문이 아니라 독일, 영국, 스페인, 일본 같은 국제적인 학자들의 연구논문—를 가지고 협상에 임했는데도, 미국 정부가 '억셉트'(수용)하지 않았다고 해서 과학적 주장을 다 포기했는데요. 우리 정부가 무슨 수로 과학적 입증을 합니까? 우리나라에 세계적인 권위를 가진 광우병 학자가 한 명도 없는데 누가 그것을 과학적으로 입증할 것이며, 정부가 그런 의지도 없는데 그걸 어떻게 입증할 수 있겠습니까? 사실은 불가능한 건데, 지금 잠시 들끓는 국민 여론, 그러니까 소나기나 피해보자는 생각으로 꼼수를 부린 것밖에 안 된다고 생각합니다.

{ '정책실명제'로 끝까지 책임을 물어야 정신 차린다

지　처벌하긴 어려워도 역사적인 평가는 있어야 할 것 같은데요. 이런 협상을 한 관료들에 대해서 사후에 문제가 생길 경우 처벌과 문책이 있어야만 이런 식의 협상이 없어지지 않겠습니까? IMF에 대해서도 누구의 책임인지도 묻지 않고 넘어갔는데요.

박　사실 우리가 역사로부터 배워야 할 것이, 어떤 진실을 말하지 않는 역사는 계속 되풀이된다는 건데요. 유태인학살이다, 광주학살이다 할 때마다 역사적인 평가와 더불어 책임자 처벌이 따르지 않았을 경우에는 그런 상황이 되풀이되는 것을 우리는 역사를 통해서 배우지 않았습니까? 영국 정부는 광우병 사태에 직면하여 《광우병 백서》를 발간함으로써 정부가 어떤 잘못을 저질렀는지에 대해서 낱낱이 다 기록했거든요. 우리는 사실 과거 청산을 제대로 한 적이 한 번도 없지 않습니까? 광주학살로 집권한 사람이 여전히 전직 대통령이랍시고 버젓이 행세하고 있잖아요. IMF를 초래한 사람들 어느 누구도 책임을 지지 않았고요.

모든 게 다 책임을 지지 않는 방식으로 가다보니까, 그래서 나온 것이 정책실명제 같은 건데 유명무실해지고 있어요. 정부의 잘못에 대해서 특히 공권력의 잘못에 대해서 사법적으로 명확하게 처리하는 전범을 보여줘야 한다고 생각하는데요. 프랑스는 나치에 협력한 사람들을 끝까지 추적해서 처벌한 것으로도 유명하지만, 최근에 광우병과 관련해서는 1980년대에 사람의 시체에서 추출한 성장 호르몬 주사를 맞고 iCJD(의인성 CJD)에 감염되어서 죽은 프랑스 어린이들이 100명이 넘는다고 합니다. 그 당시에 그런 위험을 알고도 그 정책을 집행했던 프랑스 보건복지부의 고위 공무원들, 과학자들이 간접살인 혐의로 기소되어 법정에서 재판을 받고 있습니다. 이런 사례들처럼 지금 광우병과 관련해서도 이런 잘못된 협상을 하고, 잘못된 정책을 결정한 사람들에 대해서 문제가 발생했을 경우에 법정에서 간접살인죄를 물을 수 있는 사법적 정의가 살아남아 있어야 하는데요.

과연 지금의 한국 상황에서 그런 사법적 정의를 기대할 수 있느냐는 거죠. 최근 삼성의 각종 비리의혹도 그렇고, 차떼기당이라는 오명을 쓴 한나라당 정치자금 문제도 그렇고, 어느 것 하나 누구도 책임지지 않는 현실에서는 그런 책임을 사법적으로 묻기가 쉽지 않을 것 같습니다. 우리 국민들이 그만큼 민주적인 주인의식을 가져야 할 것 같고요. 정부 관료나 국회의원은 국민들을 대신하여 일을 처리하는 일종의 심부름꾼 아닙니까? 선거 때만 심부름꾼이라고 하고, 실제로는 국민 위에 군림하는데, 그게 아니라는 것을 국민들이 힘으로 보여주고, 그걸 법제화하는 과정까지 가는 것이 진정한 민주주의의 완성이라고 보는 겁니다. 지금 촛불의 힘, 네티즌의 힘으로 거기까지 가야지만 진정한 민주주의, 곧 절차적 민주주의뿐 아니라 내용적 민주주의까지 완성되는 단계라고 보는 겁니다.

지 하다못해 건물 하나 지으면서 실수해서 사람이 죽어도 책임을 묻게 되는데요. 정책을 잘못 추진해서 수많은 사람이 죽거나 고통을 당한다면 그에 대한 책임을 누군가는 반드시 져야 할 텐데요. 말씀하신 대로 간접살인죄도 적용할 수 있어야 한다고 봅니다.

박 그래서 실명제가 굉장히 중요하다고 보는데요. 한심한 농림부 회의 자료를 보면 참석자 이름도 제대로 밝히지 않고 있습니다. 얼렁뚱땅 누구 외 몇 명이라든지 하는 식이죠. 회의를 했으면 당연히 회의록이 있어야 하는데, 없어요. 초등학교 학급 회의도 회의록을 쓰는데, 명색이 정부 회의에 회의록이 없다는 게 말이 됩니까? 다들 참가비까지 받고 회의에 참석하는 건데요. 회의 전에 농림부가 정리한 회의 안건 자료만 있지, 회의에서 누가 무슨 발언을 했는지 기록이 없어요. 그게 있어야 책임을 규명할 수 있는 거잖아요. 관련 공무원들이 사후 책임을 회피하려고 미리 증거 자료를 다 은폐하는 게 아니라면 뭐겠어요? 이런 부분부터 고쳐나가야 하고, 그런 측면에서 정보 공개가 굉장히 중요합니다.

제가 2005년에 참여연대 운영위원으로 있으면서 국내 축산식품의 항생제 실태를 조사하기 위해서 국립수의과학검역원과 농림부에 자료를 요청했는데, 이 관계자들이 정보공개법도 제대로 모르고 있는 겁니다. 정보 공개를 요청하면 며칠 내에 답변을 줘야 하는데, 그 기간도 제대로 지키지 못하고 있고, 절차도 모르고 있더라고요. 정보에 대한 마인드가 전혀 없는 겁니다. 엄정한 법집행에 따라 근무해야 할 공무원들이 법을 모르고 있으니까 정책실명제는 아주 요원한 이야기고, 제대로 된 회의록이라도 공개했으면 좋겠다는 생각을 하거든요. 정부의 중요한 정책을 결정하는 회의에 회의록이 없다는 건 직무유기에요. 그걸 작성해서 국회에 제출할 의무가 있는 건데, 그걸 생략하는 것은 행정부 독재입니다.

"공화국은 오고가도 행정은 남는다"는 얘기가 있거든요. 공무원은 영원한 철밥통이라는 얘긴데요. 그야말로 공무원들 철밥통을 깨뜨리려면, 정말로 정부가 신자유주의하려면 (저는 신자유주의는 반대하지만) 공직사회부터 신자유주의해야 하는데 민간기업부터 하잖아요. IMF 후에 국민들은 고단한 경쟁 속에서 죽어나고 있는데, 공무원들만 철밥통을 유지하고 있는 거잖아요. 그래서 제대로 된 회의록 하나도 작성하지 않고, 국민을 위한 정책도 마련하지 않는 건데요. 곧바로 그 책임을 규명하고, 사법처리까지 포함한 책임을 분명히 묻는 시스템으로 바꿔야지만 공무원들이 진정으로 국민을 위해 일하리라고 봅니다.

정말 한심한 공무원들 많아요. 이번에 협상 과정에서도 마찬가지에요. 이게 OIE 2007년 총회 회의록인데요. 국회에서 강기갑 의원하고 시민사회 대표들이 OIE 총회에 원정 투쟁을 갔는데, 정부 공무원 중에 허성모라는 사무관이 "민간인은 옵서버 자격도 없으므로 들어가지 못한다"고 막는 겁니다. 국회의원이 들어가겠다는데 일개 공무원이 어떻게 가로막습니까? 저희 국민건강을 위한 수의사연대 위원장도 참가했는데요. OIE 사무국에 가서 "우리가 이러이러해서 프랑스까지 왔는데, 정부 공무원이 민간인이나 국회의원은 옵서버 자격도 없다며 못 들어간다고 막더라"고 하니까 OIE 사무국 차장이 그 자리에서 옵서버 자격 부여하고 출입증 바로 줬습니다. 어떻게 일개 공무원이 국회의원까지 속여서 국제회의 참석을 막으려 해요? 그 공무원이 모르고 그랬다면 더 한심한 건데, 모를 리가 없잖아요. 이런 정보 접근 방해 행위가 나라 밖에서도 벌어지고 있는 게 우리 현실인데 나라 안에서는 오죽하겠어요. 자기들도 애초부터 잘못된 결론이라는 걸 알기 때문에 자료를 은폐하려고 기를 쓰는 겁니다. 그걸 공개하면 곳곳에 자기네들 잘못에 대한 구체적인 증거들이 다 남아 있거든요.

사실은 이명박 대통령이 그토록 좋아하는 '실용주의'를 달성하려면 공무원들이 실력을 갖춰야 하는데요. 지금 이명박 대통령은 정말 형편없는 직원들을 데리고 기업을 경영하면서 수출 증대해가지고 흑자를 내겠다고 얘기하고 있는 셈 아닙니까? 기본적으로 무능한 CEO가 무능한 직원들을 데리고 할 수 있는 일이 뭐겠어요? 결국에는 회계 부정으로 실적 부풀리는 것 아니겠습니까? 정부가 실력이 있어야 제대로 된 협상도 하고, 국민의 건강과 안전도 지키고 할 텐데요. 그런 준비가 전혀 안 된 정부라는 생각이 듭니다.

지　말씀을 들어보니까 갑갑한데요. 어떻게 행정부처에서 회의를

하는데 회의록이 남아 있지 않습니까? 인터넷에서 번개를 해도 번개 후기가 올라오는데요.(웃음)

박 그렇죠. 일본 정부 홈페이지에 가보면 시민들이랑 리스크 커뮤니케이션을 했던 토론회, 설명회, 공청회 회의록을 꼼꼼하게 올려서 공개하고 있습니다. 우리 정부는 심지어 청문회 자료도 농림부 홈페이지에 공개되어 있지 않을 정도니까요. 광우병 사태뿐 아니라 한국사회에서 그동안 전문가 행사를 했던 사람들, 대학 교수나 공무원들이 정보를 독점함으로써 마치 전문가인 것처럼 행세해왔던 거고요. 일본이나 유럽이나 이런 곳의 학계는 일단 정보를 공유함으로써 거기서 논쟁과 반증을 통해서 서로 발전하는 과정을 거쳤는데요. 우리 학계는 정보를 손아귀에 쥐고 마치 전문가인 것처럼 행세하는 관행이 뿌리 깊게 남아 있어서 이런 일이 벌어지는 게 아닌가 생각합니다.

쇠고기 '협상'이 아니라 쇠고기 '굴욕'

지 이 사람들이 무능하면서도 정직하지도 않은 것 같은데요. "2008년 4월 19일 한미 쇠고기 협상에서 합의한 광우병 특정위험물질SRM은 가장 낮은 기준을 적용한 최악의 조합으로 이루어졌다. EU의 기준은 물론 하다못해 OIE나 미국 FDA 기준보다도 더 낮은 수준으로 미국 쇠고기 수출업자들의 이익과 편의를 최대한 고려해서 기준을 정한 것으로 보인다"고 지적하셨는데요. 농림부에서 지속적으로 국민을 기만한 사실도 지적하셨지 않습니까?

박 　2006년에 우리가 수입중단을 할 수 있는 기회가 있었거든요. 앨라배마 주에서 광우병이 발생했을 때 미국에서는 그 소의 나이를 과학적으로 증명하지 못했거든요. 이력 추적이 안 되니까요. 관련 서류도 없고, 어디서 출생했는지 확인도 못하는 상황이었는데요. 그때 농림부의 김창석 가축방역과장이 "치아 판정으로는 알 수 없다. 미국에서 서류가 올 것"이라고 했는데, 서류가 안 왔습니다. 그랬더니 말을 바꾸는 겁니다. 치아 판정이 굉장히 과학적이고, 우리 현지 조사단을 파견해서 미국에서 확증을 내리지 못한 나이를 현지 조사단이 우리의 과학기술로 판정을 내려줬다는 그런 엉터리 같은 해명을 했는데요. 처음 했던 말이 솔직한 것입니다. 이렇게 정부 공무원이 자꾸 말 바꾸기를 하는 건데요. 특히 5년이 넘은 소의 나이를 치아로 확인한다는 게 힘들거든요. 김창석 과장도 처음에는 치아로는 알 수 없다고 말했거든요. 그 말이 사실 정직한 것입니다.

저희가 대학에서도 치아판정법을 배우기는 하지만 아주 과학적인 방법이 아니라서 깊이 배우지도 않고, 국내 전문가라고 파견했던 건국대 수의대 교수라든지, 정부 고위 공무원 중에서 치아판정에 관한 과학 논문을 쓴 사람이 하나도 없었거든요. 그런데 무슨 과학적인 방법입니까? 미국에서도 치아판정 관련 논문은 극히 드뭅니다. 몇 편 안 나왔어요. 치아판정으로 나이를 확인할 수 없다는 게 일본 정부 홈페이지에도 있고, 국제수역사무국에도 그런 문서를 보냈는데요. 우리보다도 과학적인 연구가 훨씬 깊은 일본 정부에서도 아니라고 하는데, 우리 정부가 무슨 근거로 박박 우기는지, 처음 한 말까지 바꾸면서 박박 우기는지 도대체 속을 알 수가 없습니다.

지　검역주권이라는 말이 언론에 심심치 않게 등장하고 있습니다. 검역주권을 회복하기 위해 '국제수역사무국의 등급 판정 변경이 없는 한 수입중단 조치를 취하지 못하도록 규정한 5항의 완전 삭제' 등 몇 가지 조건을 제시하시지 않았습니까?

박　기본적으로 수입위생조건에서 미국 도축장의 승인권이나 취소권을 2006년까지만 하더라도 우리 정부가 가지고 있었는데요. 이번에 미국 정부에 그것을 넘겼거든요. 한미FTA에서 미국이 계속 그것을 요구했어요. 그리고 FTA 협상이 끝났을 때 미 무역대표부USTR에 의견을 제출한 민간자문단이 한미FTA에서 미국 도축장의 동등성, 쉽게 말하면 미국 도축장의 승인권을 미국 정부가 가져야 하는데, 그게 미흡했다고 얘기했는데요. 그게 이번에 관철된 겁니다.

도축장 승인권을 우리가 가지고 있어야지, 문제가 생긴 도축장에 대해서는 선적중단 조치나 수출중단 조치를 취한다든지, 작업장 승인을 취소할 수 있어야 하는데, 그것을 전혀 못하도록 해놓았어요. 우리 정부는 검역 과정에서 검역을 잘하겠다고 하는데, 검역 과정에서 광우병 위험물질을 발견했더라도 첫 번째 케이스는 문제 삼지 못하고 그냥 넘어가야 합니다. 동일한 작업장에서 2회 이상 위반이 발견이 됐을 때만 그 작업장에 대해서 문제가 개선될 때까지 일시적으로 수출중단 조치를 취할 수 있고, 그 작업장이 이미 수출한 쇠고기에 대해서는 검역을 통과시켜준다는 것이 협상 내용인데요. 문제가 생긴 작업장은 즉시 수입중단 조치를 취할 수 있는 권리가 있어야 하고요. 거기서 수출한 쇠고기는 일단 리콜 조치 들어가는 것이 당연한 거죠. 그것을 못하게 막아놨어요. 미국에서 우리나라로 수출할 수 있는 작업장이 앞으로는 600개가 넘게 되는데, 600

개 작업장에서 한 번씩만 위반해도 600번인데, 그래도 아무 문제가 없는 것으로 되어 있습니다. 세상에 이런 협상이 어디 있습니까? 한 개 작업장도 아니고 두 개 이상의 작업장에 문제가 있다고 하면 미국의 도축 검역 시스템에 체계적인 문제가 있는 거거든요.

우리 정부는 심지어 작년에 광우병 위험물질이 두 번 발견됐는데, 두 번째 케이스에 대해서는 왜 발생했는지 미국 측에 해명도 요구하지 않았습니다. 지금도 우리 정부는 그게 왜 발생했는지도 모릅니다. 그런 상태에서 현지 도축장 위생 점검은 왜 갑니까? 현지 점검을 갈려면 미국 측에 먼저 "왜 등뼈가 발견됐냐? 어떤 문제가 있었냐?"고 해명을 요구하고, 그걸 가지고 검토하고, 그 내용을 가지고 현지에서 무엇을 볼 것인지 결정해야 하는 건데요. 가는 날까지 그런 것도 없이 비행기에 올랐는데, 일정도 모르고, 조사 일정도 결정되지 않고, 갔다 와서는 "미국 측에서 교통 편의를 제공해서 아주 잘됐다"고만 했지 않았습니까? 미국이 보여주고 싶은 데만 보고, 그 일정에 따라서 움직인 건데, 그게 무슨 점검입니까? 군대 내무사열이랑 똑같은 건데요. 보여주기 위해 하는 시늉만 한 건데, 그걸 가지고 잘했다고 얘기하는 것은 곤란하죠.

미국 내에서 아직도 다우너를 도축하도록 허용하고 있는데, 우리 정부의 가축방역협의회 자료를 보면 한심하게도 "미국에서는 다우너 소나 폐사축에 대한 도축이 전면금지되어 있다"고 나옵니다. 우리 정부는 미국의 실태를 전혀 파악하지 못하고 있는 거죠. 그러면서 잘하고 있다고 얘기하고, 갔다 와서 아무 문제가 없다고 하면 누가 믿겠어요? 조사도 제대로 못할 거면서 비싼 세금 축내고 국민들한테 핀잔이나 듣고 국제적인 망신이나 당할 거면서 거길 왜 가요?

지 이명박 대통령은 "문제가 있으면 안 먹으면 되지 않나?"라는 유명한 어록을 남기지 않았습니까?(웃음) 안 먹는다고 문제가 해결되는 것은 아닐 텐데요.

박 MBC 〈100분토론〉에서 "끓여 먹으면 되지 않나요?"라고 했던 그 유명한 김 선생님과 이명박 대통령의 마인드가 너무나 흡사하다는 생각이 들었습니다. 같은 사고체계의 유전자를 가진 분들이구나 하는 생각이 들었거든요. 국가의 검역체계는 위험한 부위를 미리 걸러내서 그 부위가 유통되지 않도록 하는 역할이거든요. 예를 들어 조류독감이라면 그게 다른 지역으로 퍼지지 않도록 감염지역 출입 통제도 하고, 소독도 하고, 살처분도 하는 등 할 수 있는 노력을 다해야 하는 거잖아요. 그런데 앞의 이분들 식으로 하면, 조류독감 바이러스가 퍼지든 말든 내버려두고서 "안 먹으면 될 거 아냐?" "끓여 먹으면 되잖아?" 하는 것과 똑같거든요.

검역에 주권을 붙여 '검역주권'이라는 표현을 쓰는 데는 깊은 뜻이 있어요. 국방이 무너지면 주권을 잃고 식민지 백성이 되는 거잖아요. 주권 없는 백성이 얼마나 비참하게 살아야 하는지 일제 식민지 역사를 통해서 경험했습니다. 검역주권도 마찬가지에요. 홍수가 나지 않도록 정부가 둑을 쌓는 것이 검역이거든요. 둑이 무너지면 홍수가 나는 것은 당연한데, 그때 국민이 알아서 위험을 피하라고 하는 것이 말이 됩니까? 둑 자체를 없애놓고서 아무리 기발한 홍수대책을 마련한들 그게 무슨 소용이 있습니까?

정부가 검역을 통해서 위험 부위가 들어오지 않도록 막아주는 것이 가장 중요한데, 대통령의 얘기는 정부의 고유 기능인 검역주권을 전혀 이해하지 못하고, 스스로 그런 기능을 포기하겠다는 걸

천명한 거잖아요. 〈100분토론〉의 김 선생님은 민간인이고 책임 있
는 자리에 있는 사람이 아니므로 그냥 넘어갈 수도 있지만, 어디 일
국의 대통령 입에서 그런 말이 나와서야 되겠어요? 현 정부의 인식
수준이 그 정도밖에 안 된다는 걸 상징적으로 보여주는 거죠.

{ 왜 모든 기준을 미국 국내법에 맞춰야 하는가

지 "현재 정부가 조류독감과 광우병에 대한 태도가 너무 다르다.
둑을 무너뜨려놓고 홍수 대책을 마련하겠다는 것"이라고 비판하셨
는데요. 이유가 뭘까요?

박 미국이 빠져 있기 때문이겠죠. 그게 핵심일 것 같은데요. "미
국 국민은 물론 300만 미국 교포가 즐겨먹는 미국산 쇠고기를 우리
도 먹는다"는 표현을 쓰는데요. 조류독감은 바이러스이므로 끓이
면 다 죽거든요. 우리 국민이 즐겨먹는 삼계탕이나 한우는 미국에
수출이 금지되어 있는데, 그것은 왜 얘기하지 않는지 모르겠어요.
그 나라 국민이 즐겨먹는다고 다른 나라 국민이 먹어도 된다면 검
역이라는 장치가 필요 없는 거죠. 자국 내에서만 가능한 건데, 결국
우리가 미국의 52번째 주로 편입되는 것을 당연시하는 발상이라고
생각합니다.

이번 수입위생조건 1조에 보면 쇠고기 및 쇠고기 제품에 대한 정
의를 미 연방 식품육류검사법에 따르고 있거든요. 미 연방 식품육류
검사법을 우리 법체계로 도입한 거죠. 거기에 보면 식품에 대한 정
의를 미 농무장관이 결정하게 되어 있어요. 예외조항을 두어 미 농

무장관이 이러이러한 부위는 사람이 먹는 데 적절하지 않다고 하면 식품의 정의에서 빠지게 되어 있거든요. 그러면 우리 국민이 먹는 식품에 대한 정의를 앞으로 미 농무장관이 결정하게 된다는 거죠.

예를 들어 선진회수육AMR은 소뼈에 달라붙어 있는 부위로 사람 이빨로도 안 뜯어지는 지방 덩어리인데 세균이 기생하기에 가장 좋은 부위인데요. 그것을 고압이나 컨베이어 벨트를 이용해서 회수한 것을 선진적인 방식이라고 해서 선진회수육이라고 붙였는데, 사실은 선진적이 아니라 아주 비인간적인 방식이에요. 그렇게 하여 뼛속에 들어 있는 광우병 위험물질이 섞이게 되고, 학교 급식에서도 그 부분을 금지하고 있는데요. 미 농무장관이 정의한 식품의 정의에는 그것이 식품으로 되어 있거든요. 전미축산협회장을 지낸 조앤 스미스라는 여성이 농무부 규제담당 차관보가 되면서 제일 먼저 한 일이 이런 부위를 식품으로 허용해준 겁니다. 기계적회수육이라든지 선진회수육을 허용해줬는데, 선진회수육 하나만 가지고도 소 한 마리에서 7달러의 추가 이익을 미국 축산업자들에게 안겨줬다고 나오거든요.

결국은 미국 축산업자의 이해를 대변하는 미 농무장관이 식품, 쇠고기 제품에 대한 정의를 내리고 예외규정을 두는 건데요. 그것을 왜 우리가 따라야 해요? 일본, 대만, 홍콩, 필리핀, 어느 나라의 수입위생조건을 보더라도 미 연방 식품육류검사법에 따른 쇠고기 제품의 정의를 가지고 오는 게 없는데, 우리가 미국의 52번째 주라도 되나요? 왜 우리만 미 연방 식품육류검사법의 정의에 따라 우리 국민들이 먹는 쇠고기와 쇠고기 제품을 정의하는지 도대체 알 수가 없습니다. 수입위생조건은 그뿐 아니라 광우병 검사도 미국 정부가 규정한 대로 검사하게 되어 있습니다. 미국 정부는 미국의 규정에 따라 광우병을 효과적으로 발견하고, 이의 유입 및 확산을 방지하는 조치를 지속적으로 유지해야 한다고 되어 있는데요. 미국의 규정은 너무나 허술하거든요. 일본은 모든 소에 대해 전수검사를 하고, EU는 24개월령 이상의 병든 소, 30개월령 이상의 정상 도축 소에 대해 전수검사를 합니다. 미국은 0.01퍼센트밖에 검사하지 않는데, 이것만 하더라도 미국 규정에 따르면 정당한 거거든요. 우리는 그런 미국 규정을 충실하게 따르고 있는 겁니다.

그런 미국의 기준은 국제 기준이나 유럽, 일본의 기준에 비춰보면 턱 없이 미흡한 것이고, 그것으로는 광우병 소를 발견할 수도 없고, 광우병 걸린 소가 식품이든 사료든 의약품이나 화장품 원료든 간에 무슨 용도로 쓰이든 막을 수 있는 방법이 전혀 없거든요. 그런데 이것을 우리 정부가 수입위생조건에서 인정해준 거잖아요. 이런 부분은 미국에서는 의도적으로 넣은 것인데, 우리가 그런 미국의 의도를 간파하지 못한 것인지, 알고서도 거기에 굴복한 것인지는 모르겠지만 그런 독소조항이 담겨 있다는 거죠.

지 "광우병 유발인자로 주목받고 있는 변형 프리온 단백질은 단백질 분해효소에 분해되지 않으며, 열·자외선·화학물질에 강한 저항성을 가지고 있다. 변형 프리온 단백질은 살코기뿐 아니라 통뼈까지 타서 재가 되어버리는 600℃의 고온에서도 병원성이 전혀 소실되지 않는다. 또 시체를 담가두는 강력한 발암물질인 포르말린에도 죽지 않으며, 상당 수준의 자외선을 쬐어도 살아남는다. 변형 프리온이라는 괴물은 0.001g만으로도 인간 광우병을 옮길 수 있다"고 하셨는데요. 세계에서 가장 다양한 쇠고기의 부위를 먹는 식습관을 가진 민족이 우리나라 사람인데요. 소, 닭, 돼지 전부 다 먹지 않습니까? 머리끝부터 발끝까지. (웃음)

박 서양에 비해서 소 요리의 구체적인 부분들이 우리나라만큼 다양한 나라가 없거든요. 워낙 우리가 굶주리면서 살았기 때문에 그런 건데, 우리가 육류 소비를 이렇게 많이 한 것은 1980년대 이후거든요. 조선이 망할 때까지 조정에서는 계속 3금 정책을 유지했습니다. 첫째는 송금정책松禁政策이라고 해서 소나무를 함부로 베지 못하게 했습니다. 둘째는 주금정책酒禁政策이라고 해서 술을 사사로이 못 담그게 했습니다. 셋째는 우금정책牛禁政策이라고 해서 소를 함부로 도살하지 못하게 했습니다. 왕 외에는 공식적으로 소를 도살할 수 있는 사람이 없었어요. 영의정이나 좌의정이라도 소를 공식적으로 도살할 수는 없었습니다. 물론 밀도살은 있었지요. 수원 갈비가 유명해진 유래가 있어요. 요즘 드라마 〈이산〉에도 나오듯이 정조가 수원 화성을 건설하는 중에 소들이 무거운 돌을 실어나르면서 과로사하는 경우가 있었는데, 그 쇠고기를 왕한테 바칠 수는 없는 노릇이어서 축성 인부들한테 먹인 게 유래가 되어서 수원 갈비가 유명해진 건데요.

사실 우리 민족은 애초에 육식을 즐기진 않았습니다. 그리고 갈비라는 말도 찾아보면 임진왜란 이후에야 나오지, 그 전에는 안 나오거든요. 하도 먹을 게 궁하다보니까 우리가 동물의 모든 부위를 먹는 식습관을 갖게 된 거죠. 파푸아뉴기니에서 쿠루라는 인간광우병으로 죽은 호레 부족의 비극도 사실 육류 섭취 결핍에서 비롯한 겁니다. 특히 여성이나 어린이, 노약자는 사냥에 직접 참여할 수 없어서 사냥감을 나눠 받지 못한 탓에 동물성 단백질 결핍에 시달린 나머지 친족이 죽으면 사체를 먹는 식습관이 생긴 거거든요. 마찬가지로 동물의 다양한 부위를 먹는 게 우리 민족의 고유한 식습관이라고 할 수는 없어요. 그만큼 육류 섭취를 못한 탓에 그런 식습관이 생긴 거죠.

어쨌든 이런 식습관이 광우병에 가장 취약한 것만은 사실입니다. 사실 일본은 자국 내에서 광우병에 걸린 소든, 그렇지 않은 소든 광우병 위험물질의 제거 및 소각을 의무화하고 있거든요. 사람이 먹는 식품이나 동물 사료 원료는 물론이고 화장품이나 의약품의 원료로도 못쓰는데요. 우리는 광우병 위험물질을 전혀 규제하지 않고 식품이나 사료 원료로도 쓰고, 가공품 원료로도 다 쓰고 있거든요. 정부가 위험 정보를 공개하면서 국민들과의 대화를 통해서 일정 기간 동안 광우병의 안전성이 확립될 때까지 이런 식습관을 개선하려는 노력도 병행해야 정부의 역할을 제대로 수행하는 것이라고 생각합니다.

{ 이미 광우병 '안전지대'는 없다

지　2007년 9월호 《신동아》에 〈인간광우병, 국산 쇠고기도 안전지대 아니다〉라는 칼럼을 쓰셨는데요.

박　광우병은 미국산이라고 더 위험하고, 일본산이나 한국산이라고 덜 위험한 것은 아니거든요. 왜냐하면 일단 질병이기 때문에 질병인자, 곧 광우병 위험인자에 노출되면 모든 소가 광우병에 걸리는 거거든요. 물론 상대적으로 고기소보다는 (잠복기가 있기 때문에) 젖소가 광우병에 걸릴 위험이 더 높고, 나이든 소일수록 광우병 위험이 높습니다. 그렇다고 국내 소는 광우병에 안 걸린 다는 것은 과학적인 자세도 아니고, 지나치게 국수주의적이에요. 더 객관적으로는 우리나라의 사료규제조치가 늦었습니다. 2001년에 사료규제조치를 강구하기 시작해서 2002년부터 사료규제조치를 시행했는데요. 미국만 하더라도 1997년에 사료규제조치를 취한 것 아닙니까? 미국이 광우병 검사를 0.01퍼센트 정도 하는데, 우리는 지금 그 정도도 못하는 형편이고요.

그렇다면 국내에도 광우병 위험이 존재하는 것이 객관적인 사실이에요. 그리고 2000년대 초반에 광우병이 의심되는 소를 광우병 검사 없이 대량으로 파묻어버린 그런 의혹이 국내에도 있습니다. 인간광우병 의심 증상으로 죽은 사람들이 꽤 있는데, 유족의 동의를 못 받아서 부검하지 못한 사례가 있기 때문에 우리나라도 광우병 안전지대가 아니라는 것이 객관적인 상황인데요. 지금 OIE로부터 광우병 청정국가로 판정받고 있는 호주나 뉴질랜드도 마찬가지라고 생각합니다. 차라리 일본같이 광우병 전수검사를 하고 있는 나라가 오히려 광우병 위험이 덜하지 않나 생각합니다.

지 알츠하이머 같은 병이 미국에서 최근 급격하게 늘고 있는 것을 지적하는 시각도 있는데요. 그 중 일부는 광우병이 아니냐는 의구심을 가진 학자들도 있는 것 같은데요.

박 《얼굴 없는 공포, 광우병》을 쓴 콤 켈러허 같은 학자들이 그런 주장을 했는데요. 알츠하이머하고 크로이츠펠트야곱병과는 유사한 측면이 있거든요. 둘의 유사한 점은 뇌에 단백질이 다량 침착된 다는 점인데요. 그래서 일부 과학자들이 단백질 매개의 동일한 기원을 가진 병이 아닌가 하는 의견을 내놓고 있고요. 단백질은 질병의 결과일 뿐이라는 의견도 있습니다.

미국에서 알츠하이머 환자가 급증하고 있고, 그것으로만 설명하기에는 너무나 많은 환자가 발생했는데요. 비정형 광우병에 걸린 환자와 증상이 유사합니다. 광우병이 한 가지 유형만 있는 것이 아니라 여러 가지가 있는데요. 발병 기간이나 잠복 기간에도 차이가 있고, 발병은 하지 않은 채 숨은 인자로만 전염시킬 수도 있거든요. 한 가지로 쉽게 단정하기는 어렵고요. 다각도로 연구가 진행되고 있는데, 크게 단백질 매개 질환들이 동일한 구조를 가지고 있다는 것을 임상적으로 배제할 수 없는 상황인 것 같습니다.

지 광우병에 대한 연구는 어느 정도 진행되고 있습니까?

박 아직 광우병 자체에 대한 약제는 나와 있지 않고요. 많은 과학자들이 연구하고 있지만 결과는 불투명합니다. 혈액이나 우유, 오줌을 통해서 광우병을 진단할 수 있는 키트를 연구하는 연구진이 많고요. 치료약을 개발하는 것은 진단 키트를 개발하는 것보다 훨씬 어렵겠죠. 일부 실험적인 연구 결과가 학술 논문에 보고되고 있지만, 살아 있는 상태에서 검사할 수는 없으므로 죽은 다음에 부검을 통해서 뇌의 연수 부위 조직을 샘플로 해서 검사할 수밖에 없거든요. 현재로서는 치료약이나 예방약은 전혀 없는데, 가까운 시일에 치료약이 나올 것 같지는 않습니다.

지　조류독감과 광우병의 연구 현황은 어떻게 다른가요?

박　조류독감은 변이가 많아서 일부 예방 백신을 만들고는 있지만, 바이러스가 돌연변이를 일으키면 예방하기 힘들거든요. 광우병은 감염되면 100퍼센트 사망이지만, 조류독감은 63퍼센트 정도의 사망률을 나타내는 것 같습니다. 조류독감은 감염 초기 24시간 내에 조치를 취하면 어느 정도 안심할 수도 있고, 타미플루라는 약제도 있고, 원인도 일부 밝혀져 있고, 일부 치료할 수 있는 치료약도 있는데요. 조류독감은 잠복기가 짧고 급속도로 퍼진다는 데 위험성이 있죠.

지　동물애호가들은 동물 살처분을 잔인하다고 지적하고 있지 않습니까?

박　국내의 살처분 정책은 진짜로 잔인한 방식이죠. 닭이나 오리를 안락사하는 게 아니라 그냥 산 채로 포대에 담아서 묻어버리지 않습니까? 인도적으로 살처분하려면 적어도 CO(일산화탄소) 가스를 사용해야 하는데, 인력 부족이나 경제적인 이유를 들어 마구잡이로 생매장을 해버리잖아요. 이건 제대로 된 방식은 아니죠. 조류독감의 기본 원인은 공장형 축산에 따른 면역력 약화에 있어요. 좁은 공간에 닭을 몰아넣고 항생제나 성장 호르몬 같은 것을 잔뜩 투여해서 단기간에 살을 찌우고, 더 많은 계란을 얻기 위해 부리도 잘라내고 하다보니까 닭의 면역력이 약해지는 거죠. 야생 철새는 농장에 사는 닭처럼 떼죽음을 당하는 일은 없는데, 농장에 있는 닭은 떼죽음을 당하지 않습니까?

생명보다는 이윤을 앞세우는 그런 공장형 축산업 때문에 이런 환경대재앙이 오는 것이라고 생각하는데요. 살처분도 생명보다는 이윤을 앞세우는 방식인 거죠. 닭이 무슨 죄가 있다고 멀쩡한 닭까지 생매장을 당해야 하나요? 생명에 대한 진지한 성찰이 필요합니다. 동물을 더 나은 환경에서 사육하고 최소한의 존중을 바탕으로 처리하는 것은 생명에 대한 최소한의 예의이기도 하려니와 그것을 섭취하는 우리 인간 자신의 생명을 돌보는 일입니다.

이것은 어떻게 보면 과학의 문제에 앞서 삶의 기본 원칙이나 철학, 세계관의 문제거든요. 그런 부분에 대한 성찰이 너무나 부족하지 않았나 싶어요. 비단 이것은 축산업자뿐 아니라 정부도 마찬가지고, 일반 시민들도 고민이 부족했던 것 같습니다. 조류독감이 발생했을 때는 안 먹는 게 최선의 예방책인데, 정부는 계속 먹으라고 권유하거든요. 상업적·경제적인 측면을 앞세우면 "끓여먹으면 안전하다"는 말이 나오지만, 안전성 측면만 생각하면 안 먹는 게 최선인데요. 정부가 지나치게 모든 대책을 경제적 고려만을 앞세워 내놓지 않나 생각합니다.

광우병이나 조류독감 사태가 단순히 하나의 질병, 일회성 사태가 아니라 이 지구라는 환경 속에서 살아가는 인간이 어떻게 자연과 관계를 맺고 살아갈 것인가에 대한 근본적인 성찰을 요구하는 사건이라고 생각하는데요. 그런 점을 고려하지 않고서는 근본적인 사전 대책이나 제대로 된 사후 해결책을 마련할 수 없지 않나 생각합니다.

조중동이 '언론'이면, 언론은 '2MB'다

지   국민건강을 위한 수의사연대 정책국장으로 계신데요.

박   수의사가 하는 일은 굉장히 다양하거든요. 일반적으로는 개나 고양이 같은 애완동물(지금은 반려동물이라는 말을 많이 쓰는데요)의 질병 예방·치료를 하는데요. 야생동물 치료를 담당하는 수의사, 농장에서 사육되는 산업동물을 돌보는 수의사, 검역을 담당하는 수의사, 공중보건학이라고 해서 사람과 동물이 같이 걸리는 인수공통전염병의 예방책을 세우는 수의사 등, 참 다양한 역할을 수행합니다.

국민건강을 위한 수의사연대는 수의사의 여러 영역 중에서 인간의 생명과 건강에 관련된 부분, 예를 들어 항생제 오남용, 광우병이나 조류독감 같은 인수공통전염병에 대한 해결책을 제시하고, 관련 법률이나 정책이 시행될 수 있도록 사회적 활동을 하는 단체입니다. 특히 국내에서는 수의대가 1970년대에 잠깐 6년제가 됐다가 다시 4년제가 됐다가 1090년대 말에 다시 6년제가 되면서 여기까지 왔는데요. 사람 같으면 항생제를 처방받으려면 반드시 의사의 진찰과 처방을 받고, 약사에게 약을 받는데요. 동물에 대해서는 그런 게 안 되어 있어요. 자가진료라고 해서 자기가 기르는 동물은 자기가 대충 알아서 진단해서 항생제나 호르몬제도 마음대로 살 수 있거든요. 그런 식으로 수의사가 전문적인 능력을 발휘할 수 있는 법제도적인 장치들이 마련되어 있지 않고요.

OECD 국가는 대부분 수의사처방제가 의무화되어 있는데요. OECD 국가 중에서 우리나라를 제외하고 항생제를 많이 쓰는 나라가 미국인데, 우리나라가 미국보다 5배나 많이 씁니다. 스웨덴 같은 나라보다는 30배를 많이 쓰고요. 항생제 구하기가 너무 쉽기 때문에 오남용이 일어나고 그것 때문에 슈퍼 박테리아라든지 내성균이 발생함으로써 그 피해는 결국 국민들이 입게 되는데요. 그런 부분들에 대한 법적·제도적 개선활동들을 했고요. 처음에는 수의사 처방제라든지 수의사 관련 법제도 개선을 중심으로 활동했는데요. 예를 들면 물고기나 벌꿀의 질병도 수의사가 담당하는데 영역이 굉장히 넓거든요. 물고기라고 하면 어류질병관리사라는 직책이 있는데요. 인체의학에서처럼 의사와 방사선관리사 같은 개념으로 확실하게 구분되어야 하는데, 동물 분야에서는 질병관리사가 어의사라는 표현을 써서 수의사의 영역을 침범합니다. 그러면 위험 관리가 안 될 수 있거든요.

그런 것을 개선하기 위해서 처음에 이런 모임이 만들어졌고, 그런 부분을 중심으로 활발하게 활동했고요. 저는 그런 활동들이 활발하게 이루어진 다음에 뒤늦게 국민건강을 위한 수의사연대에 들어왔습니다. 2005년에 참여연대에서 항생제 문제를 다룰 때 수의사연대 간부들이 참여연대에 찾아오면서 만나게 됐고요. 제가 수의사 일을 그만두고 지역으로 내려가서 살려고 하는 사이에 잠깐 와서 웹진 만드는 걸 도와달라고 해서 편집국장 직책을 맡게 됐고, 그때 공교롭게도 광우병 사태라든지 한미FTA가 터지면서 잠깐 하려고 한 일이 편집국장에서 정책국장으로 직책만 바꿔 지금까지 계속 오게 된 거죠.

지 광우병에 관해서는 정부 자료를 많이 참고하셨다고 했는데요. 조중동을 비롯한 언론의 보도 태도가 매우 달라졌지 않습니까?

한두 해 전만 해도 광우병 위험성을 입에 거품을 물고 강조하던 언론이 지금은 위험성이 없다는 식으로 보도하고 있는데요.

박 황우석 사태와 거의 비슷하다고 생각합니다. 황우석을 옹호했던 조중동이 황우석 교수를 지금 대하는 태도를 보면 그것과 비슷하다고 생각하는데요. 객관적 사실에 기초해서 진실을 보도해야 하는 것이 언론의 기본 사명인데, 조중동은 스스로 언론의 역할을 포기해버린 거라고 생각합니다. 특히 《중앙일보》는 "회장님 힘내세요!"를 비롯하여 삼성특검 때 삼성 해고 노동자들이 자기 의사를 정당하게 표현하는 것조차 고의로 방해했다는 의혹까지 받고 있는데요. 스스로 언론이기를 포기한 거죠. 광우병이나 황우석 사태 보도 태도라든지, 5공 시절 박종철 고문치사 사건 보도 태도를 보면 조중동은 일관되게 사주의 경제적 이익을 극대화하는 방향으로 나간 게 아닌가 생각하는데요. 이런 불량 언론이 아직까지 존재한다는 사실 자체만으로도 우리 언론 현실이 자정 능력을 거의 상실한 게 아닌가 싶습니다.

지 올해 특별한 계획은 있으십니까?

박 원래 계획이 있었는데, 다 무산되어서요.(웃음) 《조선의 과학기술》이라는 책이 며칠 전에 나왔는데요. 작년에는 이 책의 원고를 마무리했고, 《캐나다 시골 수의사의 모험 이야기》(수의사 해리언 이야기의 신세대판이라고 할 수 있는데, 캐나다 시골 수의사가 주민들과 겪는 잔잔한 에피소드를 자전적으로 쓴 글)를 번역해서 출판사에 넘겼습니다. 한국, 일본, 중국의 근대 공간에서 서양의 번역어들이 어떻게 번역되었고, 번역어의 개념들이 어떻게 변했는지에 관한 이야기를 《인물과사상》에 쓰려고 합니다. 예를 들면, 철학(필로소피아)이라는 단어가 처음에 어떻게 유입되어서 어떤 의미로 사용되었는지 고찰하는 거죠. 중국에서는 비록소비아斐錄所費亞라고 발음 나는 대로 썼거든요. 그러다가 일본에서 철학으로 번역되는 과정, 그 다음에 철학사전이 만들어지는 과정, 우리나라에 도입되는 과정을 역사적으로 고찰하는 철학용어 개념사인 셈이죠. 이걸 진즉《인물과사상》에 쓰려고 원고 초안까지 잡아놓고 광우병 문제 때문에 글을 못 쓰고 있는 거죠.

의학의 역사에도 관심이 많은데, 신경이나 맹장의 개념은 우리나라 의학에는 없던 개념이거든요. 우리나라 사람들이 일상적으로 "신경쓰인다, 신경질부린다"는 말을 쓰지만, 이 말이 처음으로 동양사에서 번역된 것은 18세기 들어서였습니다. 일본에서 처음으로 네덜란드 해부학 책이 번역되면서 신경이라는 말이 처음으로 만들어졌고, 그게 근대 공간 속에서 우리나라에 처음으로 사용된 것은 1885년경《한성순보》였어요. 신경이라는 번역어가 들어오면서 우리나라의 근대의학이 어떻게 자리를 잡게 되었고, 우리 일상생활에 어떤 영향을 미쳤는지 하는 것들을 쓰는 게 하나 있고요. 제가 능력은 없는데, 관심은 잡다해서요. (웃음)

고지도에도 관심이 많은데요. 동아시아에서 가장 오래된 세계지도가 혼일강리역대국도지도混一疆理歷代國都之圖(일본 천리대 박물관에 소장)인데, 조선에서 만든 지도가 일본으로 건너간 거거든요. 이 지도에는 아프리카와 유럽까지 묘사되어 있어요. 보통 중국에서 만든 화이도華夷圖나 혼일도混一圖 계통의 지도에는 중국 영역 밖에 대한 묘사가 거의 없고, 마테오리치가 가지고온 서구식 세계지도에서야 서양 지명들이 나오는데요. 혼일강리역대국도지도는 조선 태종 때 만들어졌는데, 그 당시 조선에 중국, 유럽, 이슬람의 지리 지식이 어떻게 들어와서 세계지도가 만들어졌는지, 아시아나 유럽 쪽의 지명이 어떻게 전달되었는지를 고찰한 연구가 국내에 거의 없어서 10여 년 전부터 관심을 갖고 관련 자료를 수집해서 공부하고 있는데요. 그 부분은 보다 구체적으로 공부하기 위해서 기초자료를 더 모아서 정리할 계획이었는데요. 이런 계획을 하나도 진행시키지 못하고 있어요.

지금 보건의료 전문가들과 사회학자, 경제학자, 인류학자, 여성학자들이 모여서 건강연구공동체(건강을 주제로 중장기적인 정책을 연구하는, 사회적 실천과 학계의 중간 정도에 위치한 모임)를 만들고 있습니다. 이 모임에 계신 분들이 지금까지는 주로 의료보험의 민영화 반대라든지, 광우병 위험이 있는 쇠고기 수입 반대라든지, 백혈병이나 에이즈 치료약 같은 특허와 관련된 약품의 경우 거대기업의 지나친 특허권 반대라든지, 사회적 의료 취약 계층―이주노동자, 여성, 기름 피해를 입은 태안 주민, 석면 피해를 입은 노동자―을 위한 활동들을 해오셨는데요. 보건의료인과 사회학자, 여성학자 등 다양한 분들이 전문 영역의 경계를 허물고 건강이라는 하나의 주제로 통합하려는 일을 하려고 합니다. 〈세계화와 건강〉 같은 주제를 연구하여 정책제안도 하고, 현실적으로 필요한 다양한 투쟁이나 활동도 지원하는 그런 모임을 준비하고 있습니다.

지　마지막으로 해주실 말씀은 없으십니까?

박　우리 사회가 건강하다면 각 부분에서 생기는 사회적 문제에 대한 자정 능력을 가질 텐데요. 그렇게 되면 모든 국민이 광우병이나 줄기세포 전문가가 될 필요도 없을 텐데, 현실은 그렇지 못하잖아요. 정부나 과학자들이 제 역할을 못했기 때문에 그렇게 된 것 같아요. 더구나 걸핏하면 국민들을 속이려 하고요. 제 개인으로서는 사회적 논란의 중심에 서는 것을 바라지 않아요. 여행 다니고, 역사와 문화 공부를 하면서 조용하게 살고 싶은데요. 이런 삶을 살 수 있도록 우리 사회가 다양해지고 건강해지면 좋겠다는 바람이에요.

결국에는 정부나 전문가들이 제대로 역할을 못하는 것을 이번에도 국민들이 촛불시위라든지 네티즌들의 서명운동이라든지 하는 것을 통해서 하고 있는데요. 80년 광주나 87년 6월 항쟁이나 2002년 탄핵 반대처럼 대중의 힘으로 우리 사회가 발전하는 측면에서는 역동적이고, 건강한 측면도 있다고 생각합니다. 이런 건강한 측면들이 보다 더 긍정적으로 작동해서 우리 사회에도 보탬이 되었으면 하고요. 나아가서 남미, 동남아시아, 아프리카 국민들처럼 지금도 세계화 때문에 생존 자체에 어려움을 겪고 있는 세계 시민들의 건강 문제라든지, 식품안전 문제라든지, 불평등 문제까지 개선할 수 있는 그런 역동적 에너지로 전환되었으면 좋겠다고 생각합니다.

생태마을 공동체를 위해 투쟁하는 이장님

강수돌

● 1999년 조치원 신안리로 내려가 귀틀집을 짓고 생태적 삶을 실천하고 있다. 마을 이장을 맡아 생태적 마을 공동체를 위해 투쟁하고 있으며, 현재 고려대 경영학과 교수로 재직하고 있다. 저서로는 《나로부터 교육혁명》 《지구를 구하는 경제 책》 《기업경영과 노동법》 《일중독 벗어나기》 등이 있고, 번역서로 《세계화와 덫》 《노동사회에서 벗어나기》 《팀 신화와 노동의 선택》 등이 있다.

“ 중요한 것은 자기 마음의 문을 열어 놓는 것입니다. 기존 삶의 패턴에 중독되지 않고, 내 감각의 문을 활짝 열어놓는 겁니다. 중독되면 다른 감각은 못 느끼는 거죠. 오로지 중독 물질에만 반응하는 거지요. 그런 차원에서 눈과 귀, 마음의 문을 열기 시작하면 뭔가 해결점이 나온다는 겁니다. 그렇게 되면 내가 정말 살아가고 싶은 삶의 모습이 뭔가, 하고 싶은 일이 뭔가, 어떻게 사는 것이 행복한가, 이런 것을 찾게 되는 거죠. 그럴 때 남들이 만들어놓은 잣대, 학벌, 출신, 권력, 돈, 외모 같은 것을 넘어서서 내가 정말 기쁘고 즐겁고 행복한게 뭔가를 찾아서 줏대 있게 가면 되거든요. 기존 중독 시스템으로부터 충격이나 상처를 받아 탈락한 사람들은 대개 곁에서 조금만 잘 도와주면 오히려 더 건강한 길을 새롭게 찾을 수 있다고 봅니다. 잘나가는 사람은 반성할 여지가 잘 없잖아요. ”

사진 ⓒ 문종석

강수돌

● 1999년에 조치원읍 신안리 서당골로 내려가 귀틀집을 짓고 생태적 삶을 실천하고 있고, 2005년부터 조치원 신안1리 마을 이장을 겸임하면서 생태마을 공동체를 위해 투쟁하고 있는 강수돌 고려대 경영학과 교수를 2008년 2월 28일 민들레영토(홍대점)에서 만났다.

"크게는 기업도시, 행정도시, 혁신도시 등 경제 살리기란 미명 아래 개발을 국가 이데올로기로 삼으려는 정부에 문제를 제기하는 것이며, 업자와 공무원 그리고 일부 주민간 야합으로 주민과 자연은 희생되고 일부 기득권층이 떡고물을 먹는 난개발을 주민의 힘으로 막아내는 선례를 보이겠다"는 단호한 의지를 가진 강수돌 교수는 그로 인해 마을의 전 이장으로부터 폭행을 당하기도 했다.

강수돌 교수는 난개발을 반대하는 것에 앞서 "경제가 죽임의 경제가 아니라 삶의 경제가 되어야 한다"고 얘기하면서 "삶의 경제에서는 농업 등 1차 산업이 경제 활동의 중심축을 이루어야 한다"고 역설한다. 그러나 지금 세상은 강수돌 교수의 의지와는 전혀 다른 방향으로 흘러가고 있다. 나로부터의 실천이 부족하기 때문일 것이다.

강수돌 교수가 말하는 삶의 경제는, 눈에 보이지 않는 경제를 위해 사람들의 삶을 희생하는 경제가 아니라 경제가 우리 삶에서 갖는 중요한 역할을 강조하고 공유하는 그런 경제다. 막개발을 통해 자연을 파괴하고 그것이 결국 우리의 숨통을 조여들게 만드는 경제가 아니라 똥이 밥이 되고 밥이 똥이 되는 이런 식으로 순환되는 자연의 이치에 맞닿는 농업 같은 지속가능한 경제를 말하는 것이다. "그 땅이나 흙이나 물을 토대로 해서 지속적으로 순환되는 살림살이가 되는 구조", 그것이야말로 삶의 경제라는 말이다.

강수돌 교수는 "잘못된 구조의 파악도 중요하지만 그 구조의 유지와 존속, 강화에 음으로 양으로 기여하는 나의 역할은 무엇인지 찬찬히 찾아내고 솔직히 인정해야 한다"고 말하면서 "세상을 바꾸자, 지금부터, 여기부터, 나부터, 우리부터!"를 외친다.

농업은 '경제' 문제가 아니라 '건강'과 '생존'의 문제

지승호(이하 **지**)　《녹색평론》 최근호(98호)에서 "복지국가는 결국 국가가 개인의 복지를 모두 맡아서 해줘야 한다는 점에서 '민중적 자율복지'의 싹을 없애는 방향으로 간다"고 지적하셨는데요. "국가가 알아서 해주겠거니 하는 생각 때문에 그나마 작은 공동체들에 존재하던 자율복지 기능까지 영영 없어져버릴 수 있다"는 말씀이신데, 아직까지 한국은 국가에서 해주는 복지조차 미흡하니까 이런 논의는 이르지 않나 하는 생각도 드는데요.

강수돌(이하 **강**)　상당히 중요한 지적이라고 봅니다. 제 취지는 원칙적으로 시장 또는 국가만의 논리로 자원을 배분하는 것은 둘 다 안 맞다는 겁니다. 시장경쟁에 따른 분배 논리든 국가계획에 따른 분배 논리든 어느 것도 맞지 않다고 보고요. 풀뿌리 민중이 자율적으로 소통하고 조정해나가는 것이 가장 바람직하다는 차원에서 강조한 것인데요. 물론 사태를 좀더 현실적으로 보면, 지금과 같이 시장 패러다임이 지배하는 조건에서 생각하자면 일정 부분 민주적인 정치권력이 측면 지원을 하면서 수구세력을 막아준다든지, 큰 차원에서 자원이나 예산을 재분배한다든지 하는 차원에서 기본적으로 보장되어야 하는 교육이나 의료, 노인복지 체제는 어느 정도 필요하다고 인정하는 거지요.

그런데 중요한 것은, 그 과정에서 풀뿌리 민중이 수혜 대상으로 전락하거나 정권의 변동으로 말미암아 얼마든지 그런 것이 조삼모사朝三暮四 격으로 뒤집어지는 사태를 방지하기 위해서라도 민주적인 정권을 통해서 자원재분배 역할을 촉구하는 주체조차도 풀뿌리 민중이 되어야 하고, 끊임없이 풀뿌리 민중이 총체적인 틀을 만들고 내용을 채워나갈 수 있는 주도권을 가져야 한다는 것을 강조하고 싶었던 겁니다.

지 "시장국가냐 복지국가냐 하는 이분법적 문제의식에만 매몰된다면, 국가권력과 자본이 결합된 거대한 시스템에서 '제도적인 보살핌'이 없으면 못 산다는 피동적인 객체 이상을 상상할 수 없게 만든다"고도 강조하셨는데요.

강 그렇습니다. 저는 진정한 제3의 길을 풀뿌리 민중의 자율성과 창의성, 소통과 연대 속에서 찾고 싶은 거죠. 시장의 논리는 어찌 보면 시장의 독점권력이나 독점자본의 논리, 또는 무한자유경쟁 체제 속에서 개인의 파편화 같은 부작용이 있고요. 또 시장의 자유경쟁 논리라고 하면서도 실상은 대학생과 초등학생을 모래판에 세워놓고 자유롭게 씨름하라는 논리와 같다는 거죠.

다른 한편으로, 국가에 의한 계획과 분배라는 것은 얼핏 들으면 보다 계몽적이고 훌륭한 엘리트가 나라를 다스리는 것이 바람직한 것 같지만, 실은 은연중에 그것이 권력체가 되어서 민중을 우민화하는, 그래서 (1990년대 이후에 소련이나 동유럽, 중국 사회의 변동에서 배울 수 있듯이) 민중이 끊임없이 정치의 대상물이 된다는 거죠. 대부분이 수동적으로 되는 반면, 그 와중에 보다 약삭빠르고 뛰어난 자들은 권력의 일부가 되어서 움직이고 있고요. 대외적으로는 민중권력이라고 하지만, 사실상 그렇지 못한 그런 시장의 오류와 국가의 오류를 동시에 극복할 수 있는 길이 저는 풀뿌리 민중의 자율-소통-연대라고 보는 겁니다.

지 "삶의 경제에서는 농업 등 1차산업이 경제 활동의 중심축을 이루어야 한다"고 강조하시는데요. 현실은 그 반대로 가고 있지 않습니까? 한미FTA 등으로 인해 농업이 완전히 몰락할 가능성이 높은데요.

강 우선 "시류의 흐름에 반대로 가는 것이 과연 옳으냐?" 하는 지적에 대해서 말씀드리면, 오히려 시류의 흐름을 따라갔을 때 세상이 망한다는 거죠. 한마디로 말하면 죽임의 경제이고, 공멸의 경제 패러다임인데, 그것을 무비판적으로 추종하고, 단순히 우리가 적응하기만을 강조하는 것은 공멸을 더욱 앞당길 뿐이라는 문제의식을 갖고 있고요. "그러면 진정으로 세상을 살리고, 경제를 살리고, 사람을 살리는 길이 무엇일까?"를 생각해보면 결국은 자연의 일부로 돌아간다는 성찰을 바탕으로 해서 정치, 경제, 사회, 문화, 교육이 재구축되어야 한다는 것입니다. 자연의 일부로서 우리를 재규정하고 그렇게 돌아간다는 것이 뭐냐하면 이렇습니다.

일단 우리가 알고 있는 경제, 1차, 2차, 3차 산업을 보면요. 1차 산업을 홀대하고 2, 3차 산업을 우대하는 경제 논리는 엄밀히 따지고보면 선진 제국주의 경제 발전의 논리라는 겁니다. 왜냐하면 자기들이 공업화할 때는 값싼 농산물이 필요해서 후진국으로부터 값싼 농산물을 가져갔습니다. 지금도 여전히 그렇습니다만 어느 정도 2차 산업이 성숙되고, 더 이상 선도 산업이 아닌 시점이 되고, 추격하는 후발 도상국들이 많이 따라오자 3차 산업을 발전시키면서 고부가가치 산업이니 첨단산업이니 하고 있고요. 그러면서 중진국에 2차 산업을 물려주고, 후진국에는 1차 산업이 고착화되도록 합니다. 그런 과정을 크게 보면 날강도의 논리라는 거죠. 이른바 고부가가치 경제라고 하는 것은, 따지고보면 별로 노력을 안 하고도 갑자기 많은 가치를 갖고 간다는, 곧 돈벌이를 쉽게 할 수 있다는 점에서 세련된 날강도의 논리죠.

두 번째로 어떤 점이 나쁘냐면, 한 사회가 건강한 사회가 되려면 1차, 2차, 3차 산업이 고루 균형을 이루면서 발전해야죠. 그리고 저는 그 균형조차도 기계적인 균형이라기보다는 그 사람들 삶의 필요에 걸맞게 의논하고 조정하는 과정을 통해서 조화롭게 발전해야 옳다고 봅니다. 그런 관점에서 바라볼 때에 선진국일수록 농업을 경시하거나 미국처럼 농업이 있더라도 그 농업이 건강한 농업이 아니게 되는 거죠. 후진국으로 갈수록 값싼 농산물을 많이 팔아야만 겨우 먹고 살 수 있기 때문에 값싸게 많이 생산하려 드는 거죠. 그래서 화학농법을 쓰게 되고, 모노 컬처라고 하는 단일경작으로 다양한 작물들을 골고루 생명력 있게 자라나게 하기보다는 한두 가지 작물을 특화해서 그것만 독점적으로 자라나게 합니다.

이것은 결국은 문화도 획일화시키고, 흙의 생명력도 죽이고, 사람의 사고방식이나 삶의 문화도 몰개성화한다는 점에서 죽임의 경제, 죽임의 문화라고 보는 겁니다. 그리고 2차 산업이 발달한 개도국은 어떤가 하면요. 아시아의 네 마리 용이 다 그렇지만, 우리나라가 가장 대표적인 사례라고 볼 수 있는데요. 유럽에서도 놀라워하는 급격한 경제 성장 과정에서 무엇보다 금수강산으로 불리던 우리나라가 오염강산이 되어버린 현실이 바로 그런, 앞만 보고 달려나가는 경제 성장의 패러다임, 곧 "1차를 죽이고 2, 3차를 발전시켜야 선진국으로 간다"고 하는 논리가 가진 치명적인 결점을 극명하게 보여주는 사례입니다.

그렇다면 왜 농업을 중시해야 하는가? 첫째로, 컴퓨터 산업은 아무리 첨단 산업이라지만 그것 없이도 사람들이 잘 살아왔거든요. 그러나 농업이 없어지면 먹고살 수가 없습니다. 우스갯소리로 포테이토칩은 먹고 살 수 있지만 컴퓨터칩은 먹고 살 수가 없습니다.(웃음) 그래서 농사라고 하는 것은 생존의 문제입니다. 겉으로 보기엔 아무리 부자라도 건강한 먹을거리가 없는 나라의 국가안보라고 하는 것은 모래성과 같다고 보는 것이에요.

죽음의 소용돌이로 더 깊이 빠져드는 우리 사회

지　"값싼 농산물을 외국에서 사먹으면 되지 않느냐?"고 하는 사람들도 있는데요.

강　그게 두 번째 반론인데요. 하나는 최근에 애그플레이션 얘기가 나오는데, 농산물 가격은 결코 고정되어 있지 않고 올라갈 수밖에 없습니다. 가장 보수적인 경제 논리에 따르더라도 수요에 비해서 공급이 줄어들면 가격은 올라가죠. 물론 그 논리 하나만 가지고 모든 것을 설명할 수는 없지만, 제 아무리 비판적인 정치경제학이더라도 이 기본 논리 자체는 부정할 수 없습니다. 오일이 고갈되어 가니까 오일 값이 치솟잖아요. 마찬가지로 농산물을 자급자족보다는 수입에 의존하는 정도가 높아지는 상황에서 수요는 급증하고 공급이 줄어들수록 가격은 폭등하게 되어 있거든요.

　설령 우리가 돈을 많이 가지고 있어서 비싼 농산물이나마 충분히 사먹을 수 있더라도 우리 가까이에서 스스로 생산하지 않는 한 건강한 농산물을 먹기가 힘들어진다는 겁니다. 그래서 광우병이나 구제역, 조류독감, GMO(유전자조작) 농산물, 환경 호르몬에 오염된 것들이 우리를 포위해들고 있고, 그 부작용들이 폭발하고 있잖아요. 신생아 네 명 중 하나가 아토피를 앓고 있다고 하고요. 많은 여성들이 심한 생리통으로 고통을 겪는 주변의 현상들도 결국 알고 보면 그런 불량한 음식물, 더러워진 공기, 환경호르몬 같은 것들의 작용이라는 보고가 나오고 있죠.

　결국 제 얘기는 자연의 섭리에서 점점 멀어지는 환경, 다시 말해 햇볕과 공기와 물과 흙이 건강하지 못한 이런 환경에서는 돈이 제 아무리 창고에 가득 쌓여 있어도 건강한 살림살이 경제가 안 된다는 겁니다.

농업을 중시해야 하는 또 하나의 이유는, 농업은 경제의 일부일 뿐만 아니라 우리가 언젠가 돌아가고 싶어 하는 정다운 마음의 고향, 생각의 고향, 정서의 고향이라는 겁니다. 우리가 대학교 때 MT를 도시 한복판으로 가지 않고 시골로 가는 이유도 바로 그런 것이죠. 현실적으로 잘 안 되어서 그렇지만 대부분의 어른들이 "언젠가는 나도 시골 가서 살고 싶다"고 하는 것도 결국 사람들 마음속에는 자연으로의 회귀 본능이 있습니다. 쉽게 생각해보더라도 인간이 수만 년을 살아오는 가운데 자연의 일부라고 하는 것이 우리 인간 유전체 속에 깃들어 있는 거죠.

영어 단어 '네이처nature'라는 것도 사전에 보면 1번이 '인간의 본성'이고, 2번이 우리가 알고 있는 '자연'입니다. 우리 외부에 있는 자연과 우리 내부의 본성이 동일한 의미라는 거죠. 다른 게 아닙니다. 자연으로의 회귀는 외부로의 회귀가 아니라 어쩌면 내면으로의 회귀라고 봐야 합니다. 우리가 푸르른 들녘이나 황금빛 들녘을 보았을 때 마음의 위안을 얻고 나아가서는 생명력, 에너지를 얻는 이유도 결국 농업, 농사, 자연, 전원이라고 하는 것이 단순한 경제의 하나일 뿐만 아니라 사람을 사람답게 살게 만드는 데 굉장히 소중한 감성적·생태적 역할을 하고 있는 겁니다. 정서적인 역할, 나아가서는 영성적인 역할을 하고 있는 겁니다. 다시 말해, 온 세상 만물은 분리된 존재가 아니라 서로 연결된 하나의 생명체라고 하는 그런 느낌을 끊임없이 우리에게 말해주고 있는 거죠.

그런 의미에서 농업을 경시하는 정치나 경제는 스스로 자기 무덤을 파는 것이나 다름없습니다. 만약 제가 권력을 가졌다면, 하고 싶은 일 하나는 유기농법으로 농사짓는 농민을 공무원보다도 더 잘 대접하는 겁니다. 보수를 많이 준다는 의미가 아니라 꼭 필요한 우리 사회의 지킴이로 사회 구성원 모두가 먹여 살려야 하는 그런 존재로 대접해야 한다는 겁니다. 또 하나는 고등학교 졸업한 아이들이 곧바로 대학을 못 가게 하는 법을 만들고 싶습니다. 나이 든다고 저절로 무조건 대학을 가는 게 아니라 다양한 경험을 쌓으면서 정말로 내가 하고 싶은 일이 무엇인가를 발견했을 때 가라는 겁니다. 그때 하는 공부가 제대로 된 공부지, 지금처럼 "농사짓기 싫으면 공부하라"는 분위기에서 하는 공부는 대학 교직원 먹여 살리는 의미 이상은 없다는 거죠.

지 6헥타르 정도의 일정한 규모 이상을 가진 농민들 외에는 나머지 농민들은 고사할 가능성이 많은데요.

강 그러니까 안타깝게도 현실은 죽임의 길로 가고 있다는 거죠. 불행하게도 우리가 암을 생각할 때도 그런 것 같아요. 평소에 발암물질이라고 경각심을 갖지만 그것이 실천으로 이어지지는 않잖아요. 막상 말기 암이 되면 그제야 이리 뛰고 저리 뛰고 하는데 그때는 이미 늦은 거죠. 같은 말기 암 환자라도 자기 삶을 어느 정도 정리한 분이나 어느 정도 연세가 드신 분은 그래도 좀 괜찮겠지만, 한창때인 40대 중반쯤이라면 큰일이잖아요. 받아들이기도 어려울 거고요. 태어나서부터 발암물질에 경각심을 갖고서 공부나 일은 어떻게 해야 즐겁고, 음식은 뭘 어떻게 먹어야 건강할 것인가 하는 것들을 생활화해야겠죠.

그런데 우리가 은연중에 물질문명이나 간편주의에 중독된 나머지 정말로 해로운 것을 모른다는 겁니다. 아편에 중독되면 옆 사람이 찔러도 안 아프듯이 이런 간편주의와 물질주의에 중독되다보니까 자기 무덤을 파는 치명적인 일을 하는데도 불구하고, 이것이 치명적이라는 것 자체를 못 느끼는 거죠. 집단적 불감증이라는 겁니다. 일중독도 마찬가지지만, 소비 중독 혹은 경제성장 중독 같은 것들이 바로 그런 병이에요. 그래서 마치 우리가 죽음 직전에 '아차, 내가 잘못했구나!' 하고 느끼는 것처럼 그렇게밖에 못 느낄 것 같아요.

저 외에도 많은 선각자들이 끊임없이 그런 경고를 해온 것은, 그렇게 죽음 앞에서 허둥지둥하지 말고 지금부터라도 제대로 가자고 얘기하는 것인데요. 불행하게도 그게 사회적인 세력화나 운동 같은 거대한 물결로 일어나서, 거스를 수 없을 것 같은 지금의 대세를 되돌릴 정도까지 가지 못해서 참 안타깝기는 합니다. 그럼에도 불구하고 끊임없이 문제를 제기하고, 경각심을 일으키고, 할 수 있는 범위에서 실천하는 것이 필요합니다. 설령 그게 실패로 돌아가더라도 내가 옳은 길을 실천하는 동안에는 행복할 수 있고 의미 있는 삶을 살 수 있기 때문에, 비록 바보처럼 보일지라도 뚜벅뚜벅 그 길을 걸어가는 것이죠.

{ 노동은 즐겁고 행복한 삶을 위한 활동이 되어야

지　'일중독'은 보편화된 심각한 사회적 질병임에도 사회적인 문제제기가 이루어지지 않고 있다고 하셨는데요. 우리나라는 일을 열심히 하는 것을 굉장한 미덕으로 인정하고 있지 않습니까?

강　외국사람들은 한국사람들을 일벌레라고들 하죠. 1970년대부터 그렇게 얘기해왔는데, 저희들은 학교에서 배울 적에 그게 칭찬인 줄 알았어요. 그리고 〈개미와 베짱이〉 이야기를 통해서도 개미형을 아주 훌륭한 표상으로 삼아 숭상하고 그랬는데요. 그게 다 결국은 일중독 사회를 만들어가는 과정이었던 것 같습니다. 최근 들어서 신지식인 논의가 나오면서 "베짱이도 논 것만은 아니야. 아름다운 노래를 들려주면서 일을 하도록 도와주기도 했고, 특히 요즘 와서는 창의적으로 작곡을 해서 문화상품으로 고부가가치 수출을 했어. 그래서 삽질하는 개미도 중요하지만, 기타 치는 베짱이도 중요하다"는 논리가 나왔는데요. 저는 둘 다 돈벌이 논리, 일중독 논리에 빠져 있는 바람직하지 못한 캐릭터라고 얘기합니다.

지　"OECD 자료에 따르면 2005년 기준으로 우리나라 노동자들 연간 노동시간은 2354시간으로 비교 대상 나라들 가운데 가장 길고, 주당 계산하면 45.3시간, 하루 9.1시간 꼴이다. 주 5일 근무 기준으로 환산하면 저녁 7시 이후 퇴근이 기본이라는 이야기다. 노르웨이는 연간 1360시간, 독일은 1435시간, 프랑스는 1535시간, 스웨덴은 1587시간으로 나타났다"고 말씀하셨고, "OECD 나라들 노동시간과 GDP 증가율을 비교한 결과 노동시간과 노동생산성의 상관계수가 −0.56으로 노동시간이 줄어들수록 오히려 생산성이 늘어난 것으로 확인됐다"고 하셨는데요. 말씀하신 대로 "노동시간이 짧을수록 노동생산성과 공적 사회지출, 곧 복지지출도 높은 편"인데, 그렇게 하지 않는 이유는 뭘까요? 일을 많이 하면서 개인은 피곤하게 사는데, 결국 생산성도 별로 높지 않다는 건데요. 그러면 개인적으로나 사회적으로도 안 좋은 것 아닙니까?

강　그 이야기의 비유를 들자면 이런 겁니다. 가끔 도시 주변에서도 그러는데요. 시골에 가보면 라면박스 같은 걸 모아서 팔아 생활하는 어려운 노인들을 보는데요. 한편으로는 그런 분들이 재활용의 선구자죠. 그런데 또 한편으로는 저렇게 살아가는 분은 평생 저렇게만 살아가는 삶의 패턴에 고착되었다는 겁니다. 삶을 보다 넓게 보고, 이런 것만 있는 게 아니라 얼마든지 다른 것도 있다는 것을 보면서 살면 다행이겠는데, 그분들은 라면박스만 보면서 산다는 거죠. 그런 창의성 없는 반복된 노동만 되풀이하다가 인생 끝나기 쉽지요. 막연하게 언젠가는 좋은 날이 오겠지, 하고 착각하면서 살아가는 패턴을 스스로 상대화해서 멀찌감치 거리감을 두고 성찰할 수 없는 한, 평생 그렇게밖에 못 사는 거죠.

그래서 다른 나라를 둘러볼 필요가 있는데요. 예를 들면 유럽 같은 데는 아까 말씀하신 대로 짧게 일하면서도 창의적·생산적으로 일하고, 그러면서도 공적 지출이 많아서 개인이 해결해야 할 삶의 문제를 사회적으로 해결해주기 때문에 개인적으로 돈을 더 많이 벌어야 한다는 압박감이 적은 그런 사회도 있다는 겁니다. 그런 사회를 우리가 좀더 많이 들여다보고, "우리도 그와 똑같지는 않더라도 그런 다른 차원의 삶의 논리를 우리 나름의 조건에 맞게 만들어볼 수 있지 않느냐?" 하는 논의를 공론화해야 합니다. 그런 시각이 보다 폭넓게 공유된다면 새로운 차원으로 이행이 가능하겠죠.

그런데 노동자들도 별로 그런 문제의식이 강하지 않고, 주어진 조건에 발빠르게 적응만 하려고 합니다. 예를 들어 애들 학원 많이 보내 공부 잘 해서 좋은 대학 가면 애들만큼은 나처럼 뻥이치지 않고 살 수 있지 않겠냐는 생각, 거기에 빠져 있으면 아무 생각 없이 열심히 잔업, 철야, 특근만 해야 하는 거죠. 그렇게 열심히 따라줄수록 자본가들은 '아, 이놈들 말 잘 듣네' 하면서 그 패러다임을 벗어나려는 노력도 안 하게 됩니다. 그런 것이 끊임없이 반복되는 것인데, 그런 차원에서 저는 기득권층에 변화를 요구하기보다는 풀뿌리가 스스로 변해야 한다고 생각합니다. 물론 개인적으로도 변해야 하겠지만 사회적으로나 조직적으로 변해나가야 그런 압박과 사회적인 힘, 여론, 분위기, 공유된 정서 같은 것들로 말미암아 기존의 패러다임이 발붙이기 어렵게 될 것입니다. 다양한 풀뿌리 운동을 통해 그런 조건들을 적극 만들어야 한다고 보는 겁니다.

지 　노숙자에 대한 차가운 시선도 우리 사회 일중독의 한 현상 아니겠습니까? "할 일 없으면 노가다나 하라"고 하는데, 그게 체력적으로도 쉽지 않을 뿐더러 구조적으로도 일자리가 많지 않은데요. 일하지 않는 사람을 지나치게 경멸하는 분위기가 있지 않습니까? 노숙자 문제의 경우 하루 잠 재워주고, 밥 한 끼 주는 시혜적인 것이 아니라 좀더 근본적인 대책이 필요할 텐데요. "바로 이런 이중의식은 크게 보아 국가의 여러 제도적 행위에도 곧잘 보인다. 예컨대, 실업 문제를 근본적으로 해결하기 위한 사회경제적 혁신보다 실업보조금이나 취업촉진훈련비 지출에 열을 올린다. 노숙자 문제를 근본적으로 해결하기 위해 삶의 구조와 산업구조를 고치는 것보다 노숙자가 폭동을 안 일으킬 정도로 밥과 잠자리를 주는 데 돈을 쓴다. 사회 문제를 정면에서 돌파하기보다 그 본질을 계속 가리는 게 문제"라는 말씀도 하시지 않았습니까?

강　노숙자 문제와 비슷한 게 지하철 타면 이른바 걸인들이 있는데요. 아프거나 너무 가난하거나 몸에 장애가 있거나 여러 가지 다양한 이유가 있을 텐데, 크게 보면 비슷하죠. 거기에 반응하는 사람들의 시선은 '젊은 나이에 일은 안 하고, 쯧쯧……' 하는 거잖아요. '멀쩡하게 생겨먹어 가지고 일은 안 하고 왜 그러고 다니느냐'고 생각하는 게 우리의 보편적 정서지요. 그러나 그건 한편으로는 일리 있는 생각이지만, 다른 한편으로는 달리 성찰해야 할 부분이 있다고 봅니다.

　사람이 한 사회의 구성원으로 태어났다면 자기 땀에 기초해서 삶을 영위해야 한다고 하는 기본 원칙으로 보면 일리 있는 지적이지요. 이른바 프리라이더free rider(무임승차자), 심하면 날강도, 이런 것은 안 되죠. 잘못된 거죠. 아까 제가 선진자본주의가 날강도 논리라고 했는데, 크게 보면 같은 겁니다. 남의 노동에 기초해서 살아가겠다는 것은 잘못된 논리라는 차원에서 문제를 바라볼 수 있는 거고요. 그러나 그렇다고 해서 '왜, 일을 안 하느냐? 널린 게 일자리인데, 노가다라도 하지' 하는 사고는 좀 위험하다고 봅니다. 성찰이 필요한 대목입니다.

　크게 두 가지 측면인데, 하나는 그 분들이 왜 그렇게밖에 살아갈 수 없는가에 대한 배경이나 사회적인 구조에 대한 문제 같은 것도 성찰해야 한다고 보거든요. 큰 그림으로 얘기하면 전통적인 농촌 공동체에서는 거지가 있다고 하더라도 그 거지는 그 마을에서 별로 귀찮지 않은 손님이었어요. 경우에 따라서는 길손들에게 길을 가르쳐 주기도 하고, 어린아이가 어디로 가는지 간접적으로 애를 보살펴주는 역할을 하기도 했죠. 그래서 혹시 마을에 거지나 정신박약아 같은 사람이 있더라도 마을 공동체 차원에서는 나름의 역할이나 삶의 자리가 있었다는 거예요. 그런데 그런 공동체적 관계망이 붕괴되면서 자기 삶의 영역이 개인주의화되고, 자기 앞가림만 하면서 앞만 보고 달려가는 사회가 된 결과 노숙자, 거지가 된 사람들이 더 많아졌을 뿐만 아니라 귀찮은 존재가 된 거죠. 기회의 불평등이나 무한경쟁이 끊임없이 그런 탈락자들을 만들어낼 수밖에 없는 사회 구조, 이런 것들이 근본적인 문제라는 것이지요.

또 하나 지적할 것은, 일을 한다는 것은 원래 삶의 문제를 해결하기 위한 거거든요. 비즈니스 자체도 인간이 살아가는 데 필요한 물자를 효과적으로 조달하기 위해서 생긴 거고요. 호주 원주민들의 이야기를 담은 《무탄트 메시지》라는 책에 나오는 이야기인데요. 원주민 부족이 하는 말이 "너희들 문명인들은 참 이상하다. 비즈니스라는 것은 원래 먹고 살기 위해서, 삶의 문제를 해결하기 위해서 생긴 건데, 요즘 비즈니스는 그 자체의 존속과 성장만을 위해서 존재하는 것 같다"는 겁니다. 그러다보니까 삶의 문제를 해결하기보다는 오히려 악화시키죠. 그래서 그런 메시지가 가슴에 와닿는 건데요.

그런 점에서 일도 원래는 우리가 즐겁고 행복한 삶을 영위하는 데 필요한 활동이고 과정이잖아요. 그런데 지금 우리는 일을 위해서 우리의 온 삶을 갖다 바쳐야 하는 거죠. 일이 주인이고, 삶은 객이거나 희생양이잖아요. 철저히 전도된 거죠. 그런 점에서 성급하게 "왜 일은 안 하고 노느냐?"고 다그칠 것이 아니라 과연 인간성을 실현하면서, 곧 행복을 누리면서 일할 수 있는 일자리가 있는지 반문해봐야 합니다. 물론 당장 그분들이 굶어죽거나 얼어죽지 않도록 보살펴주는 것은 필요합니다. 당장 물질적으로 도와주는 것도 필요하지만, 행복한 삶의 영위라는 차원에서 성찰하고 좀더 근본적인 해결을 위한 사회적인 고민이 더 중요하다고 봅니다.

우리 교육 현실은 '환경파괴'보다 더 무서운 '인간파괴'

지 여러 가지 문제가 한꺼번에 얽혀 있어 해결이 어려운 것 같은데요. 《나부터 교육혁명》이라는 책에서 말씀하신 것처럼, 미국 백인학교로 전학을 간 인디언 아이들이 시험을 볼 때 미국 아이들과는 달리 함께 둘러앉는 것을 보고 선생님이 혼냈는데, 그 아이들은 "어려운 일은 함께 고민해서 해결하라고 배웠다"고 했지 않습니까? 어릴 때부터 그런 교육을 받아야지, 공동체가 함께 문제를 해결하는 것을 배울 수 있을 텐데요. 우리나라 교육은 세계 어느 나라보다 아이들끼리 심하게 경쟁을 시키고, 순위로 서열을 매기는 사회 아닙니까?

강 결국은 기득권의 문제라고 보거든요. 이른바 일류 대학 나오면 저절로 권력이나 돈이나 명예를 한꺼번에 누릴 수 있는 사다리 구조 때문에 학부모들이 그렇게 반응할 수밖에 없습니다. 그래서 사실 이 문제를 얘기할 때마다 갑갑한 것이, 어떻게 하면 이 강고한 기득권 구조를 허물 것인가 하는 것이지요. 기득권층은 기득권에 중독되어서 이것이 나쁜 줄을 모르고 있을 뿐더러 더 많은 것을 갈구하고 있고요. 기득권에서 소외된 사람들도 마찬가지에요. 이들도 기득권 체제를 증오하거나 변화시키려 하기보다는 '나도 더 열심히 해서 빨리 올라타야겠다. 내가 못하면 내 새끼라도 올라타도록 만들어야겠다'는 집념으로 뭉쳐 있습니다. 결국 이들조차 그 구조에 중독되어 있는 거죠. 크게 보면 하나의 중독된 구조에 우리 국민 모두가 갇혀 살고 있는 겁니다. 일 중독자라고 해서 실제로 일을 많이 하는 사람만 있는 게 아닙니다. 정작 일은 착수도 못하면서 끊임없이 해야 한다는 강박에 젖어 있는 사람들도 일 중독자거든요.

그런 의미에서 여기서는 기득권 중독이 문제죠. 기득권 중독 사태를 해결하는 실마리는 우리 시스템 자체가 기득권 따먹기 시스템이라는 '불편한 진실'을 깨놓고 인정하는 것입니다. 그리고 먼저 인정한 사람들이 어깨걸고 소통하면서 기득권 시스템이 아닌 다른 시스템을 논의하고, 그림을 그려내고, 실천적으로 만들어낼 필요가 있습니다. 그 대안을 저는 원탁형 질서라고 얘기하지요. 학교를 예로 들면, 원탁형 질서는 학생들을 1등급부터 5등급까지 점수로 서열화하는 게 아니라 A, B, C, D, E라고 하는 아이들이 지닌 나름의 잠재력이나 끼나 개성을 마음껏 발휘할 수 있도록 풍토를 만들어주자는 거죠. 그리고 그 아이들이 개성을 살려서 직업세계로 나왔을 때는 각 직업마다 대접이 비슷한 구조가 되어 있어야 합니다. 그것이 바로 기득권이 없어진 구조입니다. 각 아이들은 자기 나름의 영역에서 자아실현과 더불어서 사회 기여가 동시에 가능할 때, 누구나 다 자기 개성을 살려서 즐겁게 살아갈 수 있는 시스템이 되겠죠.

지　"과연 어떤 노동력이 기업가에게 쓸모 있는 노동력인가? 그것은 신체 건강, 국어, 산수, 기술, 영어, 컴퓨터 등 노동 능력이 좋아야 하고, 다음으로 성실성, 책임감, 신뢰성, 복종심, 충성심 등 노동 자세가 좋아야 한다. 이런 것들은 학교 교육 속에서 훈련되는데 노동 능력 측면은 졸업장과 자격증, 각종 상장 등으로, 노동 자세 측면은 개근상, 정근상, 봉사상, 생활기록부 등으로 측정된다. 나아가 〈애국가〉와 〈국기에 대한 맹세〉처럼 국가와 민족에 대한 교육을 통해 자기도 모르게 배타적 민족주의나 획일적 국가주의를 체득하게 된다. 원래 다양하고 복합적인 가능성(잠재력)을 가진 한 인간이 이런 식으로 오로지 일개 '생산요소'로서의 쓸모 있는 노동력으로 만들어지는 것이다. 이것은 보통 말하는 '환경파괴'보다 더 무서운 '인간파괴'다. 또 이러한 인간파괴가 이미 가능했기 때문에 그 환경파괴조차 쉬이 가능할 것"이라고 말씀하셨는데요. 이런 상황이 개선될 여지는 별로 안 보이지 않습니까?

강 아이들이 해마다 수십 명씩 성적 때문에 비관자살을 하고 있고, 또 수만 명이 학교를 뛰쳐나오고 있습니다. 그렇다고 학교에 남아 있는 아이들이 과연 행복하냐 하면 그렇지 못하잖아요. 성적이 좋은 소수의 아이들조차도 "하고 싶은 공부를 즐겁게 하고 있느냐?"는 질문에 대부분 그렇다고 자신 있게 대답하진 못할 거예요. 그렇다면 교육당국과 학부모와 아이들이 값비싼 코미디를 하고 있는 거죠. 아이들은 어쩌면 인질로 붙들려 있는 거고요. 그런 차원에서 본다면 아이들의 내재적인 욕구는 한마디로 "이런 식의 공부는 하기 싫다"는 것이 솔직한 네이처(내면의 자연)죠. 부모들도 마음으로 물어보면 이런 교육은 아니라고 합니다. 그리고 제가 학부모들이나 선생님들을 위한 강의를 가서 그런 얘기를 하면 내 이야기가 옳다고 합니다. 내면에서는 옳다고 하면서도 "그러나 세상이 요지경이기 때문에 어쩔 수 없다"는 겁니다. 알면서도 어쩔 수 없이 그른 길로 갈 수밖에 없다는 거죠.

그러나 세상이 시키는 대로 달려간다고 한들 몇 명이나 행복하게 되겠어요? 별로 비전이 없는 게임에 남 따라 장에 가듯이 동참하고 있는 거예요. 같이 공멸의 길을 가고 있는 거죠. 그런데 내면적으로는 그게 아니라는 것을 알고 있다는 사실 자체가 어떤 변화를 가져올 수 있는 희망의 실마리라는 점을 말씀드리고 싶고요. 그다음에 전교조 선생님들이나 그분들에게 공감하는 사람들 속에서 희망의 불씨를 발견할 수 있죠. 아직 대세를 이루고 있진 못하지만 '현재 대부분의 학교 교육은 참교육이 아니'라고 생각하는 선생님들과 학부모들의 조직, 모임, 운동이 있고요. 또 다른 희망은 아예 그 틀 바깥에 나가서 정말로 원탁형 질서 속에서 새로운 교육을 해보자고 해서 그간 10년 정도 사이에 굉장히 빠르게 수십 개의 대안학교들이 생겨나고 있는 것인데요. 그런 것들이 저는 변화의 희망, 희망적인 변화라고 봅니다.

지 몇 년 전에 비해서 대안학교에 대한 관심이 많이 줄어든 것 같거든요. 여전히 정부나 사회의 지원도 없는 것 같고요.

강 저는 꼭 그렇게만 보지는 않고요. 관심이나 움직임은 갈수록 커진다고 봐요. 담아낼 그릇이 오히려 적어서 문제인 거죠. 대안학교 경쟁률을 보면 의외로 높아요. 안타깝죠. 그래서 이제 제가 가진 작은 대안 중의 하나를 전교조 선생님들에게 얘기하는데요. "기존 공교육 기관, 그러니까 우리 주변 어디에나 볼 수 있는 학교들을 인가받은 대안학교로 바꿀 정도로까지 변화시켜내야 한다. 그게 우리 목표가 되면 어떻겠느냐?" 하는 제안을 하거든요. 보통 인가받은 대안학교는 교육 당국의 지시를 100퍼센트 받는 게 아니라 50퍼센트 정도는 자율의 여지를 줘요. 그 자율을 가지고 개성, 특기 교육을 하자는 겁니다, 가치관 교육과 더불어.

산청의 간디학교나 분당의 이우학교가 인가받은 대안학교 중의 대표적인 곳인데, 절반 정도의 간섭은 허용하고, 절반 정도의 자율을 하자는 것이지요. 사실 이 둘을 조화한다는 게 쉽지는 않다는 게 경험을 통해 나온 결론인데요. 그럼에도 불구하고 현재의 100퍼센트 타율에 의한 공교육보다는 숨 쉴 공간이 있다는 겁니다. 그 정도 하면서 내용을 더욱 알차게 채워나가는 운동을 하다보면 현재 전혀 지원을 받지 못하고 있는 순수한 미인가 내지는 비인가 대안교육도 한결 나아질 거라고 봅니다. 그들은 지원을 요구하는 게 아니라 간섭이나 통제 때문에 오히려 지원을 안 받으려고 하거든요. 그런 정도로 가지는 못하겠지만, 그나마 중간 정도는 할 수 있을 것 같고요. 그런 힘들이 시나브로 쌓이다보면 더 나갈 수 있는 가능성도 있지 않겠어요. 궁극적으로는 그런 공교육 내부의 변화 흐름들과 바깥에서의 움직임들이 크게 하나의 흐름으로 만나는 것, 그것이 제가 그리는 대안교육이죠.

지 일부에서는 중산층 이상의 자녀들만 받을 수 있는 교육이 아닌가 하는 비판도 있는데요.

강 그 비판은 한편으로는 맞고 한편으로는 잘못된 부분도 있어요. 당장 기존 공교육보다는 돈이 많은 든다는 점에서는 맞아요. 예를 들어 입학금만 해도 수백만 원이 들고요. 아이들이 공동체 생활을 하며 쉬고 잘 수 있는 기숙사를 짓는 데만 해도 수억 내지 십 수억이 드는데 부모님들이 그걸 같이 충당해야 하거든요. 물론 그 돈은 자발성에 기초하고 있어서 형편이 안 되면 못 내는 사람도 있지만 내는 사람은 수백만 원에서 천만 원까지도 내거든요. 그래서 외부인의 눈으로 보면 돈이 많이 드는 학교인 것만은 분명히 맞아요.

그러나 그걸 조금 다르게 바라보면요. 등록금이 한 달에 30만 원, 기숙사 비용이 25만~30만 원, 그러면 기본적으로 한 달에 60만 원 정도 드는 거죠. 기숙사 건축비나 입학금은 형편에 따라 나눠 낼 수도 있지만, 어쨌든 매달 고정적으로 내야 하는 돈이 60만 원에다가 다른 자잘한 비용까지 생각하면 80만 원 정도는 된다고 봅니다. 일반 공립학교에 다니는 아이들이 학교에 내는 돈은 그보다는 적지만, 과외 공부하느라고 드는 돈이 많잖아요. 이것저것 따지면 대개 매달 100만 원 이상은 들 텐데요. 그렇게 보면 대안학교와 큰 차이가 없다고 생각하고요.

또 하나 얘기할 수 있는 것이, 예를 들어 유기농산물을 보면 일반 농산물보다 비싸잖아요. 그렇더라도 사먹는 사람들이 있어야 유기농 농민을 살릴 수 있는 것 아닙니까? 유기농 농민이 살아나고 수요가 많이 늘어나면 단가도 좀 떨어질 게 아니겠어요. 그런 논리로 생각하면, 처음에 중산층 이상으로 보이는 사람들이 전혀 지원을 받지 못하는 대안학교를 살려내는 역할을 하는 게 크게 보면 고마운 거잖아요. 그런 것을 통해서 더욱 더 공교육의 변화를 촉구하고, 자기들만의 섬으로 고립되지 않고 사회운동 차원에서 그런 지평을 끊임없이 넓혀갈 수 있는 것이죠. 그렇게 해서 전체적으로 누구나 다 우리 공교육 시스템 안에서 대안교육을 받을 수 있는 방향

으로 큰 흐름을 만들어나갈 수 있다면, 질시하거나 비난만 할 것이
아니라 마음으로나마 성원해야 한다고 봅니다.

{ 기존 삶의 패턴에 중독되지 않고
내 감각의 문을 열어놓아야

지 "나는 교육의 민간요법과 관련하여 크게 두 가지 대안적 방향
이 있다고 본다. 하나는 전교조나 참교육학부모회로 상징되듯이 기
존의 틀 구조 안에서 변화를 시도하는 것이고, 다른 하나는 홈스쿨
링이나 대안학교 만들기처럼 기존의 틀 밖에서 변화를 시도하는 것
이다. 물론 이 두 방식은 모두 소중하다"고 하셨는데요. 지금 두 가
지 요법 모두 다 어려움에 처해 있지 않습니까? 전교조 문제에 대
해서는 어떻게 생각하십니까?

강 가장 큰 것은 보수 언론이나 기득권층의 공세라고 봐요. 거기
에 학부모들이나 비전교조 선생님들이 동조하는 경우가 많고요. 또
전교조 내부에서도 초창기의 긴장감이나 동력이 많이 떨어진 것도
사실입니다. 교육이나 사회 변화라고 하는 커다란 그림보다는 내부
의 노동 조건이나 이익 같은 사안에 치중해 있다는 오해를 살 만한
경우도 많았고요. 그러나 저는 전교조 선생님들의 순수한 마음은
여전히 살아 있다고 봅니다. 그것을 우리가 비하해서는 안 된다고
생각하고요. 오히려 의기소침해 있는 그분들에게 용기를 북돋아줄
수 있는 방법이 무엇일까, 하는 논의를 할 때 희망을 기대할 수 있
는 것이지, 자칫 잘못하면 보수 기득권층의 논리에 편승해버리는

결과가 될 수 있다고 생각합니다.

　아이들이 예전처럼 선생님을 존경하지 않는다고 하는 데 대해 제 나름대로 이렇게 얘기하는데요. 우리가 상대적으로 열악한 환경에서 정치적으로 탄압받고, 경제적으로 어렵게 살 때는 순수한 꿈이나 비전에 대해서 갈구하는 마음이 강했단 말이죠. 그런데 역설적이게도, 그리 어렵게 살았던 사람들이 부모가 되어서는 먹고살 만할수록 내 아이들만큼은 좀 편하게 키우고자 하는 열망이 강하단 말입니다. 나의 가난을 대물림해주고 싶지 않은 마음이 오히려 아이들을 바보로 만든다는 사실입니다. 뭐가 귀한지, 뭐가 어떻게 잘못되었는지도 모르게 만들고, 자기 삶에 대한 통찰이나 미래에 대한 열망 같은 걸 기르지 못하게 하는 것 같습니다. 그야말로 '주어지는 것'에 안주하게 만드는 거죠.

　그래서 어쩌면 보수 기득권층의 공세도 있지만, 그들과 타협하면서 협상을 통해서 쟁취해낸 물질적인 성과로 말미암아 우리 스스로 덫에 갇힌 면도 있는 것 같습니다. 그런 결과, 많은 선생님들의 경우, 임용고시가 어려워질수록 거기에 합격한 사람들이 자기 자리를 유지하고 싶은 욕구가 더 강하겠죠. 그렇게 되다보니까 더욱 더 관심도도 떨어지고, 아이들은 더욱 더 경쟁물결에 휩쓸리게 되고요. 일류 대학, 특목고, 외고, 외국 유학, 이런 것만 보면서 아이들도 자기 삶을 성찰할 마음의 여유도 갖지 못할 뿐더러 그런 말씀을 해주시는 선생님을 만나기도 어렵게 되겠죠. 한마디로 요약하면, 어려운 가운데 하나씩 쟁취해내는 세대가 아니라 주어진 것을 소비하는 세대라서 그렇게 변해가는 것 같습니다. 사회 전체적인 분위기도 마찬가지고요.

우리가 결혼할 때, 부모님 덕으로 모든 걸 풍족하게 갖춘 상태에서 시작하는 거랑 아주 정말 최소한으로 시작하여 살아가면서 자기 힘으로 하나하나 이루어나가는 거랑 그 기쁨이 다르지 않겠어요? 그런 원리라는 거죠. 어쩌면 가난을 끊임없이 경험하면서도 또 끊임없이 풀어나가는 과정의 연속선으로 살아가는 게 삶의 기쁨을 더 크게 하는 것 같아요. 그렇다고 가난이 행복의 조건은 아니겠지만 풍요하다는 것만으로 행복할 순 없다는 거죠.

지 현장에서도 전교조에 대한 불신이 커지는 것 같고요. 실험교육을 하는 사람들 중에서도 전교조가 아닌 경우도 많은 것 같은데요.

강 전교조 선생님들로서는 대안교육에 대한 거부감은 조금 있죠. 공교육 체제로부터 이탈하는 거니까요. 공교육을 살려야 한다는 마음은 진실하긴 하지만, 계속 그 틀만 생각하면 안 되죠. 꼴통 같은 교장이나 교육관료 밑에서 아무리 발버둥쳐봐야 한계가 있잖아요. 그래서 공교육 안에서의 대안교육 그리고 공교육 밖에서의 대안교육, 이 두 가지 다 하면서 좋은 영향을 주고받는 과정에서 둘 다 좋은 쪽으로 변해가야 하는 거겠죠.

지 "옆집 아줌마 이야기가 설득력을 갖는 까닭은 참교육 논의와는 달리 추상적이지 않고 구체적이며, 관념적이지 않고 물질적이기 때문이다. 그리고 비교 대상을 바로 옆집에서 찾을 수 있고 그 현실적 결과가 바로 내 눈앞에 보이니 이것이 바로 현실이라고 느끼게 되기 때문"이라고 하셨는데요. 자기부터 뭔가를 바꿔야 하는데, 혼자 뒤떨어질 것 같은 두려움 때문에 그렇게 하기 힘든 것 같은데요.

그것을 극복하려면 어떻게 해야 할까요?

강　결국은 자율성이 문젠데요. 크게 우리가 각자 집에서 낳은 아이를 어떻게 기를 것인가의 문제와 성인이 되어서 어떻게 할 것인가의 문제로 나눠서 보면요. 아이를 기르는 과정에서 사랑으로 보살피면 자율성이 싹트게 되어 있거든요. 사랑으로 보살핀다는 것은 다른 말로 하면 아이의 욕구를 있는 그대로 읽어주고 그것을 건강하게 충족시키는 방법을 같이 찾고, 같이 만들어가는 겁니다. 물론 아이가 자기 의사를 실천으로 옮기기가 어렵고, 울음으로만 표현하는 경우에는 거의 일방적으로 부모가 들어줘야죠.

　그런데 온종일 노동시장에서 시달리는 어른들이 아이의 욕구를 있는 그대로 받아주기가 힘듭니다. 우선 같이 있고 싶어도 억지로 떼어놔야 하고요. 그 다음에 아이가 안아달라고 우는데도 "왜 자꾸 안아들라고 하느냐? 버릇 잘못 들인다"고 하면서 안 안아주죠. 그럴 때 아이는 좌절감을 느끼거든요. 그리고 심하면 어른들의 폭력이 가해지고, 그러면 아이는 생존의 위협을 느끼게 됩니다. 아이는 도망갈 수도 없고, 어른하고 싸워서 이길 수도 없으니까 거기서 살아남는 방법은 이른바 (심리학 용어에서 온) 강자와의 동일시, 곧 부모의 눈치를 빨리 보고 부모가 요구하는 대로 따라가는 거죠. 나도 언젠가 강자가 되면 부모처럼 되겠다는 겁니다.

　그래서 눈치가 늘어나는 만큼 타율성이 커지게 되고요. 자기 내면을 읽어서 거기에 정직하게 반응하면서 살아가는 게 아니라 부모가 원하지 않는 행동과 욕구는 억제해야 합니다. 아이는 수시로 배가 고플 수 있는데, 부모는 하루에 밥을 세 끼만 먹거든요. 밤에 울면 부모의 노동시장 생활을 방해하는 거예요. 그래서 많은 어머니들이 아이가 수시로 밥 달라고 하면 짜증스럽고, 스트레스 받습니다. 그러면 아이는 어떤 형태로든 안 좋은 경험을 하게 되죠. 그런 과정이 쌓이고, 심하면 내 아이만큼은 나보다 훌륭한 사람이 되도록 만들겠다는 욕심이 강한 부모들은 태아 시절부터 교육을 하잖아요. 영어 테이프도 들려주고, 중국어 테이프도 들려주고, 그러면서 아이는 폭력을 경험하는 거죠.

그런 과정에서 끊임없이 생존의 두려움을 느끼게 되고, 그 과정에서 뒤틀린 자기 주관, 뒤틀린 삶의 패턴, 타율적인 삶을 갖게 되는 겁니다. 또 학교에 가면 성적이라는 외적인 잣대, 곧 순간의 기억력을 잣대로 평가하는 그런 시스템 속에 노출됨으로써 이른바 인성 교육 같은 것은 기대하기 어렵죠. 끊임없는 선생님의 눈치, 점수라고 하는 외적인 잣대에 맞추어가야만 하는 타율적인 삶을 살아야 하니까요. 심지어는 야간 자율학습조차도 자율적으로 못하잖아요. 그러니까 타율적인 인간이 되는 거죠.

그 다음에 더 이상 아이의 문제가 아니라 다 자란 성인이 되어서 어떻게 고칠 것인가 하는 문젠데요. 쉽지는 않지만 그렇다고 불가능하지도 않습니다. 어린 시절부터 그렇게 훈련받고 굳어왔더라도 우리는 절대불변의 존재는 아니므로 변할 수 있는데, 그 계기는 다양하겠죠. 경우에 따라서는 피터지게 싸우다가 변할 수도 있고요. 책을 통해서 변할 수도 있고, 여행을 하다가 변할 수도 있고, 하루아침에 퇴직을 당해서 삶을 새롭게 볼 수도 있고요.

어쨌든 다양한 계기가 있을 텐데, 중요한 것은 자기 마음의 문을 열어 놓는 것입니다. 기존 삶의 패턴에 중독되지 않고, 내 감각의 문을 활짝 열어놓는 겁니다. 중독되면 다른 감각은 못 느끼는 거죠.

오로지 중독 물질에만 반응하는 거지요. 그런 차원에서 눈과 귀, 마음의 문을 열기 시작하면 뭔가 해결점이 나온다는 겁니다. 그렇게 되면 내가 정말 살아가고 싶은 삶의 모습이 뭔가, 하고 싶은 일이 뭔가, 어떻게 사는 것이 행복한가, 이런 것을 찾게 되는 거죠. 그럴 때 남들이 만들어놓은 잣대, 학벌, 출신, 권력, 돈, 외모 같은 것을 넘어서서 내가 정말 기쁘고 즐겁고 행복한 게 뭔가를 찾아서 줏대 있게 가면 되거든요. 기존 중독 시스템으로부터 충격이나 상처를 받아 탈락한 사람들은 대개 곁에서 조금만 잘 도와주면 오히려 더 건강한 길을 새롭게 찾을 수 있다고 봅니다. 잘나가는 사람은 반성할 여지가 잘 없잖아요. (물론 가끔은 저 같은 예외도 있지만요.)

지 인수위 등을 통해 드러난 이명박 정부의 영어 정책이나 교육 정책에 대해서 어떻게 생각하세요?

강 좀 심하게 말하면 미국의 52번째 주가 되고 싶어 하는, 자발적 식민주의 발상이라고 생각하고요. 제가 독일 유학을 1989년도에 갔는데, 독일어 공부는 1985년 가을부터 했던 것 같아요. 대학원 공부를 하면서 독일에 가서 공부를 더해야겠다고 마음속으로 필요성을 절실하게 느낀 시점부터 독일어 공부를 하기 시작했지요. 대학원 시절에 처음 공부하기 시작한 독일어지만 지금은 책 읽고, 독일 사람 만나서 토론하고 이야기하는 데 지장이 없을 정도로 거뜬하거든요.

핵심은 크게 두 가지인 것 같아요. 하나는 내재적인 동기부여입니다. 정말로 절실하다고 느끼게 되면, 어릴 때부터 혀 밑을 잘라가면서 영어 발음 잘 하라고 하지 않아도 잘 하게 되어 있어요. 더구나 중요한 것은 발음이 아니라 소통이거든요. 책을 읽거나 다른 사람들과 이야기할 수 있으면 언어는 되는 거거든요. 원어민처럼 혀 굴러가는 소리로 앵무새처럼 흉내 안 내도 된다는 거죠. 또 하는 독일어 배우면서 절실히 느꼈는데, 학습 방법이 문제예요. 언어는 먼저 구어체로 배워야 해요. 구어체로 배우면 책도 읽을 수 있지만, 문어체로 배우면 말을 못해요. 제가 느낀 결론이 그 두 가지입니다.

{ 아이들에게 최고의 인생 교과서는 '자연'

지 1999년에 조치원읍 신안리 서당골로 내려가 귀틀집을 짓고 생태적 삶을 실천하고 계신데요. 일종의 대안적 삶의 실험인데, 거기서 희망을 찾으셨나요?

강 아이들에게 최고의 교과서는 자연이라는 생각을 아내와 같이 공유하면서 기꺼이 시골에 가서 집을 짓고 살고 있는데요. 지금은 큰아이 한결이가 대학 2학년 나이거든요. 대학은 안 가고 대학로에서 자기가 하고 싶은 것을 한다고 재즈 피아노를 배우고 있습니다.(웃음) 상상 이상으로 열심히 즐겁게 하고 있어요. 그렇다고 해서 쉬운 일은 아니에요. 어려운 정도로 보면 공부하는 것보다 더 어려운 것 같아요. 그런데 무난히 잘 해내고 즐거워하는 것을 보면서 자기가 하고 싶은 것을 찾았지 싶어요. 그렇게 할 수 있는 힘이 결국은 어릴 적부터 자연 속에서 뒹굴고 자연을 닮아간 것 때문이 아닌가 생각합니다.

아까 외적인 자연이라고 했는데, 결국은 자기 내면의 자연도 찾은 게 아닌가 생각합니다. 이 아이가 중학교는 일반 공립을 나왔고, 고등학교를 대안학교 나왔는데요. 중학교 다닐 때 고민을 좀 했던 것 같아요. 중학교 생활도 무난하게 하기는 했지만, 그 당시 "앞으로 뭐하고 싶으냐?"고 은연중에 물었더니 중학교 교장 선생님을 하고 싶대요. "왜 하고 싶으냐?"고 했더니 "머리 좀 길다고 머리 빡빡 안 깎는 학교, 아침에 좀 늦게 간다고 교장 선생님이 문 앞에서 단속 안 하는 그런 학교를 만들고 싶다"고 하더군요. 얘가 말은 안 했지만 학교생활에 대한 불만이 강하구나, 하는 생각이 들어서 "이런 대안학교가 있는데, 한번 가볼래?" 했더니 살판 난 거죠.

그래서 가게 됐는데, 거기서 지냈던 행복한 3년간의 생활도 애한테는 좋은 밑거름이 된 것 같고요. 그것도 산골에 있는데, 그런 자연과의 교감이 도움이 된 것 같습니다. 제 아이를 남들이 볼 때는 일류 대학 안 가고, 얼핏 생각하면 돈도 안 되는 공부한다고 안타까워할지 모르지만, 제가 볼 때는 자기가 하고 싶은 일을 열심히 한다는 점에서 잘 컸다고 생각합니다.

제가 사는 데서는 아침마다 부춧돌형 뒷간에 가서 똥오줌을 누고, 똥하고 오줌을 나눠받아서 거름으로 만들고, 봄이 되면 밭을 일궈 씨앗 뿌려서 그 거름을 주지요. 그렇게 가꾼 작물이 내 밥상에 올라오는 작은 농업경제를 직접 꾸리거든요. 그러면서 드는 생각이, 건강한 생활을 하려면 작더라도 텃밭과 똥간이 있어야겠구나 하는 건데요. 그래야 물 흐르듯 돌아가는 순환의 경제가 된다는 겁니다.

거기에 덧보태자면 닭이나 강아지나 고양이 같은, 몇 마리 안 되더라도 그런 게 있으면 음식물 찌꺼기를 쓰레기로 버릴 필요가 없는 거예요. 쓰레기를 만들지 않는 삶의 구조, 다시 말해서 모든 게 재생순환이 가능한 삶의 구조입니다. 그렇다고 해서 100퍼센트 완벽한 건 아닙니다. 손님이 오다보면 제 눈에 볼 때 온갖 쓰레기를 사오는 경우도 많고, 제 스스로 사는 경우도 많죠. 그렇지만 기본적으로는 이런 것들, 곧 가축, 똥간, 텃밭 같은 것이 건강한 경제의 힌트라는 걸 느끼면서 이런 원리를 사회적으로 크게 만들어낼 때 건강한 경제가 된다고 확신하지요.

이런 점에서 도시 소비자들과 농촌의 유기농 농민들이 생협운동을 통해서 같이 한살림, 크게 봤을 때 하나의 살림살이를 꾸려나가자는 운동을 해나가는 것이 매우 중요할 것 같습니다. 윤구병 선생이 하는 것처럼 하나의 마을 공동체를 이루고, 크게 보면 자립경제 구조를 구축하려는 것도 대단히 소중하죠. 물론 아직까지 100퍼센트 자급은 어렵겠죠. 크게 보면 그 마을 단독으로는 할 수 없겠지만 거기서 나오는 효소나 쌀이나 현미, 채소, 고구마 등등을 가지고 도시 소비자들과 연결해서 살아가는, 서로가 서로를 살리면서 살아가는 그런 공동체 운동이 필요하다고 봅니다.

이런 대안경제나 대안교육 운동 같은 것들이 결국은 기존의 상품 경쟁 사회, 혹은 사다리 질서 속의 사회를 좀더 원탁형적이고 건전한 살림살이 구조로 바꾸어내는 그런 실천이지요. 그런 점에서 저는 저희 집 살림살이부터 그런 작은 대안경제 운동을 하고 있고요. 최근에는 본의 아니게 햇수로 4년째 마을 이장을 하면서 마을 공동체를 회복하는 데 힘을 좀 쓰고 있는 편이지요. 보다 더 크게는 강의나 글이나 책이나 토론 등을 통해서 그런 올바른 살림살이 구조를 만들어나가는 것이 우리가 해야 할 일이다, 그리고 그런 그림들을 그려나가고 기존의 잘못된 사다리형 구조를 원탁형 구조로 바꿔나가는 것이 우리의 과제라고 생각하고 있죠. 시골에 살면서 더욱 더 그런 생각이 옳다는 것을 제 스스로 느낍니다.

지 그것을 혼자만 실천해서 되는 것도 아닐 거고요. 서울에서 귀농을 하고 싶다고 해도 그런 삶을 선택하기가 쉽지 않은데요. 국가에서 그런 지원도 해주지 않고, 농촌경제가 점점 어려워지다보니까 그런 선택을 하기가 더 어려워지는데요.

강 선택이 어렵다는 것은 우선 인정하는데요. 더 깊이 생각해보면 두 가지 문제가 있어요. 하나는 자기가 그 선택을 얼마나 절실하게 원하느냐, 귀농이든 뭐든 대안적인 삶을 온몸으로 원하느냐는 겁니다. 그런 차원에서 보면 대부분 그렇지 못합니다. 다른 하나는, 모든 좋은 것을 다 취하려고 하는 욕심이 문제입니다. 도시 생활의 화려함, 편리함, 세련됨, 고급스러움과 농촌 전원의 쾌적함, 아름다움, 자연스러움을 동시에 다 취하려는 건데요. 아이는 아이대로 일류 대학을 보내고 싶어 하고요. 모든 좋은 것을 동시에 취하려고 하는 것은 조화가 아니거든요.

그런 면에서 단호해야 한다고 봅니다. 포기할 건 과감하게 포기해야만 전혀 새로운 '삶의 질'을 향유할 수 있다고 보거든요. 예를 들면 손에 흙 묻히기 싫어하고 벌레를 싫어하면서 텃밭을 일굴 수는 없잖아요. 오히려 그런 걸 두려워하지 않고 즐길 수 있을 때 그 삶이 자연스러워지고, 농사의 기쁨을 100퍼센트 만끽할 수 있는 거죠.

어떤 분들은 "아, 그렇게 살려면 많은 것을 포기해야 하는구나"라고 얘기하는데요. 한편으로는 포기가 맞는데, 다른 한편으로는

내가 원하는 것을 제대로 갈구하는 것이죠. 제대로 갈구하려면 양
다리 걸치면 안 된다는 겁니다. 분명하게 내가 하나를 선택해야 하
는 거죠. 분명하게 선택하다보면 양다리 걸치려고 욕심냈던 것들이
결국엔 다 오게 됩니다. 형태는 다르겠지만 제대로 온다고요. 도시
의 호텔 뷔페에서 눈에 맛깔스러운 음식을 먹진 못하겠지만, 진짜
유기농업으로 만든 고급 음식을 즐길 수 있어요. 얼굴이 좀 그을리
긴 하겠지만 그만큼 건강하게 살 수 있고요. 화장품 가게 점원처럼
화사한 얼굴에 하얀 피부를 원하는 동시에 유기농산물을 즐기면서
건강하게 살고 싶다는 건 말도 안 됩니다.

〔 개발사업의 논리를 대주고 출세를 사는 '전문가들'

지 2005년부터 조치원 신안1리 마을 이장을 겸임하면서 마을 공
동체를 이끌고 계신데요. 학교에서 강의하고 다른 사회적인 이슈
때문에도 바쁘실 텐데, 이장까지 맡으신 이유는 뭔가요?

강 제가 공동체 운동을 해야겠다고 미리 계획적으로 구상하고
이장이 된 것은 아니고요. 제가 사는 마을은 1980년대 이후 수도권
분산 정책의 일환으로 고대와 홍대 캠퍼스가 자리한 곳이지요.
2005년 3월이었는데, 어쩌면 자연스럽게도 '고대, 홍대 캠퍼스가
있는 이 마을에 15층 고층 아파트 1000 세대가 온다는 게 말이 되느
냐'고 하는 제 마음속의 네이처, 이 자연이 강렬하게 제게 얘기하더
라고요. 그게 솟구쳐 올라오는 것을 제가 그냥 눈감고 참았으면 이
장도 안 되었겠죠.

그런데 이것은 아니라고 해서 이리 뛰고 저리 뛰고 해서 찾아내 다보니까 전 이장이 허위 민원서류를 넣어서 토지 용도를 불법으로 바꾼 것을 찾아내게 되었죠. 주민들 도장을 위조하고 자기까지 포함해서 여덟 개를 가짜로 찍어가지고 마을 주민들의 동의를 얻거나 주민총회 같은 과정도 없이 비밀리에 넣었던 건데요. 그래가지고 관청 당국에서는 민원을 받아줄 시기도 아닌데(이미 공람 기간이 지난 지 9개월이 흐른 뒤에) 받아줬고요. 이미 도청에 넘어갔던 서류를 연기군으로 되돌려 거꾸로 빼내서 허위 민원서류를 근거로 해서 도시계획을 재입안한 거예요. 그래서 기존 논밭이 갑자기 고층 아파트 건설이 가능한 땅으로 둔갑한 거죠. 그게 들통이 나면서 사람들이 주민총회에서 전 이장을 끌어내리고 저를 추대하는 바람에 처음에는 떠밀리는 형태로 이장이 된 건데요. 제가 하겠다고 먼저 나선 것은 아니고요.

그러나 사실상 그 운동을 시작한 것이 저였고, 나름대로 책임감도 있었기 때문에 이장만 바꾸고 물러날 상황은 아니었고, 궁극적으로 목표는 아파트가 못 오게 하고, 더 나아가서는 그 지역에 예정되어 있던 대학타운이라고 하는 대학문화촌을 건설하는 게 우리의 대안으로 떠오르면서 그것을 위해 싸우는 가운데 마을 공동체를 복원하게 되었다고 생각합니다. 공동체를 복원한다는 것은 단순한 집단의 개념이 아니라 공동체적인 인간관계를 말하지요. 마을 공동체에 대해서 우리가 공동 책임감을 가지고 함께 만들어낸다고 하는 통일된 문제의식과 더불어서 마을 사람들 사이에 유대감 같은 것들을 복원해내는 데 제가 조금은 일조했겠죠.

2007년 5월에 첫 임기 2년이 끝나면서 다시 마을총회를 했는데,

참여자의 97퍼센트가 재신임을 하는 바람에 어쩔 수 없이 다시 이장이 됐어요. 손을 놓고자 했는데, 아직 마무리가 완전히 안 되었기 때문에 마무리는 하고 물러나야 하지 않겠느냐는 의견도 있었고, 저도 찜찜하고 해서 한 임기는 더 하기로 했습니다.

지　전 이장한테 폭행까지 당하신 적이 있으신데요.

강　2007년 7월 9일이었는데, 《오마이뉴스》에 기사가 났죠. 우리 주민들이 공사 현장 앞에서 한 달 이상 릴레이 1인 시위를 쭉 했습니다. 그것을 마무리할 무렵이었는데, 총회를 하면서 전 이장을 불러서 "어떻게 해서 아파트를 불러들이게 됐는지, 분명히 비밀리에 추진하다가 들켰는데 지금이라도 연루 관계, 사태의 진실을 고백하고 사과해라. 그래야 떳떳하게 어울려 살지 않겠느냐?"고 했죠. 어쩌면 그 사람에게 마지막 기회를 준 것이고, 다른 한편으로 저로서는 아파트가 착공 단계에 들어가는 시점에서 그런 주민총회 석상에서 진실이라도 토로하게 만들지 않으면 사태를 뒤집을 길을 없는 거예요. 사법부에도 기대할 바가 없고요.

　그래서 불러가지고 설명을 듣고 하는데, 앞뒤 논리도 안 맞고 말도 안 되는 소리를 하는 겁니다. 그리고 저보고는 "환경운동을 하기 위해서 사람들을 선동해서 억지로 끼워 맞춰서 자기만 규탄하는 사기꾼"이라는 식으로 막말을 하는 겁니다. 그래서 "말도 안 되는 소리 그만두고 진실을 고백하고 사죄하든지 아니면 마을을 떠나라"고 제가 화를 내고 그랬죠. 그런 중에 그 사람이 저를 밀치고 옥신각신하니까 곁에서 보던 아주머니들이 싸움날 것 같으니까 뜯어말리고 했는데요. 저는 그 사람 몸을 건드린 적은 없습니다. 화를 내면서 "똑바로 말하라"고 삿대질까지는 했지만. 그랬는데 느닷없이 제게 달려들어서 덮치더니 제 안경을 빼 던지고 왼쪽 눈을 뽑으려고 하는 겁니다. 눈 주위에 상처가 났고, 위협을 느꼈죠. 잘못하면 눈이 빠질 뻔했는데, 아주머니들이 뜯어말리는 바람에 끝이 났지요.

119가 와서 읍내 병원에 실려가 응급치료를 받고, 다음날 진단서를 떼서 고소를 했는데요. 웃기게도 그 사람의 처조카사위가 연기경찰서 수사관으로 있어요. 그런 배경이 있기에 전 이장이라는 자는 경찰들하고 평소에 잘 통하던 터라 오히려 자기가 폭행을 당했다고 맞고소를 때린 겁니다.

정말 황당하지요. "저 사람이 먼저 멱살을 잡고 흔드는 바람에 경부염좌가 왔다"고 거짓 주장을 하는 겁니다. 그리고 아주머니들과 제가 조직적으로 집단구타를 하고 해서 오히려 자기가 피해자라는 거예요. 자기가 내 머리를 잡은 것까지는 인정하는데, 거꾸로 내가 자기 멱살을 먼저 잡아서 대항행위로 폭행했다, 아주머니들이 귀도 잡아당기고 허벅지도 잡아당겨서 상처가 생겼다며 맞불을 놓는 거거든요.

정말로 자기가 그렇게 당했으면 먼저 고소했을 거 아녜요. 그날 밤이 지나자마자 다음날 아침에 제가 고소하고 나서 8일이나 있다가 고소를 했더라고요. 그 내용이 앞뒤가 안 맞고 해서 검찰 쪽에 가서도 진실 규명이 안 되고, 검찰 조서도 앞뒤가 안 맞고 좀 이상해요. 재판부에서 결정문이 오면 정식으로 재판 청구해야 할 것 같습니다. 경찰이나 검찰에서 고소 취하 종용이 왔는데, 제가 화를 냈죠. 일방적으로 당한 사람이 사과도 받지 않고 뭘 합의해주냐고요. 그 사람은 마을을 팔아먹은 범죄자고, 공부하는 사람의 생명인 내 눈을 빼려고 했던 나쁜 사람인데 뭘 합의해주느냐고 버럭 화를 냈죠.

지 그게 "크게는 기업도시, 행정도시, 혁신도시 등 경제 살리기란 미명 아래 개발을 국가 이데올로기로 삼으려는 정부에 문제를 제기하는 것"이며, "업자와 공무원 그리고 일부 주민간 야합으로 주민과 자연은 희생되고 일부 기득권층이 떡고물을 먹는 난개발을 주민의 힘으로 막아내는 선례를 보이겠다"는 단호한 의지의 표현이신데요. 그게 욕망하고 결합되어 있고, 눈에 보이는 이권이 있으니까 적극적일 수밖에 없고요. 반면에 그걸 막는 사람들은 그에 비해서 소극적일 수밖에 없지 않습니까? 그걸 몸으로 부딪혀서 느끼셨을 텐데요.

강 말씀하신 대로 개발을 하고자 하는 사람들은 적극적이고, 막고자 하는 사람들은 소극적이라는 점에서 막고자 하는 사람들이 더욱 적극적으로 소통하고 연대해야 하겠죠.

그런데 가만 보니까 개발을 통해 돈벌이를 하고자 하는 사람들은 허점이 많은 것 같아요. 제 경험에서 볼 때도 저들은 밥 먹듯이 서류를 조작하기도 하고요. 도시계획위원회나 각종 심의위원회에 들어가는 이른바 전문가들은 제가 볼 때 90퍼센트 이상 매수당합니다.

그래서 그런 허점들을, 부정부패하고 조작하는 그런 부분을 눈에 불을 켜고 찾아내 허점을 찔러들어 가는 게 필요한 것 같아요. 그러니까 단순히 숫자 싸움으로는 못 이기더라도, 아니 숫자로 보면 풀뿌리 시민사회가 훨씬 많죠. 흩어져 있어서 그렇지 뭉치기만

하면 훨씬 더 강하지 않겠습니까? 말하자면 숫자 싸움과 동시에 저들의 허점을 파고들어 가는 노력들을 많이 해야지요.

참 안타까운 것은, 이른바 전문가들이 돈과 권력, 출세 욕망에 눈이 멀어서 개발사업의 알리바이 역할을 해준다는 겁니다. 실은 개발사업에서만이 아니죠. 많은 경우에 생각이 괜찮고 비판적인 사람이라도 그런 자리에 가서 하는 역할이 자기는 옳은 말을 하지만 다른 사람들이 안 듣는다고 하는데, 차라리 그 자리를 거부해야죠. 그래서 최소한 자기 이름은 그 속에 안 넣어야죠. 아니면 박차고 나오는 모습을 보여주면서 경각심을 일깨워주든지. 열에 한 사람쯤 괜찮은 사람이 들어가서 전체적으로는 가결되어버리는 그런 형태를 거부해야 할 것 같아요. 왜냐하면 그런 소수의 의견은 실제로 반영되지도 않을 뿐만 아니라 "이런 훌륭한 분의 의견도 반영해서 결정한 것"이라는 포장 역할을 해주기 때문에 오히려 더 나쁜 결과가 나온다는 거죠.

그런 사람은 아예 처음부터 빠지고 꼴통들만 모여 앉아서 했다고 하면 싸우기가 훨씬 쉽다는 겁니다. 이건 제가 직접 싸우면서 느낀 겁니다. 싸우기 전에는 그런 것까지는 몰랐죠. 그러니까 자꾸 돈 줘서 위원회 만들어서 구색 맞추고, 이른바 명망 있는 전문가를 끼워넣고 싶어 하는 겁니다. 그러니 그런 위원회 같은 것에 참여해보다가 아니다 싶으면 과감히 박차고 나와야 하거든요. 그걸 못하는 게 이미 단물에 중독되어 있다는 겁니다.

삶의 기반을 마을 공동체 단위로 재구성해야

지　〈참여정부 경제개혁 정책의 반녹색성과 대안〉이라는 어느 토론회의 발제문에서 "참여정부의 경제정책은 성장과 안정을 강조하는 예전의 정책들과 질적으로 차별되지 않는다"고 비판하셨는데요. 참여정부의 경제 성적에 대해서는 어떻게 평가하십니까? "지난 10년간 이른바 '개혁정부'가 개혁을 한다고 했지만 대량 실업, 비정규직 양산, 빈익빈부익부, 사회양극화 따위를 초래하고 말았다. 그 원인을 두고 한쪽에서는 엉터리 개혁 때문이라 하고, 다른 쪽에서는 개혁이 덜 되어서라고 비판했다"고 하셨는데요.

강　제가 볼 때 가장 소중했던 문제의식은 지역균형발전 정책이었거든요. 그런데 크게 두 가지 차원에서 뒤틀렸던 것 같아요.

하나는 지역 균형발전에 대한 상이 구체적으로 그려지지 않았던 것 같아요. 막연하게 기존의 성장주의에 집착했던 같아요. 서울과 같은 모델을 지방에 더 많이 만든다거나 외형적인 성장 위주의 도시형 발전을 지방에도 골고루 하겠다고 한 나머지 개발 욕구만 부추기고 땅값만 부풀렸죠. 오히려 역설적이게도 독재정권 시절보다 토지 인플레이션이나 사람들의 기대 욕망이 더 커졌습니다.

또 하나는 그러한 구체적인 상의 부재와 더불어 그런 상을 추진할 주체세력에 대한 고민이 적었던 것 같아요. 어쩌면 지방토호세력을 더욱 더 단결하게 하고 왕성하게 만들어주는 결과를 낳았고, 그런 속에서 농민들이 농사를 짓는 것보다는 차라리 개발되는 게 더 이익이라는 생각을 갖게 만든 거죠. 농민들도 토호세력을 닮아가는 꼴이 되고 만 거죠. 지역민들이 자기 지역에서 정치, 경제, 사회, 문화의 주체가 되어 자기 지역을 새롭게 재창조할 수 있는 어떤 계기로서의 지역균형발전이 아니라 천박한 개발자본주의 혹은 투기성 자본주의를 전국 방방곡곡에 퍼뜨리는 역할을 해버렸다고 생각하고요.

그것은 참여정부 몇 명의 문제만은 아닌 것 같아요. 이른바 지도급 인사들의 개념 부재도 있지만, 그런 개념들에 대해서 좀더 차분하게 토론하고, 공론화하고, 공유할 수 있는 사회적인 세력이나 분위기의 부재가 더 문제겠죠. 그런 차원에서 끊임없이 풀뿌리 차원의 운동이 더 중요하다는 것을 다시금 절실히 느끼게 됩니다. 그리고 동북아 금융 허브를 얘기하면서 동북아 시대를 연다고 하는 발상도 선진제국주의의 오류 내지는 그들의 실패랄까, 역사적인 과오에 대한 성찰이 있었다면 감히 그런 구호를 내걸지 않았을 거라고 봐요.

저는 한 걸음 더 나아가서 온 세상을 현재의 국가체제를 과감히 뛰어넘어 마을 공동체 단위로 재구성해야 한다고 보거든요. 국가와 민족은 허구성이 강하다고 보기 때문에 동북아 중심 국가와 같은 구호보다도 마을 공동체가 살아 숨쉬는, 마을 공동체의 네트워크가 동반 성장하는 세계 변화를 앞세워야 한다고 봐요. 이런 세상을 꿈꾸는 세력들이 많아질 때 비로소 국가와 민족의 틀을 넘어 자립적이고 건강한 공동체들의 살림 단위가 창조될 수 있다고 보거든요. 그런 점에서 보면 동북아 운운하는 구호는 이른바 아류 제국주의에 가까운 발상이라고 생각합니다.

지　그런 정책의 토대에서 대운하 같은 토건국가 확대 정책이 나오는 건데요. 농민들도 길들여졌다고 할까요? 농사짓는 것보다는 개발을 하는 게 개인에게는 이익이 되는 상황을 만들어놨으니까 그 사람들을 나쁘다고 말할 수도 없을 것 같은데요.

강 우리가 서해안 바닷가 어민들의 울부짖음에서 알 수 있겠죠. 아무런 사업체를 갖고 있지 않다고 하더라도 맨손 어민이 있잖아요. 호미 하나 갖고 가서 조개 캐고, 굴 따고, 미역 줍고 해서 먹고 살던 그런 삶의 모습은 따지고보면 이른바 지속가능한 경제 패턴이잖아요. 농업도 어찌 보면 유기농법, 똥이 밥이 되고 밥이 똥이 되는 이런 순환농업이 지속가능한 경제거든요. 그런데 하루아침에 땅값이 폭등해서 거액을 손에 쥔다 한들 그 돈이 얼마나 가겠어요. 더 큰 돈을 탐내다 사기당하거나 자식들이 사업한답시고 죄 가져다 말아먹거나 해서 눈 녹듯이 사라지겠죠. 설령 그런 일이 안 생겨도 그 사람이 죽을 때까지밖에는 못 간다는 거죠.

그리고 더 중요한 것은 그걸로 말미암아 소중한 것들을 잃어버린다는 거예요. 농업이란 사람과 사람, 사람과 자연을 이어주는, 어쩌면 사람과 자기 자신의 내면을 이어주는 매개체 역할을 하는데, 그런 걸 하루아침에 잃어버린 대신에 얻은 대가치고는 비참하잖아요. 운하 생기고 배 몇 대 띄워서 설령 관광산업이 된다 치더라도 관광객이 흘리고 가는 외부 돈에 의존하게 되니까 처음에는 삐까뻔쩍할지 모르겠지만, 나중에는 황폐화되겠죠.

실제로 시골 마을 같은 데 가보면 관광사업한다고 거창하게 꾸미고 수억 들여서 해놨지만, 막상 가보면 썰렁하게 파리 날리고 있는 경우를 많이 볼 수 있거든요. 지속가능한 경제, 곧 흙이나 물을 토대로 해서 지속적으로 순환이 되는 살림살이가 되는 구조, 한꺼번에 일확천금은 얻지 못한다고 할지라도 생계를 유지하고 지속하는 데 도움이 되는 구조가 필요하다는 거죠. 만약 철도나 도로가 발달되어 있지 않은 시대라면 운하를 검토해보는 것도 나쁘지는 않겠죠. 그러나 이미 육상, 해상 교통망이 넘쳐나는 상황에서 무리하게 500킬로미터가 넘는 운하를 만든답시고 산을 허물고, 터널을 파고, 농경지를 없애가면서 할 필요가 있느냐는 거예요. 제가 볼 때는 일부 개발업자들을 통한 정치자금 조달 이상의 의미는 없는 거죠.

지　서해안 어민 말씀도 하셨는데요. 얼마 전, 일을 했는지 안 했는지 알 수 없어서 보상받기 어렵다는 얘기를 듣고 할아버지가 자살한 경우도 있지 않습니까? 그러니까 그렇게 하루 벌어서 하루 살아가는 사람들을 국가가 보호해주지 않는다는 얘긴데요.

강　그러니까 제 얘기가 바로 그겁니다. 농업이나 어업 같은 1차 산업에 종사하는 분들, 특히 자연에 가깝게 다가가 있는 분들을 공무원 이상으로 우대하는 정치를 해야 합니다. 2차, 3차 산업 이상으로 1차 산업의 소중함을 알고, 그게 산업의 의미를 넘어 우리 삶에서 차지하는 중요한 역할을 강조하고 공유하는 그런 사회가 되어야 하고요. 그리고 일중독으로부터 해방되어서 삶의 균형을 잡아나갈 수 있는 사회가 되었으면 좋겠고요. 그저 부려먹기 좋은 자원으로서의 인재가 아니라 참된 살림살이의 주체가 될 수 있는 인격체로 길러내는 교육을 만들어내야겠죠. 그런 일을 하는 게 올바른 정치입니다. 우리가 이런 부분에 뜻을 모으고, 힘을 합치고, 소통과 연대를 통해서 운동을 세차게 해나갈 때 변화가 오겠죠.

지 2003년도에 《세계화의 덫》이라는 책을 번역하셨는데요. 거기서 20대 80의 사회를 예언하고 있지 않습니까?

강 그 책은 원래는 1997년에 번역을 했어요. 하드커버로 재판이 나온 게 2003년이죠. IMF 직전에 나와서 IMF의 실체를 폭로한 책인데, 그래서 히트를 쳤습니다. 사회양극화를 지적하는 '20대 80 사회'라는 표현이 지금도 자주 쓰이지만, 지금은 10대 90 사회로 가고 있다고들 하죠.

지 이명박 정부의 면면을 보면 "자연을 사랑해서 땅을 구입"해두신 분들도 많더라고요.(웃음) 그런 여러 가지 솔직한 점들 때문에 싸우기는 오히려 쉬워졌다는 생각이 들기도 하거든요.

강 그렇죠. 아주 웃기는 희망이기는 한데요. 그야말로 부당하게 부를 축적한 자들조차 도망가는 논리라고 하는 게 결국은 자연의 논리라는 것이, 역설적으로 그게 옳다는 것을 증명해주는 것 같고요. 지금 정권을 보면서 서글프게 느껴지는 것이, 처음 내각을 구성할 때는 그래도 좀 양념을 치는 거잖아요. 좀 그럴 듯한 인물을 내세워야 하는데, 아무리 그러려고 해도 그럴 사람이 없다면 얼마나 서글퍼지겠습니까. 저는 한나라당한테 기대하는 유일한 희망이 있다면, 그동안 죽었던 학생운동을 부활시켜주는 거라고 생각합니다.(웃음)

사리리형 질서에서 원탁형 질서로

지　"경제교육이 돈벌이 교육이 아니라 삶의 교육이 돼야 한다"고 하셨는데요. 아이들 경제교육은 어떻게 해야 할까요? 요즘 경제교육 한답시고, 아이들한테 펀드도 가르치는 것 같은데요.

강　지독하게 잘못된 거죠. 경제의 원래 의미가 사람들이 잘 먹고 사는 것, 결국은 살림살이라고 하는 것이지요. 이것부터 시작해서, 제가 《지구를 구하는 경제 책》을 쓴 것도 그런 의도가 있었던 건데요. 예를 들면 이런 거죠. 용돈이 생기면 그 용돈이 거저 생긴 것은 아니라는 것, 그 용돈을 주신 분이 돈을 벌 때 땀 흘리는 과정도 생각하게 해야 하고요. 그 다음에 그 돈이란 것도 대개 어른들은 저축하라고 하는데, 그것보다 더 중요한 것이 자기 필요라고 보거든요. 너의 필요에 맞게 써라, 그리고 남는 것이 있다면 나중을 위해서 저축하는 것도 좋고, 일부는 어려운 친구를 도와주는 것도 좋다, 또는 선물을 하는 것도 좋다, 이런 균형감각을 길러주는 것이 좋습니다. 그 다음에 "왜 엄마는 계속 일을 하는데도 아무도 월급을 안 주냐?"고 하는 것과 같은 문제의식, 내가 쓰는 연필은 어디서 누가 어떻게 만들었고, 그 사람들은 어떤 대접을 받느냐 하는 것들, 자기 생활 속에서 그것을 가지고 돈벌이 논리가 아니라 살림살이 논리 관점에서 자기 생활에 걸맞게, 눈높이에 걸맞게 대화를 통해서, 혹은 체험을 통해서 하는 교육이 제일 좋다고 봅니다.

지　"다 함께 행복한 경제는 불가능할까?"라는 질문에 대해 "권력과 돈벌이를 위한 사다리 질서를 사람 냄새 나는 원탁형 질서로 바꾸면 가능하다"고 말씀하시는데요. 그게 구체적으로 어떤 겁니까?

강 사다리형 질서에서는 점수나 소득이나 권력을 가지고 사람의 서열을 매기잖아요. 그런데 원탁형 질서에서는 그게 아니라는 거죠. 학교나 가정이나 일반 직장 사회 전체가 둥그렇게 둘러앉아서 저마다의 개성을 살리는 교육을 하고, 어느 정도 교육을 받아 운전면허증 따듯이 70~80점쯤 되면 누구나 다 자기 영역에서 일할 수 있어야 합니다. 모두가 자신의 개성과 잠재력을 살려 실력을 기르는 것은 중요하다고 생각해요. 운전면허증을 예로 자주 드는데, 아무나 차 몰고 나가라고 할 수야 없잖아요. 70~80점쯤 되면 차 몰고 나가도 되겠다고 해서 면허증 주듯이 문학하는 사람, 예술하는 사람, 집짓는 사람, 유기농법으로 농사짓는 사람, 교육하는 사람, 그렇게 저마다 영역은 다르더라도 그 정도 실력이 되면 다들 비슷하게 대접해준다는 거죠. 요약하면 고교평준화를 넘어서 대학평준화, 직업평준화까지 되는 사회가 원탁형 질서입니다. 저마다 개성을 존중하되 서로 소통하고 연대하면서 같이 격려하고 더불어 사는 사회가 원탁형 질서인 거죠.

지 선생님께서는 '식의주食衣住'라는 표현을 쓰시잖아요. 예전에 군관민軍官民이라는 표현에서 민관군民官軍이라는 표현으로 바뀐 것처럼 힘의 관계가 언어에도 나타나는데요. 먹는 게 사실 가장 중요한 것 같은데, 왜 지금껏 의식주라는 말을 흔히 써왔을까요?

강 저도 잘 모르겠는데요. 의식주라는 말은 부자의 논리가 아닐까요? 부자들이 가장 자랑할 만한 게 집이고, 그 다음이 옷 같은 장식품일 거고요. 아무나 타워팰리스 못 살고 수천만 원짜리 명품 못

입잖아요. 먹는 거야 생존의 문제지 자랑할 건 아니잖아요. 아무리 부자라도 다이아몬드를 씹어먹을 순 없는 거니까요. (웃음) 저는 아무래도 식의주가 맞는 것 같아요.

지   마지막으로 해주실 말씀은 없으신가요?

강   이야기하면서 다 나온 것 같은데요. 결국 우리가 지금까지 얘기한 내용은 지금 이대로 굴러가는 것이 대세의 흐름이라고 하면서 그냥 따라가고 적응하는 것으로는 삶의 희망을 건져낼 수 없다는 겁니다. 여기에 대해서 솔직하게 인정하고 정말로 나부터 할 수 있고 우리 주변부터 바꿀 수 있는 것들을 근본적으로 찾아나가자, 그런 힘들이 모이고 모여서 구조도 바꾸고 세상을 바꿀 수 있다는 말씀을 꼭 드리고 싶습니다. 세상을 바꾸자, 지금부터, 여기부터, 나부터, 우리부터!

평화와 자유와 생명을
노래하는 아나키스트

조
약
골

● 아나키스트 운동가이자 음악가다. 대추리에서 '평택지킴이'로 활동했으며, 새만금에서 생명평화운동을 벌이기도 했고, 이라크 파병에 항의하는 평화유랑단 활동을 벌이기도 했다. 대안생리대 운동을 펼치는 '피자매연대'에서 활동하고 있는 그는 저작권에 반대해서 카피레프트 운동을 벌이고 있으며, 자신이 만든 4장의 앨범 〈음악의 무정부〉(2002), 〈재활센터 room 101〉(2003), 〈stop crackdown〉(2004), 〈평화가 무엇이냐〉(2007)를 자신의 홈페이지(dopehead.net)을 통해 공개하고 있다.

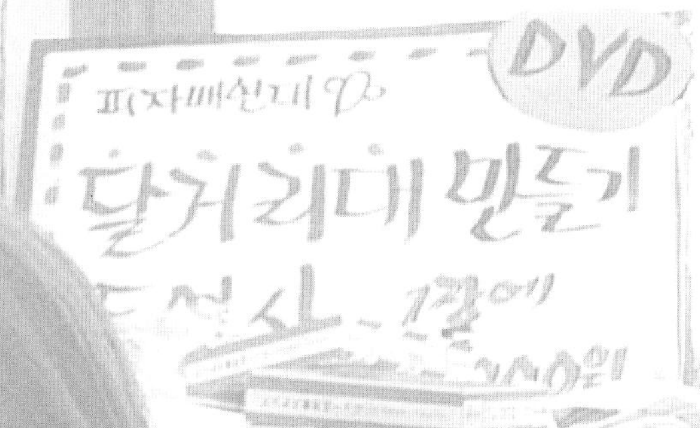

“우리나라 사람들은 국가가 없는 현실을 상상도 못하는 것 같아요. 사실 없어도 되거든요. 물론 국가가 없으면 그 대신 여러 가지 불필요한 것들이 생기겠지만 그런 건 또 나름대로 해결 방식이 있을 거예요. 우리가 국가라는 체제를 너무 당연시하다보니까, 앞으로 만약 북측과 합치게 되면 '통일'이라는 표현을 쓰면서 한 국가가 되어야 하는 것처럼 사람들이 생각하는데, 새로운 국가체제라는 것은 우리가 지금 살고 있는 이 땅에서 어떠한 형태로 살아갈 것이냐를 고민해보는 중요한 계기라고 보거든요. 지금으로서는 하나의 국가가 되는 게 마치 당연한 것처럼 보이겠지만, 앞으로는 사람들이 국가 없이 산다는 것에 대해서 가능성을 열어놓고 생각해볼 수 있는 기회가 되지 않을까, 생각합니다. 웃기죠. 중요한 것은 먼저 살아간 사람들이 있었던 것이지, 국가를 중심으로 해서 본다는 것 자체가 웃기고요.”

사진 ⓒ 문종석

조약골

● 도프헤드dopehead라는 필명으로도 활동하고 있는 아나키스트 운동가이자 음악가 조약골을 만났다. 대안생리대 운동을 펼치는 '피자매연대'에서 활동하고 있는 그는 평택 대추리, 도두리 주민들을 비롯한 많은 사람들의 투쟁의 기록을 모아놓은 4번째 노래모음집 〈평화가 무엇이냐〉를 내기도 했다. 그는 아나키즘 운동에 모든 사회운동이 결합될 수 있는 지점이 있다고 믿고 '평화적 비자본주의 세상을 향한 비폭력 직접행동'을 역설한다. 노리단 예술감독 안석희는 "이번 음반 〈평화가 무엇이냐〉는 '노래는 어디에 있어야 하는가?'라는 질문에 대한 가장 좋은 대답의 하나"라고 평했다. "여기서 어디란 단순히 장소 개념이 아니라 음악-노래가 사람들의 삶과 어떤 관계를 맺고 있는가의 문제"라는 것이다. 조약골은 아나키스트이자 음악가로서 자신이 원하는 세상을 위해서, 활동가로서든 음악가로서든 자신에게 필요한 사람들과 관계를 맺고자 한다.

그는 아나키즘 운동이 실패하고, 질 것을 알고 있지만 할 수밖에 없다고 말한다. 더 많은 죽음들을 조금이라도 막기 위해서. "이기기는 힘들 것이라는 것을 아나키스트들은 천성적으로 알고 있어요. 그래서 하는 말이 아무리 져도, 끝까지 포기하지 말고, 져도 져도 지지 말자, 그래서 결국에는 생존이 중요한 화두인 거죠. 어떤 분들은 이제는 생존이 중요한 시대가 아니라 생활이 중요한 시대라고 하는데, 저희 입장에서는 생존이 앞으로도 중요한 화두일 수밖에 없을 것 같아요. 모든 영역에서 치고 들어올 텐데, 그리고 아마 계속 지게 될 텐데, 그렇다고 해서 포기한다면 더 많은 죽음들이 이어질 테니까 포기할 수 없는 거죠."

인터뷰가 끝난 후, 대기업에도 비판적인 그는 삼성 이건희 회장을 풍자한 노래를 최근에 만들었다면서 보내왔다.

제목 : 이거니_작사·작곡 조약골
돈만 많으면 다 된다는 건희? / 1등만이 최고라는 건희? / 노동자 탄압하고 온갖 불법 다 저지르고도 어떻게 떳떳할 수 있는 건희? / 돈으로 산 권력이 영원하다고 믿는 건희? / 이제라도 정신차려 반성할 수는 없는 건희? // 뭐가 무서워 노조를 만들지 못하게 하는 건희? / 노동자들이 힘모아 니 목아지 딸까봐 걱정하는 건희? / 도둑질로 모은 돈 다 없어질까봐 두려운 건희? / 그런 세상 올까봐 발악하는 건희? / 그런 건희?

{ 아나키즘은 여성주의 운동과 일맥상통

지승호(이하 **지**)　　아나키스트 운동가이자 음악가이신데요. 한국에서 아나키즘 운동의 현주소는 어떻습니까? 민주노동당을 친북이라고 하고, 노무현 정권을 좌파라고 하는 한국사회에서 아나키스트로 살아간다는 것이 참 힘들 것 같다는 생각도 드는데요.

조약골(이하 **조**)　　아나키스트를 표방하고 사는 것 자체는 힘들지 않아요. 세상이 워낙에 괴롭지만, 아나키스트로 사는 것 자체는 힘들지 않고요. 그런데 너무나 일이 많아요. (웃음) 노무현 때도 가장 바쁘게 지냈던 것 같고, 앞으로 더 바빠지겠죠. 아나키스트 운동 혹은 아나키 운동이 어떠냐하면 잘 모르겠어요. 왜냐하면 이게 사실 평가하기 나름인데, 아나키라는 이름을 내걸고 하는 운동이라고 하는 측면에서 보면 사실 없죠. 여러 가지 운동이 있는데, 이게 아나키

운동이라고 자기 자신을 커밍아웃한 운동은 별로 없었으니까요. 그렇다고 해서 아나키에 기반을 둔 운동, 혹은 아나키스트들의 운동이라는 게 없냐하면 아니거든요. 제가 보기에는 그런 운동들은 되게 많이 늘어난 것 같아요. 그런 운동을 하는 사람들이 제가 보기에는 아나키스트인데, 스스로 아나키스트라고 생각하지 않거나 아나키즘과의 연관성이 조금 있다고 느끼더라도 그것을 중요시하지 않는다거나 하는 식의 어떤 아나키적인 운동들은 되게 많거든요. 그것을 아나키 운동이라고 볼 수 있느냐 없느냐는 굉장히 논쟁적인 것 같아요.

지 한국에서는 좌파나 아나키스트라고 얘기하기 어려운 부분도 있는 것 같은데요. 그런 분들의 현실 참여 발언에 대해 조금은 냉소적인 태도를 보이는 경향도 있는 것 같은데요.

조 글쎄요. 제 주변에서 아나키적인 성향을 가지고 활동하는 젊은 사람들을 보면 그렇게 생각지는 않는 것 같아요. 특별히 정치에 무관심하다거나 의견 표현을 일부러 자제하는 건 아닌 것 같습니다. 그렇지만 현재 한국이라는 곳에서 아나키에 기반을 둔 운동을 제대로 하기에 쉽지 않은 점이 되게 많죠. 여러 가지 힘든 점이 많은데, 기본적으로 그 이전에 역사랄까, 맥락이랄까 하는 것이 없었던 거예요. 그러니까 아나키즘에 관련된 여러 가지 것들이 많이 있음에도 불구하고, 이게 아나키즘과 연관이 된다고 얘기해주는 사람들도 없었고요. 이런 운동은 맥락상 아나키스트들이 해오던 운동인데, 그런 맥락이 한국에서는 완전히 씨가 말라버렸잖아요. 그래서 이게 아나키즘과 관련된 것이라고 사람들이 알지도 못하고 얘기하지도 못한다는 겁니다. 그 결과로 지금 아나키즘에 관련된 활동을 하고 있는 사람들도 스스로 그 연관성을 찾지 못하는 거죠.

지　아나키를 표방하고 있지는 않지만 내용적으로는 아나키적인 활동들은 어떤 게 있을까요?

조　예를 들어 서양 각 도시에서는 'Critical Mass'라고 불리는 떼거리 자전거 타기 운동이 활발하게 벌어지고 있습니다. 여기에 참가하는 사람들은 자동차에게 빼앗긴 도로를 되찾기 위해서 정해진 날짜에 많은 사람들이 모여서 자전거를 타거나 집회 또는 시위 등에 자전거를 타고 나타나기도 합니다. 여기에 자전거를 타고 참가하는 사람들이 물론 모두 아나키스트들은 아닙니다만 이 운동을 조직하는 사람들은 모두 명확히 아나키스트들입니다. 서양에서 대중적으로 벌어지고 있는 아나키 운동 중 하나가 바로 이 떼거리 자전거 타기인데요. 한국에서도 비슷한 성격의 모임이 지난 2001년부터 계속되어오고 있습니다. 한국에서는 '발바리'라는 이름으로 비슷한 주장을 하면서 자전거 타기를 하고 있고요. 이 모임을 운영하는 사람들이 스스로를 아나키스트라고 이야기하지는 않지만 운동방식이라든가 내용, 분위기 등등을 볼 때 아주 아나키적이라고 생각합니다. 곧 서양에서도 각 도시들이 자율성을 갖고 독자적으로 움직이면서 보다 큰 모임으로 연합할 필요가 있을 때 '자유연합'의 원리에 따라서 네트워크적으로 결합하는데요. 한국의 발바리 운동역시 비슷합니다. 중앙에 발바리 본부가 있고 지역에 발바리 지부가 있는 식이 아니라 각 지역이 독자적으로 움직이면서 동시에 사안에 따라 자유롭고 수평적으로 결합하는 방식이거든요.

또 전세계적으로 널리 퍼져 있는 아나키 운동 가운데 'Food Not Bombs'라는 운동이 있습니다. 버려지는 음식물 가운데 먹을 수 있는 음식물들을 수거해서 반전집회라든가 기타 사회운동 모임 같은 곳에서 함께 요리를 해서 먹는 운동입니다. '푸드낫밤' 운동에 대해서는 제가 한국어로 된 소개글이나 기타 글들을 여러 군데에 썼기 때문에 찾아보시면 되고요. 한국에서 이와 비슷한 운동을 시도한 적이 있었어요. '투쟁과 밥'이라는 이름으로 2003~2004년 서울 명동성당에서 천막농성을 했던 이주노동자들을 지원한 운동인데요. 이것이 푸드낫밤의 영향을 받은 것입니다. '투쟁과 밥'이 겉으로는 아나키스트라고 말한 적은 없지만 그 운동에 참여한 사람들은 대부분 아나키스트였다고 볼 수 있어요.

또 2003년 미국이 이라크를 침공한 뒤부터 한국에서도 여러 종류의 반전평화운동이 벌어졌는데, 이 가운데 비전非戰을 주장한 사람들 역시 아나키즘에 기반을 둔 평화운동을 한 것입니다.

그리고 양심에 따른 병역거부운동도 겉으로는 한 번도 아나키와의 연관성을 드러낸 적은 없었지만 이 운동은 여호와의증인 등 종교적 거부자들을 제외한다면 서양에서도 대부분 아나키스트들이 주로 이 운동을 이어나갔고요. 한국에서도 양심에 따른 병역거부운동은 정치적으로 아나키즘에 가장 가까운 운동입니다.

이런 예들은 무척 많은데요. 대마초 합법화 운동도 내용적으로 아나키적 활동이라고 볼 수 있고요. 한국에서는 법에 문신이 의료행위로 되어 있어서 의사들 말고는 문신을 할 수가 없는데, 문신운동을 했던 사람들도 아나키를 표방하지는 않았지만 아나키 운동이라고 생각합니다.

지 린 패로우Lynne Farrow가 쓴 〈아나키즘으로서의 여성주의Femi-nism as Anarchism〉라는 글을 읽고 나서 쓰신 글이 있는데요. 그 글의 첫머리에 "아나키즘이 설교하는 것들을 여성주의는 실천에 옮긴다"고 하셨는데, 그걸 한국적 현실에서 설명하신다면요?

조 예를 들면 여러 가지로 설명할 수 있을 텐데요. 아나키즘 같은 경우 (여러 가지로 설명할 수도 있겠지만) 한마디로 반권력주의라고 할까요. 기존의 권위에 반대하는 것이 운동의 가장 중요한 정신이라고 할 텐데요. 한국 같은 경우에는 그렇다면 권위나 권력이 어떻게 나타나느냐, 저는 그 중의 하나가 가부장제라고 보거든요. 그것이 지닌 많은 문제점들을 여성주의 활동을 하면서 직접적으로 부딪히게 되고, 다른 식으로 바꿔내는 활동을 하게 되니까 아나키의 입장에서 보자면 그런 어떤 급진적인 입장을 가진 여성주의 활동은 되게 아나키적인 거죠. 본질적으로 맥락이 연결되어 있는 것이고, 구체적으로 아나키즘 운동이 드러나는 모양은 그 사회가 가지고 있는 문제점에 따라서 약간씩 모양을 달리하겠죠. 그런 점에서 한국 같은 경우는 가부장제의 폐해가 굉장히 크고, 아나키 운동이 여성주의와 연관성을 갖고 나타나는 것이 당연하다고 봅니다.

지 가부장의 폐해에 맞서 싸우는 한국의 여성주의가 아나키즘을 실천하는 것이라고 했는데, 보다 자세한 설명을 듣고 싶습니다. 여성주의의 어떤 면이나 투쟁들이 아니키적인가요?

조 기본적으로 인간들 사이에서 상하관계를 맺는 것이 아니라 평등한 인간관계를 맺는 것을 목표로 한다는 점이 여성주의와 아나키즘의 공통점입니다. 권위를 거부하는 아나키즘의 입장에서 볼 때

가부장의 권위야말로 제거해야만 하는 대표적 권위지요. 한국사회는 특히 가부장제와 민족주의 그리고 국가주의가 난마처럼 얽혀 있어서 실은 여성주의적 실천과 아나키적 실천을 구분하기 힘든 경우도 많습니다. 굳이 그런 구별이 필요하지 않은 경우도 많고요. 특히 급진적인 여성주의 실천의 경우 아나키적인 경우가 많았습니다. 월경을 부끄러운 것으로 여기도록 만드는 가부장제에 저항하는 운동들 곧 월경페스티발이라든가 피자매연대의 실천 같은 것들도 아나키적이라고 생각하고요. 운동사회 성폭력 뿌리뽑기 100인 위원회 활동 역시 아나키적이라고 생각합니다.

물론 이 활동을 했던 사람들 모두를 아나키스트라고 하는 건 아니지만 그 운동이 진행된 방식이라든가 그게 갖는 의미와 내용 등이 아나키적이었고요. 또 반전평화운동과 장애여성운동 그리고 다른 소수자 운동들이 네트워크적으로 결합한 '다름으로 닮은 여성연대' 같은 경우도 아나키즘을 내세우지 않았고, 그 활동을 했던 사람들도 의식적으로 아나키즘을 추구하지는 않은 것 같은데요. 제가 보기엔 서양의 여러 나라들에서 전개되고 있는 아나키-여성주의 운동과 매우 닮아보입니다. '비혼여성축제' 같은 것도 멋진 활동이었는데, 그런 것들이 아나키적이라고 봅니다.

{ 남성 중심 이데올로기에서 벗어나 보는 세상

지　여성주의 운동을 남성이 하다보니까 오해도 받았을 것 같은데요. 피자매연대에 전화한 여성들이 당황해하기도 했다지요.

조　그런 경우가 되게 많죠. 일단 피자매연대 같은 경우 특히 월경
권의 문제를 처음으로 한국 사회에 알렸고, 그 다음에 월경에 관련
된 구체적인 대안을 알리는 데 집중했거든요. 그래서 저 역시도 웬
남자가 월경에 대해서 얘기하느냐는 말을 많이 들었죠. 그런데 월
경이 여성들만의 문제냐고 묻는다면, 아니거든요. 이것은 남녀 불
문하고 함께 힘을 모아서 풀어나가야 하는 문제고요. 우리가 살고
있는 세상에 모두 영향을 미치니까 이것은 여성들만의 문제는 아닌
건데, 사실은 남성 중심의 이데올로기가 월경을 여성들만의 문제로
몰아갔다고 생각합니다. 피자매연대는 그런 점에서 함께 풀어나가
야 한다는 것을 월경이라는 구체적인 부분에서 알리는 작업을 하고
있는 거죠.

지　남성 중심의 이데올로기가 월경을 여성들만의 문제로 몰아갔
다고 하셨는데, 왜 그렇다고 생각하는지, 구체적으로 어떤 형태로
나타났는지 말씀해주실 수 있나요?

조　인류의 절반이 경험하는 것을 단지 여성들만의 일로 치부한
것이 바로 남성 중심의 이데올로기죠. 그리고 월경이 자연스러운
몸의 변화나 신호로 받아들여지지 않고 부끄러운 것, 숨겨야 할 것,
깨끗하게 감쪽같이 처리해야 할 것으로 여겨집니다. 이런 분위기에
서 여성들은 자신의 몸에 대해 긍정적인 생각을 갖기가 어렵게 됩
니다. 그것에 대해서 솔직하고 자연스럽게 말하기도 쉽지 않고요.
월경에 대해서 쉬쉬하는 분위기는 결국 월경을 인류의 보편적인 일
이라거나 우리가 살고 있는 지구환경의 문제가 아니라 여성 개인의
문제로 만들어버립니다.

이런 남성 중심의 이데올로기를 적절히 이용하는 것이 바로 일회용 생리대를 대량으로 제조해서 판매하는 대기업들이고요. 그래서 일회용 생리대와 생리통 그리고 화학물질의 문제 등이 사회적 이슈가 되지 않았던 것입니다. 마치 피임이라든가 낙태 등을 여성 개인의 문제로 몰아가는 것과 비슷한 맥락이라고 생각합니다.

지 대안생리대 운동을 하는 피자매연대에 활동가로 참여하게 된 계기는 뭔가요?

조 제가 아나키즘에 관심을 갖고, 아니 관심을 넘어서서 '나는 아나키스트'라는 선언을 하고 활동하기 시작한 게 10년 정도 된 것 같은데요. 한국사회에 워낙 여러 가지 문제가 많지만, 군사주의 문제가 심각하다고 생각했고요. 그로 말미암은 폐해가 한국사람들 대부분의 생각을 크게 지배하고 영향을 미치고 있어서 그걸 허무는 탈군사주의운동 같은 걸 하고 있었고, 평화운동 등 아나키즘이 한국에서 나아가야 할 방향을 깊이 고민하던 때가 1990년대 말에서 2000년대 초 무렵이었습니다. 탈군사주의운동이나 뭔가 대안을 추구하는 여러 가지 운동을 나름대로 하려던 참이었는데요.

그러다가 피자매연대의 활동, 그러니까 대안생리대를 직접 보여주는 활동을 접하게 되었는데요. 대기업이 만들어낸 일회용품, 그런 것을 돈을 주고 사고, 그것을 버리고, 다시 돈을 주고 사고, 버리는 이런 삶의 형태를 거부하고 전혀 새로운 대안을 만들어가는 운동이 저한테는 신선했던 겁니다. '아, 이것은 구체성을 가지고 있다, 또 대기업 중심의 자본주의 질서에서 벗어날 수 있는 가능성을 여기에 담고 있다, 그런 것들을 이야기할 수 있겠구나, 게다가 여성이 중심이 된 운동이기 때문에 더 의미가 크겠다'고 생각한 겁니다. 그런 게 저한테는 이 운동을 하게 만든 계기였던 것 같아요.

지 약자로서의 여성주의나 환경, 생협 문제 부분까지 포함되어 있는 거네요.

조 그럼요. 거기에 모든 게 포함되어 있죠. 일회용 생리대 문제와 대안생리대가 가진 장점들, 월경을 중심으로 풀어내는 이야기들을 보면 거기에는 여성의 문제, 사회적 약자의 문제, 생태주의, 환경의 문제, 평화의 문제, 모든 것들이 다 얽혀 있거든요. 제가 생각하는 아나키 운동이라면 그런 통합적인 저항운동을 생각하고 있었는데요. 언제부턴가 부문운동이라고 해서 노동운동 하는 사람은 노동운동에만 관심이 있는데, 사실 우리가 살고 있는 사회가 노동운동만 열심히 한다고 해서 바뀔 수 있느냐 하면, 저는 그런 단계는 지났다고 보거든요. 그래서 통합적인 저항운동이 필요하다고 생각하고 있었는데, 대안생리대를 매개로 그런 어떤 통합적인 저항운동이 가능할 거라고 생각한 거죠.

지 이 운동의 성과는 어떻게 보세요? 몇 년 전만 해도 월경 페스티벌 같은 것에 대한 언론의 관심이 많았는데, 지금은 관심이 좀 덜하다는 생각도 들거든요.

조 월경 페스티벌 자체에 대한 관심은 줄어들었다고 볼 수 있는데요. 저희 피자매연대 입장에서 보면 일회용 생리대 말고도 대안생리대가 있다는 것을 알렸다는 것 자체가 큰 성과라고 생각하고요. 왜냐하면 2003년에 피자매연대가 활동을 시작했는데, 그때만 해도 대안월경용품이 있다는 것을 아무도 몰랐어요. 캐나다에서 활동하는 여성 아나키스트들이 2002년에 한국에 와서 이런 대안용품을 쓰는 것을 보고 저희도 처음 알았거든요. 같이 운동을 하던 여성 활동가들도 그게 뭔지 몰랐던 거죠. 설명을 듣고나서 '이러이러한 의미가 있구나' 하는 것을 알게 되었고요.

여기다가 저희들은 더 큰 의미를 부여했죠. 대안월경용품을 단순히 쓴다는 게 아니고요. 지금은 면생리대 쇼핑몰들이 엄청나게 늘어났거든요. 이것도 대안으로서의 의미는 상실한 거죠. 일회용품처럼 우리가 쉽게 사고 버리지는 않겠지만, 그렇게 된 건데요. 저희는 끊임없이 대안의 의미를 부여하기 위해서 시작할 때부터 여러 가지 소수자 운동과 연대해왔던 거고요. 그런 성과가 있었던 것 같아요. 대안생리대 하면 일화들이 많은데, 한 남자가 면생리대를 피자매연대에서 사서 자기 여자친구한테 선물했더니 "거기 운동권들이 하는 것 아니냐, 너도 왜 운동권에 물들어 가느냐?"고 그랬다는데요. 그런 얘기를 들으면 우리가 잘 가고 있구나, 하는 생각을 하게 되죠.(웃음)

지 한동안은 대기업에서 대안생리대의 상업성에 주목해서 참여하려는 움직임도 있었지 않습니까?

조 겉으로 드러나지는 않았는데요. 자본가로서는 대안생리대도 하나의 상품이기 때문에 '커다란 새로운 시장'을 피자매연대가 만든 것으로 본 거죠. 저희가 처음 운동을 시작할 때 당연히, 그래서 처음부터 우리가 많은 아이디어를 쏟아붓기는 했지만, 그렇다고 해서 우리가 실용신안이라든가 특허 같은 것들을 내는 것은 반대했죠. 이른바 카피레프트 정신이었던 건데요. 여기에 아이디어를 덧붙일 수는 있겠지만, 이미 수천 년 전부터 여성들이 아이디어들을 모아가지고 써온 것이 면생리대라는 것이고요. 기술특허 같은 것들을 하는 건 맞지 않겠다고 생각해서 홈페이지를 통해서 처음부터 완전히 공개했습니다.

그렇게 하면 그걸 어떤 상업적인 목적으로 이용하려는 사람들이 있을 거라는 생각을 당연히 했구요. 그렇지만 면생리대는 일회용 생리대와는 달리 회전률이라고 할까, 사람들이 빨리 쓰고 버리고 이러지를 않잖아요. 대기업 같은 데서는 사람들이 빨리 쓰고 버리고 이래야 투자를 할 텐데, 그런 점에서 대기업의 참여보다는 중소기업들이 나타나서 하지 않겠느냐고 생각했는데, 그런 예상이 들어맞았고요. 월 1억 원 이상의 매출을 올리는 면생리대 업체도 나났습니다. 저희가 얼마 전에 듣기로는 일회용 생리대 시장이 고급화나 양분화가 되면서 사람들이 점점 더 값은 더 주더라도 면생리대 같은 것들을 사려는 경향들이 생겨나서 대기업도 여기 참여하려는 움직임이 있다고 들었는데요. 대안생리대라는 것과 면생리대가 다르다는 것, 여기에 우리는 대안의 의미를 담아가는 운동을 계속해나가고 있는 셈이죠.

지 올해 피자매연대에서 특별히 계획한 일은 있는가요?

조 올해는 지역네트워크를 좀더 튼튼하게 만들어볼 계획으로 활동하고 있는데요. 피자매연대 홈페이지를 보면 우리가 아나키즘을 지향하는 단체다, 이런 것은 없어요. 그렇지만 거기 있는 내용을 모두 읽어보면 아나키즘과 긴밀한 연관을 가지고 있거든요. 처음 활동을 시작할 때는 아무래도 대안생리대 보급에 주력했는데요.

어떻게 보급, 확산시킬 것이냐는 방법에서 우리가 전국 방방곡곡 돌아다니면서 전수해주는 방법보다 사람들이 스스로 배워서 바이러스처럼 퍼져나가게 하는 것이 좋겠다, 이것을 아나키즘의 원리로 보면 수평적 네트워크 정도로 표현할 수 있을 거예요. 아니면 들뢰즈의 철학을 공부한 사람들은 줄기라고 표현하겠죠. 우리는 그런 것과 비슷한 방식을 택한 겁니다. 여기서 세 명을 모아놓고 대안생리대 만들기 워크숍을 한다, 그러면 그 세 명이 자기 지역에서 또 세 명씩 모아놓고 하는 거죠. 저희들이 얼마나 퍼져나가는지 알 수는 없지만, 어느 순간 보니까 엄청나게 퍼져 있더라고요. 어떤 사람들이 이렇게 오해를 하는 거예요. 너희 혹시 다단계 아니냐.(웃음)

그런데 수직적인 피라미드가 있어야 다단계죠. 그런 것과 구조 자체가 다른 건데, 수평적 네트워크 형태로 이 운동이 퍼져나가는 것, 사실은 저희도 얼마만큼 퍼져나갔는지는 알 수가 없는데요. 어느 순간 보니까 그런 효과라고 할까, 수평적인 네트워크가 갖고 있는 효과를 분명히 느꼈어요. 왜냐하면 우리 활동가들이 서너 명 정도인데, 이런 사람들이 전국을 돌아다니면서 할 수도 없고, 여기서 돈이 나오는 것도 아니고요. 그러다보니까 그런 상황에서 이것을 퍼뜨리는 가장 좋은 방법이었던 거고요. 그래서 올해는 자생적으로 각 지역에 네트워크들이 만들어져 있다면 이것을 좀더 명실상부한 지역네트워크로 만드는, 그래서 사람들이 거기서 여러 가지 정보를 얻게 하려고 합니다. 지금은 주로 저희 사무실로 연락을 해서 정보를 얻는다든가 문의를 한다든가 하고 있는데, 앞으로는 그런 것들을 각 지역에서 할 수 있도록 하는 일을 해보려고요.

지　사무실 운영은 어떻게 하시나요?

조　기본적으로 대안생리대 같은 것을 팔아서 하고 있어요. 겨우 운영비가 나오는 정도인데요. 이주노동자들이 명동성당에서 2003~2004년에 농성을 하고 있었는데요. 그때 저희가 활동을 시작하면서 후원금을 모으자는 차원에서 바느질해가지고 면생리대를 만들어서 팔기 시작했거든요. 그러다가 농성 끝나고 다른 활동에 연대하면서 이게 조금씩 커지니까 사무실도 필요하게 되고, 지금은 제가 동대문에서 몇 십 킬로미터짜리 천을 가져와 가지고, 인터넷으로 사람들이 주문하면 팔아서 사무실 운영비를 마련하고 있어요.

{ 새만금, 황새울…… 개발에 빼앗긴 생명의 터전들

지　얼마 전 4집 음반 〈평화가 무엇이냐〉를 내셨는데, 평화란 무엇이라고 생각하십니까?

조　자기가 어떤 입장에 처해 있느냐에 따라서 평화가 지닌 의미가 달라질 것 같아요. 예를 들면 국가가 뭐냐고 하면 어떤 사람한테는 안전을 보장해주는 것이라고 말할 수 있을 텐데요. 제가 대추리에서 한참 살았는데요. 거기 살던 농민들한테 국가가 뭐냐고 하니까 이미 본질을 알고 계시더라고요. 몇 년 동안 경찰들, 정부 관료들에 의해서 강제로 당하고 쫓겨나고 그런 경험들을 하면서 "얘네가 깡패랑 조금도 다를 바가 없다"고 얘기하는데, 저한테는 그게 큰 감동이었고요. 그래서 그분들의 조그만 소망과 함께하는 게 평화겠구나 생각했습니다. 저한테는 그게 큰 의미를 담고 있는 싸움이었고요. 농사짓는 땅을 제국주의 군대로부터 지킨다는 게, 자본주의 모순이 더 심화되어가는 상황에서 중요한 싸움이었던 것 같아요. 제겐 그런 구체성을 가지고 있었던 거죠.

그리고 요새는 장애인들도 일주일 전부터 시청 앞에서 노숙농성을 하고 계시더라고요, 시설비리 문제며 여러 가지 해결되지 않은 것이 워낙 많기 때문에. 평화라는 게 누구한테 묻느냐, 내가 어떤 입장을 갖고 있느냐에 따라 달라지는 것 같아요. 그런데 생각하면 할수록 어려워서 요새는 잘 모르겠네요.

지 "황새울 지킴이들이 함께 노래를 부르고, 자신의 이야기를 음반으로 표현한 평택 평화항쟁의 소중하고 생생한 기록"이라고 표현하셨는데요.

조 주민들을 옆에서 보면서 그런 것을 많이 느꼈죠. 구체적으로 경찰들이 만날 옆에서 괴롭히고, 마을 부수러 들어오고, 계속 그런 상황들인데도 불구하고 농사를 포기하지 않는 그런 모습들, 땅에 뿌리박고 살고 있는 사람들이 얼마나 평화로운 세상을 원하는가, 이게 얼마나 절박한가, 그 사람들에게는 그게 얼마나 소중한 문제인가 하는 것을 느낀 거죠. 사실 지도로 보면서 '여기는 논이니까 대충 뺏어서 군사기지로 내줘도 되겠다'고 중앙정부 사람들은 생각했겠지만, 사실 거기서 구체적으로 살아가는 농민들하고 옆에서 농사도 지으면서 살다보니까 그게 되게 소중한 가치를 가지고 있구나, 땅이라는 것이 그 사람들한테는 생명 이상의 의미를 갖고 있다는 것을 느끼게 된 거죠.

새만금 어민들한테 갯벌이 갖는 의미나 마찬가지겠죠. 땅을 뺏는 것은 내 자식의 목숨을 뺏는 거다, 들판의 곡식이 자라고 있는데 전경들이 와서 그걸 무심히 짓밟고 지나가는데, 그런 걸 보면서 정말 자기 자식의 팔이 꺾이는 느낌을 갖거든요. 저도 텃밭에 파니 마늘이니 심어놓고 그랬는데, 전투경찰들이 와서, 집을 부수려고 오면서 그런 것들을 포크레인으로 휘저어놓으니까 정말 그 꼴들을 볼 수가 없더라고요.

지 노무현 정권에 대한 일정한 기대감이 배신당한 부분이 있지 않습니까?

조 저는 전혀 없었어요. 처음 시작할 때는 그런 부분들이 있었는지도 모르겠는데, 저는 개인적으로 가장 사악한 정권이었다고나 할까, 개인적인 느낌은 그랬어요. 어차피 한나라당이 집권하고 있던 시절이야 뻔히 알고 있었고, 그랬는데 저한테 되게 소중했던, 그 이전에는 저한테 그 운동이 소중하지 않아서인지도 모르겠지만, 제가 소중히 여겼던 것들, 예를 들어 새만금 싸움이라든가, 평택 싸움이라든가 여러 가지 것들에 있어서 모조리 밀어붙여서 통과시켰죠. 노무현 정권에서요. 이렇게까지 정권의 야만성을 보게 될 줄은 몰랐어요.

지 이명박 정권 출범을 보면서는 어떤 생각이 드셨나요?

조 일단 엄청난 위기의식을 느끼고 있어요. 지금까지도 쉽지 않았는데, 더 힘들어지겠구나, 하는 생각이 들죠. 벌써 여러 건이 터졌잖아요. 앞으로 5년 내내 그렇게 지내게 될 것 같아요. 총체적으로 밀어붙일 태세니까.

지　"대추리에 오게 된 계기는, 내겐 일종의 숙명이었다. 대추리에는 내가 중요하다고 생각했던 이슈들이 모두 있었다. 대추리 투쟁은 평화운동이기도 하고, 국가권력에 반대하는 운동이기도 하고, 자립적이고 대안적인 마을을 만들어가는 활동이기도 했다. 몇 백 명의 농민들이 들고 일어나 거대한 제국에 맞서 싸우고, 자치를 선언하고 마을을 꾸려나가는 일은 내겐 너무 감동적이었다"고 《프레시안》 인터뷰에서 말씀하셨는데요. 결국 그 싸움에서 패배한 셈인데요.

조　글쎄 저는 개인적으로 아나키스트의 입장에서 볼 때 질 수밖에 없다고 봐요. 권력자들과 맞붙어서 싸워 이길 수가 없죠. 걔네들은 힘을 가지고 있잖아요. 자기 뜻대로 안 되면 언제나 경찰력을 동원할 수 있고, 언제든 군대까지 동원할 수 있는 힘을 가지고 있으니까 정면으로 맞붙어 싸워서 이길 수가 없다는 것을 잘 알고 있어요. 그렇다고 해서 아나키스트들이 싸움을 안 할 수는 없죠. 쟤네들은 항상 치고 들어오니까 안 할 수는 없는데, 그렇다고 해서 우리가 이길 것이냐, 이기기는 힘들 것이라는 것을 아나키스트들은 천성적으로 알고 있어요.

　그래서 하는 말이, 아무리 져도 끝까지 포기하지 말고 져도 져도 지지 말자, 그래서 결국에는 생존이 중요한 화두인 거죠. 어떤 분들은 이제는 생존이 중요한 시대가 아니라 생활이 중요한 시대라고 하는데, 저희 입장에서는 생존이 앞으로도 중요한 화두일 수밖에 없을 것 같아요. 모든 영역에서 치고 들어올 텐데, 그리고 아마 계속 지게 될 텐데, 그렇다고 해서 포기한다면 더 많은 죽음들이 이어질 테니까 포기할 수 없는 거죠.

지　'그런 것 고민 안 하면 편하게 살 수 있을 텐데'라고 생각하는 사회구성원들이 많을 텐데요. 그렇게 하나하나 각개격파를 당하다 보면 다 죽거나, 살아도 사는 게 아닌 것 같은 참혹한 삶이 기다리고 있을 텐데, 사람들이 그런 생각을 하기보다는 경쟁에서 살아남아서 조금 더 버텨보자는 생각을 하고 있는 것 같습니다.

조　우리가 살고 있는 사회가 사실은 경쟁의 원리에 기초해서 지어졌기 때문에 사회 자체를 뿌리에서 바꾸지 않는 이상은 그런 사람들의 생각을 바꾸기가 쉽지는 않겠죠. 아나키즘은 기본적으로 경쟁에 기초한 사회가 지닌 어떤 문제점을 태어날 때부터 지적하면서 그에 대한 완전히 새로운 대안을 제시하면서 나온 사상이라고 볼 수 있거든요. 크로포트킨이 대표적인데, 인간이 사는 사회는 동물과는 달리 생존경쟁, 약육강식이나 적자생존뿐 아니라 상호부조가 더 중요한, 인간들이 어떻게 서로 돕고 살 것이냐 하는 것이 더 중요한 사회원리라는 것을 과학적으로 증명해냈고요. 아나키즘의 여러 원리들도 그것에 기반을 두고 있죠.

그래서 사람들이 자기 자신만 생각하면서 경쟁을 통해서 밟고 올라가야 한다고 생각하는 게 지금의 끔찍한 사회를 만들어냈다는 것을 곧 알게 되지 않을까, 그 곧이 언제인가는 모르겠지만, 전 그런 바람을 갖고 있어요. 이게 단순히 인간뿐 아니라 우리가 타자라는 것을 경쟁의 대상이라든가, 하나의 도구라거나 내 자신의 어떤 목적을 위해서 사용하게 되는 그런 수단으로 생각할 때 어떤 결과가 나오는가는 사실 1970년대 이후의 역사가 제대로 보여주고 있다고 생각하고요. 구체적으로 한국을 보면 태안반도 기름 유출 사건이 대표적이겠죠. 어쨌든 그래서 사람들이 느끼게 될지는 잘 모르겠지만, 그렇게 만드는 것이 개인적으로 제가 아나키 운동을 하는 이유겠죠. 그런 무한경쟁에 기반을 두는 사회는 결국에는 아무도 제대로 삶을 살 수 없는 사회라는 것을 끊임없이 알리는 것들이 목표입니다.

지 타자를 경쟁의 대상이나 내 자신의 이익을 위한 수단으로 생각할 때 이 사회가 어떻게 되는가는 1970년대 이후의 역사가 보여주고 있다고 하셨는데요. 구체적으로 어떤 역사를 말하는 건지요?

조 예를 들면 한국의 식량자급률이 급속도로 떨어지기 시작한 것이 1970년대 이후 박정희 정권이 주도한 중앙집중적 산업화가 시작되면서부터입니다. 이것은 국가가 나서서 민중의 생존조건인 농업을 말살한 정책이었습니다. 농촌공동체는 철저히 타자화되어서 탈출과 포기의 대상이 된 것이고요. 생태환경은 그저 돈을 벌기 위해 언제든 이용하면 되는 객체가 되어버렸습니다. 이명박 정권이 대운하사업을 하겠다면서 그 재원의 일부를 강을 준설해 퍼올린 모래를 팔아 마련하겠다고 했는데, 그 모래가 대통령의 것입니까? 그것이 국가의 소유물입니까?

국가의 이익, 곧 극소수 지배계급의 이익을 위한다고 할 때 자연존재들은 언제든 착취될 수 있다는 생각이 1970년대 이후 자리를 잡게 된 거죠. 그렇게 농업을 포기하고 도시로 몰려든 사람들 역시 기업의 이윤을 위한 노예로 전락하면서 철저히 타자화한 것이 한국의 천박한 자본주의였고요. 지금은 비정규직 문제로 나타나고 있다고 생각합니다.

지 　조금 전에 태안 말씀하셨는데, 인터넷 들어가서 보면 "태안 사람들이 보상금을 더 받기 위해 땡강을 부린다. 우리를 먹여살려주는 삼성을 괴롭히면 어떻게 하겠다는 거냐?" 따위의 댓글이 많이 달리거든요.

조 　글쎄요. 그렇다면 사람들이 오히려 노골적으로 삼성 편을 든다든가 재벌 편에 붙고 싶다, 국가에 빌붙고 싶다, 그런 욕망을 더 노골적으로 표현한다면 어떤 점에서는 더 좋지 않을까요? 얼마 전에 지하철을 타고 가면서 노인 두 분이 얘기하는 걸 들었는데요. 노무현 같은 공산당 때문에 한국이 얼마나 힘들었느냐는 얘기를 하더라고요. 웬만하면 그냥 넘어가려 했는데, 노무현 욕을 공산당과 일치시켜서 하시더라고요. 그래서 제가 듣다듣다가 "공산당이 아니지 않느냐? 한미FTA도 하고 그러는데"라고 했지요. 어쨌든 그렇게 생각하는 사람들은 극소수겠지만, 그런 뭐랄까 노무현 대통령이 스스로 좌파라고 해서 우리는 코웃음을 쳤는데, 사람들이 그것에 대한 역작용으로 자기를 스스로 우파에 동일시를 한다면 더 재밌어지기는 하겠네요.

지 　그것도 금방 배신당할 수 있는 감정이니까요.

조 　그렇죠.

{ "춤출 수 없다면 그건 내 혁명이 아니다"

지 아까 크로포트킨 말씀하셨는데, 아나키스트가 되는 데 영향을 미친 사람이 그런 사상가들인가요?

조 글쎄, 특정한 사상가가 있었다기보다는 많은 사람들의 영향을 받기는 했는데요. 제가 스스로 1990년대에 여러 운동권들을 거치면서 사회운동을 하다보니까 기존에 사람들이 갖고 있는 마르크스주의에 기반을 둔 운동방식이랄까, 이런 것들이 저한테는 맞지 않는구나, 생각하게 됐어요. 여러 가지 문화들도 그렇고요. 자율성을 억압하는 이런 것들, 중앙집권적인 모습, 그런 게 지금도 되게 많이 남아 있죠. 권위적인 모습이. 운동을 하는 사람들도 그런 모습들을 똑같이 보여주고 있는데요. 예를 들면 서열, 나는 나이가 어리다, 그렇기 때문에 운동권 내부에서조차 인정을 받지 못하는 것들이 있어서 '이런 것들은 아닌데' 하고 생각하다보니까 자연스럽게 '아나키즘이 저한테 맞는구나' 하는 생각이 들었습니다. 여러 가지 다양한 운동들이나 사상들도 있는데, 나한테 맞는 게 뭐냐, 나의 해방에 가장 큰 도움을 주는 게 뭐냐, 고민도 하고 책도 읽고 활동하는 사람들도 보고 하니까 그런 나름대로의 확신을 갖게 됐죠. 그런 과정이 일 년 정도 있었던 것 같아요.

지 마르크스주의 운동 방식이 안 맞다고 하셨는데요. 한국의 기독교가 예수의 사상을 배반하고 있는 것처럼 한국의 운동권이 마르크스의 사상을 제대로 실천하지 못했기 때문일 수도 있지 않습니까?

조 저는 어차피 한국에서 활동하면서 보냈기 때문에 한국 운동권의 문제였겠죠, 마르크스주의의 문제라기보다는. 활동하던 전체의 커뮤니티랄까, 이것이 가지고 있는 문제였고, 저 같은 경우에는 대안이라거나 그때 자주 하던 말로 해방이라거나 하는 것들을 위해서 싸운다고 할 때 현재 자신을 억압해가면서 나중에 언제 올지 모르는 먼 미래를 위해서 지금 자신을 희생한다는 것이 별 의미가 없는 것으로 느껴졌고요. 내가 진짜로 해방을 원한다면 지금 우리가 그것을 위해서 싸우면서 해방되지 않으면 무슨 의미가 있느냐는 생각을 했던 거죠. 그게 아나키즘에서는 그렇지 않더라고요.

엠마 골드만이 그런 유명한 얘기를 했잖아요―"춤출 수 없다면 내 혁명이 아니다. 춤을 추지 않는 혁명에는 나는 참여하지 않겠다." 나중에 아나키즘에 관심을 갖게 되면서 엠마 골드만이나 신채호나 크로포트킨 같은 사람들의 삶의 궤적도 따라가보고, 그 사람들이 썼던 책도 읽어보고 그러면서 되게 많은 것을 느꼈어요. 어떤 거부할 수 없는 친밀감 같은 게 있었던 거죠.

지　그런 부분에 대해서 비슷한 생각을 가진 분들 중에서는 운동이란 대중성이 필요한 게 아니냐고 비판할 수도 있을 것 같은데요.

조　그런 비판을 7~8년 전에 많이 들었던 것 같아요. 나는 아나키스트에 취해 있었다고 할까요. '나는 아나키 운동을 한다'는 그런 것에 빠져 있었던 것 같고요. 그것보다 진짜로 한국사회를 아나키즘에 기반을 두고 바꿔나가야겠다고 생각하게 된 거죠. 뿌리가 없는 상황, 아나키 입장에서는 해방 이후에 한국에서 뿌리가 소멸되어 버렸거든요. 그 뿌리를 다시 심고, 거기서 어떤 새로운 운동의 흐름들이 자라나오게 하려면 무엇이 필요한가 하는 고민들, 논쟁들이 당시에 있었던 거죠. 기존에 벌어지고 있는 사회운동들, 어떤 이념에 기반을 둔 것이든 차별이나 억압을 없애기 위한 사회운동들이 폭넓게 한국에 있었던 상황이고요.

아나키 운동을 한국에서 새로 벌여나가면서 이 부분과의 어떤 연관성이랄까, 이런 것들을 어떻게 잡아야 할 것인가에 관한 고민이나 논쟁이 있었던 거죠. 왜냐하면 1990년대 말에 우리 주변의 아나키스트들이 참고했던 운동은 외국의 아나키즘 운동이었거든요. 뿌리가 완전히 잘려나가지 않은, 그런 것들을 보면 사실 기존의 권위적인 그런 분위기가 남아 있는 사회운동가는 아예 선을 긋고, 독자적인 토대를 만들어서 운동을 해오는 그런 것들이 많이 있었습니다.

우리도 그렇게 가야 하는가, 기존에 한국에 있는 여러 사회운동가와는 새롭게 아무런 관련을 갖지 않고 출발해야 하느냐, 아니면 기존의 사회운동세력과 연대하면서 이들을 아나키적으로 만들어가면서 운동을 할 거냐 하는 고민들이 있었던 거고요. 저로서는 두 가지 다 이루어져야 한다는 생각을 했던 거죠. 그 다음에 제가 아나키즘의 영향을 받게 된 계기가 기존 사회운동권에 억압적인 분위기가 있었기 때문에 나뿐 아니라 다른 사람들도 그런 것을 많이 느끼고 있지 않을까 하는 생각에서 주로 기존의 사회운동을 하는 사람들과 함께하면서 그 안에서 아나키 운동을 해보겠다는 생각을 갖게 된 것 같아요.

지 시민사회나 민중들 속에서 운동을 하더라도 그것을 구현할 정치세력도 필요하지 않습니까? 어떤 면에서는 민주노동당 같은 정당에 실망한 부분도 있을 것 같은데요.

조　구체적인 사안에는 연대를 하지만, 실망을 많이 했다거나 이런 것들이 물론 있죠. 어떤 지점들이 많이 있었냐 하면 명망가 중심의 운동을 많이 하더라고요. 성과를 남기기 위해서 보이는 이런 것들에도 실망을 많이 했고, 여러 가지 사안에서 여러 단체들과 연대해서 하다보면 딱히 민주노동당뿐 아니라 다른 운동 단체들 사람들도 그런 비슷한 경향이 많이 있었던 것 같아요.

지　결국은 뭐든지 사람이 하는 부분이 있기 때문에 이른바 명망가라고 불리는 사람들도 있을 수 있고요. 그 사람의 존재 하나만으로 힘이 되고, 희망이 되는 사람도 필요하지 않습니까? 그런데 문제가 되는 것은 이른바 명망가들이 운동의 동력을 다 털어먹고 정치권이나 이런 데로 가서 망가지는 일 같은데요. 자기 이름도 깎아먹고, 운동도 힘들게 만들기도 했고요. 명망가가 있으면 운동을 해나가는 데 분명히 도움이 되는데, 나중에 그 사람 하나로 인해 운동이 힘들어지는 모순도 있지 않습니까?

조　그래서 어떤 지역에서, 혹은 현장에서 싸우고 있는 주체들이 소외되지 않고, 그들이 중심이 되어서 운동을 해나가는 것이 중요했던 거고요. 대추리 같은 경우는 그런 점에서 중요했죠. 명망가보다는 실제로 거기에 살고 있는 주민들이 중심이 되어서 싸우는 운동이었으니까요.

지　'평택지킴이'들은 향후 어떤 활동을 벌일 계획인가요?

조　특별한 계기가 있으면 만나거든요. 예를 들면 얼마 전에 인디다큐 페스티벌에서 대추리 싸움을 다룬 영화가 개막작으로 선정되어서 상영할 때 만났고요. 그 마을에 살고 있는 사람들이 나와서 새로 대추리를 만들어서 살고 계시는데, 그 마을 분들에게 어떤 일이 있을 경우 모이기도 하는데요. 거기 나왔던 사람들이 지금은 각자 다른 운동을 또 하고 있는 것 같아요. 이 사안이 완전히 끝났다고 생각하지는 않고, 아직은 잠재되어 있는 상황이라고 봅니다.

{ 평화적 비자본주의 세상을 향한 비폭력 직접행동

지 〈나는 심상정이 좋다〉는 글을 쓰셨는데요. 심상정이 대통령 후보가 되면 지지운동을 할 생각이 있다고 하셨는데, 결국 민주노동당이 갈라섰습니다. 거기에 대해서는 어떻게 생각하세요?

조 그건 2007년 당시의 생각이었고요. 저는 기본적으로 정당운동을 지지하지 않는 사람이에요. 제가 아나키적인 운동을 하고 그런 사회를 만들어내기 위해서 그때 2007년에 '심상정이 민노당 후보가 되어서 대통령에 당선되면 저 같은 사람이 한국에서 마음 놓고 아나키 운동을 할 수 있겠다'는 생각을 했던 거죠.

그건 꿈이었겠지만, 어쨌든 그 당시에 그래서 심상정 후보를 지지한다고 했는데, 지금은 또 상황이 달라졌지 않습니까? 그 사람이 뭘 하든 "그래서 넌 진보신당을 지지하느냐?"고 하면 전혀 아니라는 거죠. 그것과는 맥락이 다른 건데, 심상정 후보가 당시 가지고 있던 가능성이랄까, 그런 것들이 한국사회를 바꾸는 데 큰 힘이 되겠구나 생각했고요. 그래서 지지하는 글이라든가 하는 것을 썼던 건데, 지금은 의미가 달라진 것 같아요.

지　어떤 면에서 달라진 건가요?

조　지금은 민노당과 진보신당이 갈라져 있는 상황이잖아요. 이젠 내가 누굴 지지하든 제가 생각하는 정치적인 가능성을 보기 힘들게 되어버린 거죠.

지　지금 정치권이 하는 것을 보니까 진보세력이 국회에 들어가서 감시를 하는 것이 어느 때보다 더 필요하다는 생각이 드는데요.

조　당연히 필요하죠. 저 같은 사람이 할 수 있는 게 따로 있고요. 국회의원들 몇 명이 진보적인 생각을 가지고 할 수 있는 영역이 따로 있기 때문에 그런 운동이 필요하긴 하죠. 제가 그런 것을 하겠다는 건 아니지만 그런 필요성 자체까지 부정하지는 않아요. 그런 점에서는 안타깝죠. 이래저래 고민이 많아요.

　그런데 그런 어떤, 예전에는 부르주아 정치세력이라고 했는데, 지금은 대의민주주의 체제라고 할까요? 이런 것들에 대한 기대 같은 건 50년 전이나 20년 후나 없을 거예요. 여기서 어떤 의미 있는 변화는 당연히 있겠지만, 그렇다고 해서 아나키스트들이 바라보는, 사회를 본질적으로 바꾸는 그런 문제에서 대의민주주의가 어떤 역할을 할 것이라는 기대는 없거든요. 물론 진보세력들은 그렇게 생각하는 경향이 있긴 하지만, 운동이 강해져서 아래에서부터 힘이 올라가서 사회를 바꾸는 것들이 의미 있는 사회 변화라고 보기 때문에 국회의원들이 그런 뜻을 단순히 반영하는 일을 하겠고, 나름대로 거기서 우리가 얻을 수 없는 정보라든가 하는 것들도 얻을 수 있겠죠.

　사실 웃긴 게 아나키스트 혹은 아나키 운동이라는 것이 한국에

서 면면히 이루어져왔다고 생각하는 일군의 사람들이 있어요. (웃음)
《한국 아나키즘 100년》이란 책도 있고요. 주로 학자(대부분 박사, 연구
원, 교수)들인데 99.99퍼센트가 남성이고요. 아나키즘을 연구한다는
이런 분들이 보기에는 아나키 운동이 계속 이어져 내려왔다는 거
죠. 1970년대에도, 1980년대에도 있었다는 건데, 이 사람들은 정당
운동을 하기도 했어요. 이게 한국 아나키즘의 특색이라고 얘기도
하는데요. 저는 사실 그렇게 보지는 않아요.

지　학자들이 대의민족주의(?), 민족주의, 정당정치를 한국적 아
나키즘의 특색이라고 주장한다고 하셨습니다. 조약골 님은 그렇게
생각지 않는다고 하셨는데요. 왜 그렇게 생각지 않는지, 그들의 어
떤 점들이 잘못되었는지 말씀해주셨으면 합니다.

조　민족주의란 사고의 중심, 행동의 중심에 민족을 놓는 것입니
다. 이에 반해 아나키즘은 개인들과 소규모 집단을 강제적으로 거
대한 테두리 안에 가두는 것을 반대하는 것부터 출발합니다. 서양
에서 봉건제가 망하고 근대민족국가가 태동하면서 이에 대한 반대
로 아나키즘은 개인과 소규모 공동체의 자유를 지키기 위해 시작된
것이었어요. 동아시아든 유럽이든 어디서든 어느 한 아나키스트 개
인이 민족주의적 성향을 보인 경우는 있었지만, 근대 아나키즘은
민족주의를 철저히 배격하는 사상적 원류를 갖고 있습니다.

　조선에서는 일본 제국주의에 대항하려다보니 아나키스트들이
민족주의적 경향을 많이 보였고, 또 우익과 좌익의 격한 대립 가운
데 설 자리를 잃은 아나키스트들이 민족주의에 동조하기도 했지만
그것은 아나키즘으로부터 벗어난 것이죠. 또 해방 후 새로운 사회

를 건설해야 하는 상황에서 남한의 아나키스트들은 그 방편으로 정당운동을 펼칩니다. 이것 역시 당시 아나키스트들이 해방공간에서 의미 있는 정치적 실험을 벌이려 했던 시도라고 볼 수도 있지만, 대의민주주의에 기반을 둔 정당정치로는 아나키즘에서 말하는 의미 있는 변화를 이끌어낼 수 없다는 측면에서 저는 아나키스트들의 정당 활동 역시 아나키로부터 일탈한 것이라고 생각합니다.

이승만과 박정희 시절 남한체제에 반대하는 지하조직은 철저히 파괴되었고, 그런 가운데 명맥만 이어온 아나키스트들이 그 분위기를 이어받아 민족주의적 경향을 보이면서 1970년대에도 다시 정당을 만들어 국회의원에 당선되기도 한 사실이 있는데요. 한국은 세계 아나키 운동의 역사에서 스스로 아나키스트로 자처하는 자가 국회의원에 당선되고, 또 내 기억이 맞다면 재선되기도 한(1970년대 민주통일당을 만들어 재선되기도 한 하기락의 경우) 유일한 지역일 것입니다. 1990년대 다시 유행하기 시작한 아나키즘도 실은 한국에서 보인 민족주의와 정당정치가 잘못된 것이었다고 솔직하게 자기반성을 했어야 함에도 불구하고, 예전의 흐름을 이어받아서인지(도제관계?) 이것을 한국적 아나키즘의 특색이라는 식으로 어이없는 해석을 하더군요. 국회의원이나 법질서 등이 필요가 없는 세상을 만드는 것이 제가 생각하는 아나키즘입니다. 그래서 저는 그런 세상을 만들기 위해서 노력해야 하지 정당을 만들어서 권력을 얻은 다음에 세상을 바꾸겠다고 하는 것은 인정하지 않습니다.

지　　이를테면 강단 아나키스트, 살롱 아나키스트인 셈인가요?(웃음)

조　　어쨌든 정당정치, 대의민족주의, 민족주의, 이 세 가지를 아나키즘과 결합시킨 것이 한국적 아나키즘의 특색이라고 주장하는 사람들이 있는데요. 저는 그렇게 생각지는 않습니다.

지　진보넷 블로그에 〈평화적 비자본주의 세상을 향한 비폭력 직접행동〉이라고 쓰셨는데, 평화적 비자본주의 세상은 구체적으로 어떤 세상을 의미하나요?

조　일단 자본주의에 반대하는 여러 가지 흐름들이 많이 있죠. 그것을 통칭 사회주의라고 부를 수도 있고요. 그렇게 부른다면 그 안에 포함되는 수많은 경향들이 많이 있잖아요. 마르크시즘도 그 중 하나겠지요. 공상적 사회주의로 불린 원시적인 경향들도 있을 거고요. 아나키즘도 자본주의에 반대해서 사회주의를 추구한다는 점에서 하나의 사회주의인데요. 자유사회를 추구한다는 점에서 약간 다르겠죠. 반권위적 사회주의라는 점에서.

　평화적 비자본주의 세상이 뭐냐면, 글쎄요. 그 구체적인 내용은 사람들이 같이 만들어가야 하는 거라고 봐요. 위대한 사상가가 사회의 운영 원리라든가 원칙이라든가 구체적 모습을 제시해주는 것이 웃긴다는 거죠. '구성원들이 어떠한 생각들을 가지고 있느냐, 그 사람들이 어떤 사람들이냐, 어떠한 맥락 속에서 살아왔느냐, 어떤 환경 속에서 살아가고 있느냐'에 따라서 구체적인 모습이 달라질 테니까 누가 나서서 '그게 어떤 모습이냐?' 라고 말해주는 자체가 사실 우습고요. 하나의 방향이라고 보면 될 것 같아요. 국가체제는 결국 전쟁을 비롯한 폭력에 기반을 둔 체제라고 보기 때문에 평화활동을 한다는 것은 결국 국가체제를 넘어서는 운동을 하는 것이라는 게 저한테는 내재되어 있거든요. 그리고 비자본주의란 자본주의가 지닌 문제점들, 본질적으로 자본주의를 없애지 않으면 해결될 수 없는 것들이라는 생각을 담은 거고요.

그 다음에 비폭력 직접행동이란 전세계적으로 아나키스트들이 어떻게 세상을 바꿔나갈 거냐고 할 때, 방법이 비자본주의, 반권위주의 하는 식으로 정해져 있다면 구체적인 모습들은 달라지겠지만, 어떤 활동을 통해서 세상을 바꿔나갈 것이냐 물었을 때의 답은 대부분 비폭력 직접행동이라는 거죠. 누가 어떤 지침을 내리는 게 아니라는 거죠. 엘리트들, 지도자들이 나서서 이쪽 방향으로 운동을 진행하자는 것이 아니라는 겁니다. 그래서 그런 의미에서 민중의 직접행동을 통해서만이 사회를 바꿀 수 있다는 생각이고요. 그런 직접행동을 폭력적인 형태로 드러낸 것이 바로 오사마 빈 라덴인데, 좀 극단적인 경우죠.

지 그것은 미국의 일방적인 주장 아닌가요?(웃음) 오사마 빈 라덴이 9.11 테러를 저질렀다는 직접적인 증거는 없는 것 아닙니까?

조 하여튼 끔찍하죠. 미국이나 한국 정부가 주장하는 테러리즘의 어떤 경향으로 나타나게 마련인데요. 역사적으로 아나키스트들은 특히 우익들에 의해서 허무주의자라든가 테러리스트라는 그런 말도 안 되는 뒤집어씌움을 항상 당해왔거든요. 조선시대에도 그랬고, 일제강점기에도 그랬고요. 그래서 동아시아뿐 아니라 다른 데서도 항상 그래왔기 때문에 그런 비폭력에 의존한 행동이 중요하다는 것에 나름대로 많은 의미부여를 할 수밖에 없었던 것 같아요. 폭력적으로 직접 맞대결하는 것보다 다른 방식으로 세상을 바꿔나가는 것이 중요하다고 생각한 거죠.

지　물론 비폭력을 표방하는 아나키스트도 있지만, 폭력적인 투쟁을 통해서만 해방이 올 수 있다는 생각을 가진 사람들도 많은 것 같은데요.

조　지금도 그런 사람들이 많이 있고요. 거기서 말하는 폭력과 비폭력의 기준이 뭐냐면 사람들마다 기준이 달라지겠죠. 아나키즘에서는 그런 게 없어요. 뭐가 폭력이고 뭐가 비폭력인가를 알려주는 이른바 경전이나 원전 같은 것은 없습니다. 이걸 딱 보면 누구나 알 수 있는 정해진 학설은 없는 거죠. 조제 보베 같은 괜찮은 아나키스트가 보기에 맥도날드의 벽을 부수는 기물 파손은 비폭력인 거죠. 그 사람은 "인명 살상부터는 폭력이지만 대기업들의 재산 파괴는 비폭력이라고 생각한다"고 얘기했거든요. 대추리에서 만나 이틀 동안 같이 지내면서 많은 얘기를 들었어요.

그 다음에 또 다른 사람들, 예를 들면 블랙 블록 같은 사람은 나름대로 집회에서 훨씬 더 강한 폭력세력인 경찰에 맞서서 집회의 자유를 보장하기 위한 활동은 여러 가지 언론 매체를 통해서 폭력적으로 보이겠지만, 폭력이 아니라고 생각하는 거죠, 사람과의 물리적 충돌이 있을 경우에도요. 저나 또 다른 아나키스트들은 기물 파손이라든가 사람들간의 물리적 충돌 같은 것도 폭력적 갈등 형태라고 보고 그런 것들조차 하지 않는 비폭력 직접행동을 생각하는 거고요. 정해진 것은 없지만, 어쨌든 비폭력으로 한다는 것은 많은 아나키스트들이 동의하는 것 같기는 해요.

지　"대항폭력이 어디까지 정당화될 수 있는가?"라는 질문을 많이 받으실 텐데요. 내 자신이 폭력을 당하는 경우도 있을 수 있고,

내가 지키는 소중한 가치 혹은 소중한 사람을 지키기 위해서 폭력에 대항해야 하는 경우도 생길 수 있는데요.

조 비폭력이라는 게 무슨 종교적 윤리가 아니라는 거죠. 예수님이 말하는 것처럼 비폭력주의자들이 그렇게 말하는 것은 웃긴다는 겁니다. 우리는 세상을 바꾸기 위한 원리로 이것을 이야기하는데, 개인적인 수준에서 "너는 두들겨맞는데도 가만히 있을 거냐?"고 묻는 것은 번지수를 잘못 찾은 건데요. 글쎄 저한테는 비폭력이라는 게 중요한 신념이기 때문에, 사회를 바꾸는 운동원리이기도 하지만, 사회를 바꾸는 것이 내 자신을 바꾸는 것이기도 하잖아요. 내 자신을 바꾼다는 점에서 내가 얼마나 많이 폭력에 길들여져 있었나, 이런 것들을 드러내는 작업은 동시에 사회가 얼마나 폭력적이었나를 보여주는 작업이기도 합니다. 그런 점에서 저한테는 비폭력이라는 게 더 의미가 크죠.

사람들은 항상 폭력적인 상황을 염두에 둔다는 말이죠. 왜 폭력적인 갈등, 일대일로 나와 적이 만났을 때 서로 때리는 상황만을 염두에 두는가, 그런 것이 폭력적인 사고방식에 물들어 있기 때문에 나오는 거라고 보는 거죠. 이런 것을 반대하는 것들이 저한테는 비폭력이라고 볼 수 있는 겁니다. 그래서 삶의 모든 측면에서 저는 얼마나 폭력을 최소화할 것인가를 되게 많이 고민하거든요. 그러다보니까 자전거를 타고 다닌다거나 채식을 한다거나 하는 것들을 실천하는 거죠.

지 그러면 간디를 아나키스트로 볼 수 있는 건가요?

조 간디를 아나키즘에 영향을 준 사람 중의 한 명이라고 보는 사람도 있는데요. 그 사람 자체가 스스로를 아나키스트라고 말하지 않았고요. 그런 건 사실 중요한 질문이 아니므로 아나키즘이 굉장히 많은 데서 영향을 받아왔다고 이해하면 될 것 같아요. 간디든 킹이든 소로든 노자든, 그런 여지들이 아니키즘에는 폭넓게 있는 것 같습니다.

{ 100여 년 전 죽창을 드는 심정으로 기타를 든다

지 비폭력 행동의 일환으로 음악을 하시는데요. 음악을 통해 아나키즘 운동에 어떤 영향을 줄 수 있다고 생각하십니까?

조 글쎄요. 우리가 다른 나라에서 활동하는 아나키스트 음악가들을 보면 구체적인 영향들을 주고 있어요. 어떤 식으로 영향을 주느냐 하면 대안적인 체제랄까, 그것을 만들어서 그것에 따라 운영을 해나가고 있어요. 아나키적인 음악을 하는 사람들이 밴드를 만들어 공연을 하면 사람들이 그걸 보러 와서 공감을 하고요. 그 밴드가 음반을 나름대로의 방식으로 만들어서 보급을 하고, 그 커뮤니티에 있는 사람들이 그것을 듣고, 그래서 그런 어떤 자본이나 기관하고는 연관되지 않는 독립적인 시스템을 만들어나가는 거거든요. 그런 역사가 수십 년 이어져 오고 있고요. 지금도 그것은 수많은 나라에서 벌어지고 있습니다. 일본이든 미국이든 말레이시아든 어디든 그런 식으로 대안적인 체제를 만들어나간 거죠. 음악을 하는 사람이든 다른 것을 하는 사람이든요. 그러한 완전히 새로운 시스템의 존재를 만들어나간다는 데 의미가 있다고 보고요.

저는 100여년 전 농민들이 죽창을 들었던 심정으로 기타를 들거든요. 저는 음악을 통해서 사람들을 많이 만나려고 하는데요. 새로운 음악을 통해서 사람들이 많이 느끼게 되는 것 같아요. 그것이 새로운 상상력을 불러일으킨다고 보거든요. 사회를 바꾸는 데 필요한 힘이 어디서 오느냐면, 강연 활동, 책자 발행 등 다양하겠지만 음악도 큰 역할을 한다고 생각하고요. 음악이 어디에 위치하느냐에 따라서 다르겠지만, 빼앗긴 사람들의 고통과 절규가 있는 곳에 음악이 있다면 좋은 변화를 가져올 수 있지 않을까 하는 기대를 가지고 있습니다. 실제로 그런 것을 많이 느꼈고요.

지 이 시대의 민중가요의 역할은 어떤 거라고 생각하세요? 예전에 〈님을 위한 행진곡〉 같은 노래가 시대의 변화에 엄청난 영향을 줬지 않습니까? 그게 청와대에서 휘발되듯이 소비되기도 했지만요.

조 현장에서 아직도 민중가요 운동을 하는 사람들 몇몇은 되게 잘하고 있는 것 같아요. 예전처럼 노동자 몇 만 명이 모인 집회에서 민중가요를 발표하여 한꺼번에 퍼지게 하는 그런 건 없지만요. 연영석이나 박준 같은 사람들이 하는 걸 보면 잘하고 있는 것 같습니다. 예전보다는 많이 줄어들었지만, 그런 게 대안적인 음악이겠죠. 이게 어떻게 만들어지느냐면, 대중가요와는 완전히 다른 뿌리에서 태어난 거거든요. 이윤을 위해서 만들어진 예술이 아니라는 거죠. 그런 어떤 투쟁 속에서 자라난 예술이라는 점에서, 그리고 전달되는 방식도 여전히 집회 현장이라든가 농성장 같은 데를 통해서 불리고 있고, 사람들이 접하게 되고, 그런 점에서는 나름대로 독립적인 시스템을 가지고 있습니다.

물론 예전에 비해서 줄어든 게 안타깝죠. 민중가요를 하는 사람들이 100명은 더 늘어났으면 좋겠어요. 그래야지, 사람들한테 많이 불릴 수 있는 노래들이 나오지 않을까 싶고요. 저도 계속 노래를 만들고 있지만, 제 주변에 시스템도 제대로 갖춰진 게 없고, 혼자서 이런 저런 것을 해야 하고, 돈도 없고, 그래서 되게 힘들거든요. 더 많이 늘어났으면 좋겠는데, 음반을 하나 낸다는 게 다른 많은 것들을 내려놔야 하는 것이기 때문에 힘들긴 하겠죠.

지 저작권에 반대하는 차원에서 카피레프트를 실천하고 계시는데요. 지금 저작권이나 특허권 같은 게 점점 촘촘해지지 않습니까?

조 인터넷 실명제도 국회의원 선거 시기라고 강력하게 하고 있는데요. 선거가 끝나도 실명제를 확대해서 하려는 게 자본가들의 방침인 거죠. 마이크로소프트는 '누가 윈도즈 비스타를 불법적으로 다운로드받느냐?'까지 개인신상정보를 얻어서 소송을 건다거나 하는 식으로 탄압이 들어오겠죠. 분명히 앞으로 그렇게 될 거고요, 개네들은 지적재산권을 지키는 것이 그들의 이윤과 직결되는 것이기 때문에. 그것에 맞서서 싸우는 수밖에 없을 것 같아요. 카피레프트가 가지고 있는 정신 같은 것들이 더 알려지는 것뿐 아니라 사람들이 실제로 리눅스 같은 것을 많이 쓰면 좋겠죠. 그 정신을 이해하는 것과 실제로 그것을 쓰는 것은 다른 문제거든요.

우리한테 막연한 두려움 같은 게 있는 거죠. 한국은 다른 나라보다 더 심한데, 99퍼센트 이상이 윈도 중심이라면 빠져나올 대안이 없는 건데요. 윈도와는 다른 뿌리에서 자라난 다른 운영체제를 쓰지 않으면 계속 윈도에 갇혀 지내는 겁니다. 그래서 윈도에 갇혀 지내면서 대항하는 것도 중요하지만, 실제로 리눅스 같은 것을 한번 써보는 것도 중요한 것 같아요.

지 프리웨어 같이 자기의 노력을 공개하는 것도 아름다운 행동이지만, 자신이 거기에 들인 지적인 노동이 지속될 수 있도록 저렴한 가격으로 소프트웨어를 책정해서 차후 개발비용을 얻는 것도 필요할 텐데요. 한국이 지적인 가치를 너무 인정하지 않는 풍토가 있지 않습니까? 일정하게 다음 작업을 위한 자금이나 생활을 위한 자금이 회수될 수 있는 방법도 찾아야 할 텐데요.

조 그럼요. 기본적인 생활의 유지는 가능하도록 그런 게 되어야겠죠. 그런 구체적인 방법들은 충분히 만들어낼 수 있을 거라고 봐요. 고통받기 위해서 운동을 하는 것은 아니니까, 사실 저는 제가 행복하기 때문에 하는 거지, 돈을 벌어서 자기 수중에 몇 억 원이 있다고 할 때 행복할 수 있는 사람도 있지만, 저는 운동을 하면서 행복한 사람이니까, 여기서 주는 보상이 저한테는 있거든요. 금전적인 보상은 아니지만요.

지 그건 심리적인 보상인가요?

조 물질적인 거죠.(웃음) 심리적인 것도 물질적인 거고요. 이번 주에는 거의 매일 여기저기 집회에 가서 노래를 부르게 되었는데요. 제가 기존에 연대하지 않았던 사람들과 같이 노래를 부른단 말이죠. 어제는 장애인 운동을 하는 사람들이 열 명 남짓 모여 있는 데 가서 같이 노래를 하는데, 되게 큰 감동을 받았어요. 저 사람들이 내 노래를 어떻게 알았는지, 그것을 막 따라 부르더라고요. 그런 것

들이 주는 힘 같은 것들이 있죠. 내가 어떤 노래를 불러도 또 같이
불러주겠구나, 그런 믿음 같은 것이 생기니까요.

지　모토 중의 하나가 4시간 정도 일하고, 최소한의 소비로 생활
을 하는 거라고 말씀하셨는데요. 한국처럼 복지가 안 되어 있는 나
라에서는 그걸 지킨다는 게 매우 어렵지 않습니까? 건강이 받쳐줄
때나 가능한 거고요. 미래를 생각하면 불안할 수도 있을 텐데요.

조　개인적인 불안감이 되게 많죠. 사실 어떻게 보면 빚 안 지고
사는 것 자체가 힘든 일이고요. 그게 삶의 목표처럼 되어버린 사람
도 많은데요. 사실 4시간 일하자는 것도, 우리가 어느 순간 그런 고
민을 하게 되는 거죠. 내가 계속 일을 하면 내 삶이 나아질까, 나는
여기서 계속 일을 하면서 행복해질 수 있을까, 그런 고민을 해보게
된 거죠. 모르겠어요. 저는 건강도 한동안 안 좋았는데, 아니 되게
오랫동안 안 좋았는데요. 아침 9시에 나와서 저녁 6시에 집으로 돌
아오는 이런 생활을 계속하다보면 건강이 더 악화되더라고요. 하고
싶은 것을 하면서 살 때 저는 사람들의 건강도 좋아지지 않을까 싶
어요. 스트레스도 자기가 원치 않는 일을 억지로 하면서 받게 되는
거라는 생각도 들고요.

　그런 사회를 지금과 같은 방향으로 계속해서 움직이게 만드는
활동을 자기가 하면서 계속 바빠하고, 계속 거기서 고통을 받게 되
는 거죠. 그런 데서 벗어나려면 처음에는 좀 힘들더라도 사회적으
로 일을 확 줄이는 게 필요하지 않을까, 물론 처음에는 불안감 같은
게 당연히 있을 텐데, 글쎄요. 그런 어떤 불안감 같은 것이 왜 생기
는 거냐면, 문제가 생겼을 때 이것을 해결해야 하는 것은 결국 나

자신밖에 없다고 생각하기 때문에 불안감이 생기는 거라고 봅니다. 내가 갖고 있는 문제를 해결할 수 있는 공동체라고 할까요. 같이 그런 문제를 해결해나갈 수 있는 사람들이 있다면 그런 불안감이 덜어지지 않을까 싶네요.

{ 우리 시대, 노래는 어디에 있어야 하는가

지　지난달에 강수돌 교수를 만났는데요. 나부터 뭔가를 한다는 게 쉽지 않은 것 같은데요. 좀 일도 줄이고, 여러 가지 자기가 하고 싶어 하는 것을 하고 살기를 원하는데, 남들이 달려가니까 어쩔 수 없이 같이 달려가는 경우가 많은 것 같습니다. 그런 것을 깨는 선택이 어려운데, 그런 선택을 하신 셈인데요.

조　저로서는 거창하게 사회를 바꾼다는 것보다 자신을 바꾸는 게 필요했던 것 같고요. 내가 바뀌면 내 주변 사람들도 바뀌고, 그러면 그게 조금씩 퍼져나가지 않을까, 그렇게 소박하게 생각했던 것 같아요. 그래서 제 자신을 어떤 변화의 대상으로 봤다고 할까, 또 실험을 하기에는 자기 자신이 제일 좋은 대상이잖아요. 내가 먼저 나에 대해서 해보면 뭔가 보여줄 수가 있으니까요. 여러 가지 실험들을 많이 해본 것 같아요. 그래서 나한테 잘 맞는 건 사람들한테 널리 소개도 하고요.

지　구체적으로 어떤 실험들을 하셨나요?(웃음)

조　직접 실험해보진 못했지만 간접적으로 실험해본 것이 대안생리대 쓰기고요. (웃음) 채식에 대해서 가진 생각들도 있겠고요. 대추리 살았을 때는 생태 화장실을 만들어서 썼고, 이동할 때는 항상 자전거를 이용하는 그런 것들이죠. 특히 남성들의 경우에는 앉아서 오줌 누기 같은 것들이 있겠죠.

지　"그동안 내가 진보넷 블로그에 거의 600개에 가까운 엄청난 글들을 써왔음에도 불구하고, 저 아래 검색창에서 검색해본 결과 '연애'에 관한 글은 딱 하나밖에 쓴 적이 없다는 사실이다. 왜일까? 왜 나는 연애에 대해 솔직하게 쓰지 못하는가"라고 쓰신 적이 있는데, 왜 솔직하지 못하세요?(웃음)

조　글쎄요. 저한테는 중요한 문제인데, 이상하게 연애에 대해서 내가 어떤 글을 쓰게 되지가 않더라고요. 그걸 보셨나 보죠?(웃음) 그것도 사실 우리가 살아가면서 부딪히게 되는 구체적인 문제잖아요. 우리가 어떤 연애를 할 것인가, 우리가 어떻게 사는가에 있어서 굉장히 중요한 부분인 것 같은데, 저는 그에 관해 나름대로 어떤 생각을 가지고 있고, 실천을 하고 있음에도 불구하고 공개적으로 나서서 발언을 한다는 것에 대한 부담감이랄까, 확신을 갖지 못한 것들이 있었던 것 같기도 해요.

지　만약에 연애를 한다고 하더라도 제약이 많을 것 같은데요. 일단 생각이 비슷한 분이어야 할 것 같고요. 막상 결혼을 생각한다면 현실적인 제약들이 있을 거고요.

조　이쪽 방면으로 들어와서 살다보니까 의외로 여기서는 새로운 가능성이 있는 거예요. 밖에서 이쪽을 보면 되게 깜깜하거든요. 한쪽

길로 들어오기 전에는 '저걸 어떻게 하지?' 하는데, 실제로 여기 들어와 보면 되게 많아요.(웃음) 동지적인 관계의 그런 사람들도 많고요.

지 왜 가명을 쓰세요?

조 가명이 아니라 제 본명이에요. 이름을 바꾼 거죠. 꼭 '부모님이 지어주신 이름'만 본명이어야 하나요?

지 주민등록상의 이름은 아니잖아요.

조 그것도 한 십년 된 것 같아요. 1998년부터 이 이름을 썼는데…….

지 그 전에는 약골이라는 소리를 들어서 '약골이면 어떠냐?'는 반발심이 생겨 당당하게 스스로를 조약골로 불렀다고 하셨는데요. 지금 체구를 보면 전혀 약골 같지 않은데요.(웃음)

조 그 이후에 운동을 따로 한다기보다는 매일 자전거를 타고 다니다보니까 몸이 저도 모르는 사이에 많이 건강해진 것 같아요. 그 전에는 잔병치레가 많았거든요. 살아 있는 게 고통스러울 정도로 많이 아팠어요.

지 그럼 진보진영의 국민약골인 셈이었나요?(웃음) 생태적 생활을 하고 운동을 하고 그러니까 건강해진 거네요.

조 사람들이 거창하게 생각을 하는데, 먹는 게 보면 밥에다가 김치, 한 모에 300원 하는 두부, 버섯, 김 정도거든요. 제가 만들어서 만날 그렇게 먹어요. 어떤 사람들은 "채식을 하면 돈이 엄청나게 많이 들지 않느냐?"고 하는데, 그렇지도 않아요.

지　"성매매 존재하지 않는 세상"이라는 가사도 나오는데요. 그게 좀 복잡한 문제 아닙니까? 성매매특별법이 시행될 때도 실제로 그쪽 계통에서 일하시는 분들이 나와서 반대시위를 하기도 했잖아요. 여러 가지 해법이 있을 수 있는데, 아직 못 찾아내고 있는 것 같거든요. 어떤 쪽에서는 재개발을 하려는 자본과 여성주의의 이해관계가 합쳐져서 나온 게 아니냐고 얘기하기도 하는데요.

조　노래에서 어떤 구체적인 해결책을 제시할 수는 없겠죠. 기본적인 방향이랄까, 염원이랄까 하는 것들을 표현한 거고요. 새로운 주체들이 등장한 거죠. 성매매 하는 분들이 나와서 그렇게 얘기를 한 것도 그런 점에 있어서 감춰져왔던 혹은 억압되어왔던 목소리들이 나타난 거라고 생각하고 있고요. 그 다음에 성매매가 없어져야 한다는 기본적인 방향은 지금도 유효하다고 생각합니다. 그게 대부분 강요에 의해서 그리 된 것이었으니까요. 기본적으로 누구든 자기 의사에 반해서 자기 몸을 팔아야 하는 그런 상황에 놓여서는 안 된다는 의미를 담고 있는 것이었고요. 그 의미마저도 한국사회에서는 제대로 논의되지 않았잖아요. 성을 구매하는 남성들은 그런 것에 대한 의식들이 결여되어 있었고요.

지　"2003년 11월 '평화유랑단'이 만들어져서 이라크 파병 반대 등을 외치며 전국을 돌아다녔다"고 하셨는데요.

조　그때 평화유랑단이 만들어져서 전국을 돌아다니는데, 저한테는 신선한 충격이랄까, 그런 것이 있었어요. 그 이전부터 나름대로 평화운동을 하고 그랬는데, 하는 방식이 반전집회, 중앙에 커다란 판이 만들어지면 사람들이 거기로 모여드는 방식이었거든요. 그리고 제가 노래를 한다고 해도 우리가 먼저 판을 깔아놓고 사람들한테 그쪽으로 오라는 거였는데요. 평화유랑단은 우리가 거기로 찾아가겠다는 거였죠. 한국 운동판의 문제점이 서울로 모든 것들이 모이는 중앙집중주의거든요. 평화유랑단은 거기에 반해서 '직접 돌아다니겠다, 평화에 대한 염원이 있는 곳에 직접 찾아가겠다'고 한 것이고, 그런 의미에서 진짜 좋겠다고 생각한 거죠. 제가 살고 있는 곳이 서울이어서 다른 거 다 포기하고 유랑만 할 수는 없었으니까 유랑단이 서울에 왔을 때는 서울에서 같이 유랑을 하고, 다른 지역으로 갈 때는 제가 최대한 시간을 내서 같이 할 수 있을 때는 같이 하는 그런 식으로 2003년, 2004년에 활동했지요.

거기 모였던 사람들이 노래를 잘한다거나 가진 게 있다거나 보여줄 게 많다거나 하는 것도 아니었는데요. 그런 점에서 되게 낮은 자세라고 할까요. 그런 게 저한테는 되게 좋았어요. 꾸밈없고, 자기가 진짜 실력이 뛰어나서 사람들에게 보여주겠다는 것이 아니라 진짜 할 줄 아는 게 없기 때문에 평화라는 이름을 걸고 뭔가를 해보겠다는 거였잖아요. 지금도 그렇거든요. 제가 노래를 잘한다거나 음악적으로 뛰어나다거나 하는 것은 전혀 아니거든요. 그런 의미에서 저랑 잘 맞았던 것 같아요. 노래를 잘하든 못하든 기타를 잘치든 못치든 간에 누구나 참여할 수 있었고요. 한국사회는 '그래서 넌 해서는 안 된다'는 억압이 많았거든요. 흔히 "실력도 없는 게 뭘 한다고 깝죽대냐?"고 그러잖아요. 저는 그런 게 헛소리라고 생각했던 거죠. 실력 같은 건 중요하지 않다고 보는 겁니다.

지　　노리단 예술감독 안석희 씨가 "나는 이번 음반 〈평화가 무엇이냐〉가 '노래는 어디에 있어야 하는가?'라는 질문에 대한 가장 좋은 대답의 하나라고 본다"고 했는데요. 집회 다니면서 노래 하시다 보면 느끼는 게 많을 것 같은데요.

조　　저도 항상 그런 생각을 해요. 내가 돈을 벌자고 하는 것도 아니고, 내 자신의 만족을 위해서 하는 것도 아니고요. 그런데도 와서 노래를 해달라고 하시는 분들이 많이 늘어나고 있거든요. 그런 것을 보면서 '내가 어떤 곳에서 노래를 하고, 무엇을 담아야 하는가?'를 고민하게 되죠. 치열한 삶의 현장이랄까, 그런 데서 노래하는 게 그나마 저로서는 내 노래들이 생명력을 얻게 되는 것 같아요. 다른 데서, 예를 들어 밴드들이 나와서 하는 데서 노래를 하면 되게 어색한 때가 많거든요. 그런 데 말고, 내가 거기 모인 사람들과 더불어 어떤 이슈에 대해서 공감하고 실천 의지를 공유할 수 있는 자리가 제 자리인 거죠. 저로서는 이런 것들을 내가 부르는 노래와 분리할 수 없거든요. 기본적으로 찾아갈 수 있는 데 가서 노래를 하면 그 노래를 들어주는 사람들이 단순히 듣는 사람들이 아니라 같이 노래의 주인이 될 수 있는 사람들이라면 좋겠다는 거죠.

　어제는 시설에 갇혀 지내는 장애인들의 집회였는데요. 우리는 '차이'가 있는 사람들을 '차별'하는 문제를 가지고 있잖아요. 예를 들면 장애인들을 한 곳에 분리 수용해둔다고요, 감옥처럼. 그 사람들은 거기서 탈출하는 것을 절박한 소원으로 갖고 있는데요. 제가 그런 문제들을 인식하기 이전인 2002년 초에 제 친구를 부모가 강제로 정신요양원에 집어넣은 거예요. 자기는 전혀 자발적으로 들어간 게 아니죠. 1년 동안 갇혀 있었고, 거기서 되게 나오고 싶어 했는데요. 제가 나중에 그런 경험들을 접하면서 그걸 노래로 만들었습니다. 〈재활센터〉라고 해서 그 노래를 여기저기 다른 데서는 불렀는데, 그 시설을 탈출하고 싶어 하는 사람들이 모인 곳에서 부른 것은 어제가 처음이었거든요. 그런 사람들과 함께 노래를 부르니까 정말 맛이 다르더라고요. 노래 중간에 보면 "나는 이곳을 빠져나가고 싶어, 나는 여기 있기 싫어, 제가 나를 여기서 빼주세요. 아무리 바깥세상이 탐욕과 살상이 난무하는 세상이라고 해도 나는 여기서 갇혀 지내고 싶지 않아요" 라는 가사가 나오는데, 바로 그분들 얘기거든요.

지 그분들한테는 굉장히 특별한 노래였겠네요, 부르면서 위안을 받을 수 있는. 주로 어떤 집회에 나가시고, 1년에 어느 정도 참여하세요?

조 매주 화요일마다 길바닥평화행동을 해요. 2004년부터 지금까지 계속되어 왔으니까 꽤 됐네요. 이라크 전쟁 터지고 한국이 자이툰 부대를 보내려고 했던 게 2004년이고, 자이툰 부대가 갔죠. 그것을 막으려고 일주일에 한 번씩은 우리가 할 수 있는 것들을 하자, 큰 집회 열어서 하는 것 말고라도 풀뿌리 운동의 중요성이랄까, 각 지역에서 꾸준히 평화의 중요성을 알리는 것들, 이게 어떤 의미를 가지고 있는가, 이게 나와는 어떤 관계를 가지고 있는가를 끊임없이 묻고, 그것을 기억하는 작업들을 해야겠다고 생각해서 길바닥평화행동도 계속 해오고 있고요. 그 다음에 여기저기 오라는 데는 되게 많은데요. 〈평화가 무엇이냐〉 가사에도 나오지만, 연결되지 않은 분야가 없거든요. (웃음)

기본적으로 환경운동이나 평화운동 두 쪽에 중심을 놓고 많은 연대활동을 해온 탓에 예전에는 그런 데서 불러주는 사람들이 많았고요. 지금은 좀더 늘어나서 사람들을 많이 알게 되니까 여러 군데서 노래만 해달라기보다는 함께하자는 사람들이 많죠. 이주노동자들이라든가 장애인운동판이라든가 그런 데요.

{ '국가'라는 게 우리가 살아가는 데 꼭 필요한 것일까

지 〈평화가 무엇이냐〉 이후에 다음 음반 계획은 없으세요?

조 노래는 계속 만들고 있는데, 사실 음반을 낸다는 게 굉장히 큰 열정과 노력을 쏟아야 하는 문제거든요. 대추리 같은 경우는 내 영혼까지 빨려들어갈 정도로 거기서 큰 감동을 받은 부분도 있었고요. 거기에 살면서, 그 운동에 함께하면서 음반을 만든 과정이 특별한 경험이었죠. 그런 운동이 있지 않으면 음반을 또 내기가 힘들 것 같아요. 언제가 될지는 모르겠지만, 농민들의 평화운동 혹은 그것과 비슷한 정도의 감동이나 내가 거기서 자극을 받아서 작업할 수 있는 계기가 있어야 할 것 같아요. 음반을 만들려면 내가 하고 있는 걸 다 때려치고 들어가야 하거든요. 나를 쏟아부어야 할 수 있는 작업이기 때문에 그런 운동이 있다면 아마 음반이 또 나오게 될 것 같은데요. 그게 없으면 노래만 묶어서 내는 것 자체는 저한테는 의미가 없기 때문에 인터넷으로 노래 한두 곡씩 만들어서 보내면 되고요. 음반의 형태로 묶는 것은 차원이 다른 작업이기 때문에 언제가 될지는 모르겠어요.

지　앨범은 일정한 컨셉이 있어야 만들 수 있다는 건가요?

조　그렇죠. 제가 무슨 레코드 회사에 소속되어서 해마다 한 장씩 꾸준히 내야 하는 신세도 아니고요. (웃음) 제가 하고 싶어야 하는 건데, 음반이란 게 저한테는 하나의 거대한 투쟁의 기록이고, 이야기고, 사람들과의 많은 것들을 담아내는 그릇이기 때문에…….

지　이명박 정권에서는 그런 일들이 많이 벌어질 것 같은 불길한 예감이 드는데요. 음반이 계속 나오는 거 아닙니까?(웃음)

조　글쎄요. 어느 부분에 집중해야 하느냐가 굉장히 고민될 것 같아요. 모든 부분에서 아주 강력한 공격이 예상되기 때문에요. 예를 들면 시위하다가 맞아 죽는 경우가 노무현 정권 때는 세 명인가가 있었는데, 더 많아질 가능성도 있는 것 같고요.

지　삼성 같은 재벌기업에 비판적인 시각을 가진 것으로 알고 있는데요. 재벌기업들에 대한 저항운동은 어떻게 해야 한다고 생각하십니까?

조　개인들이 할 수 있는 힘들이 없어서 힘을 모아야 할 텐데요. 삼성에 대해서는 저 같은 경우에도 꾸준히 연대운동을 해왔거든요. 무노조경영이니 삼성 계열사들의 문제니 이런 것에 관한 노래도 만들고, 안티 삼성 페스티벌이 있어서 그것도 같이 했고요. 글쎄요, 돈을 그렇게 많이 버는 사람들은 저는 다 도둑놈이라고 보거든요.(웃음) 이 체제에서 어느 정도 이상으로 돈을 벌려면 이른바 범죄 같은 걸 저지르지 않으면 안 되는데, 그런 점에서 사람들이 재벌기업은 다 도둑놈이라는 그런 본질을 이해했으면 좋겠어요. 그것과 관련된 노래도 예전엔 만들었는데요. 제가 할 수 있는 일이야 노래 만들고, 집회 가고 하는 것들밖에 없어보여서 답답하기는 합니다만, 할 수 있는 노력은 다 기울여야겠죠.

지　'국가'라는 존재를 어떻게 생각하세요?

조　특히 우리나라 사람들은 국가가 없는 현실을 상상도 못하는 것 같아요. 사실 없어도 되거든요. 물론 국가가 없으면 그 대신 여러 가지 불필요한 것들이 생기겠지만 그런 건 또 나름대로 해결 방식이 있을 거예요. 우리가 국가라는 체제를 너무 당연시하다보니까, 앞으로 만약 북측과 합치게 되면 '통일'이라는 표현을 쓰면서 한 국가가 되어야 하는 것처럼 사람들이 생각하는데, 새로운 국가 체제라는 것은 우리가 지금 살고 있는 이 땅에서 어떠한 형태로 살아갈 것이냐를 고민해보는 중요한 계기라고 보거든요.

지금으로서는 하나의 국가가 되는 게 마치 당연한 것처럼 보이겠지만, 앞으로는 사람들이 국가 없이 산다는 것에 대해서 가능성을 열어놓고 생각해볼 수 있는 기회가 되지 않을까, 생각합니다. 웃기죠. 중요한 것은 먼저 살아간 사람들이 있었던 것이지, 국가를 중심으로 해서 본다는 것 자체가 웃기고요. 올해 베이징 올림픽에서도 대표 선수들이 나가서 마치 국가를 대표하는 것처럼 엄청난 애국적인 분위기가 연출되겠죠. 그 사람들은 그저 한 개인에 불과하고요. 국가라는 인위적인 공동체를 끊임없이 유지해야 할 필요가 있는지에 대해서는 회의적입니다.

1964년 멕시코 올림픽 때 흑인들이 미국 대표로 육상에 나가서 1등이랑 3등을 했는데, 시상식에서 국기에 대한 경례를 안 했잖아요. 그 사람들은 국가 대표가 아니라 흑인 대표로 나왔다고 해서 국가를 받아들이지 않았는데요. 그런 상상력을 가진 사람들이 많이 나왔으면 좋겠다는 개인적인 바람도 가지고 있어요.

지 인터넷 검색해보면 본명은 안 나와도 생년은 나오던데요. 그게 맞나요?

조 위키에는 누구나가 다 쓸 수 있는데, 누가 썼는지 모르겠더라고요.

지 다른 정보는 안 나오는데, 그게 나오는걸 보니까 역시 한국에서는 나이가 굉장히 중요하구나 하는 생각이 들더라고요. (웃음)

조 다른 나라의 위키들을 보면 죽은 사람들의 경우 생몰 연도가 나오는데요. 누가 집어넣었는지 모르겠지만, 내가 가서 그것을 바꿀까 하다가 귀찮아서 놔뒀거든요. (웃음)

지 올해 특별한 계획은 있으신가요?

조 올해는 계획 같은 건 안 짜고 있어요. 올해도 벌써 몇 달 지났는데, 계획을 안 짜도 충분히 바쁘게 지내왔거든요. 계속 그렇게 될 것 같아요. 피자매연대 활동을 하고, 노래를 하고, 계속 다른 아나키 운동도 하고, 그것만 해도 아마 몸이 모자라지 않을까, 여름에 G8 반대 하러 일본에 가고 싶기는 한데요. 모금운동을 한번 해볼까 생각 중입니다.(웃음) 일본에도 아나키즘 운동을 같이 하는 친구들이 많거든요. 서방 선진8개국 정상회담이 7월에 홋카이도에서 열리잖아요. 그것을 반대하는 운동을 도와달라고 일본 친구들이 한국에도 왔었어요.

사실 반세계화 운동 같은 것도 대부분 1999년 시애틀에서 시작됐다고 하는데요. 아나키스트들이 거의 대부분이었는데요. 한국에는 아나키스트들이 없다보니까 사회운동 하던 사람들이 의도적으로 그런 맥락을 삭제했는지, 아니면 소개할 필요가 없었던 건지, 굳이 아나키즘 운동이라고 말할 필요가 없었던 거겠죠. 메이데이도 마찬가지고요. 아나키즘의 맥락을 가진 운동들이 많이 있는데, 그런 것들도 더 많이 알려나가고 싶습니다.

지   마지막으로 해주실 말씀은 없으신가요?
조   그냥 꾸준히 사회적 약자들이 연대해서 세상을 바꿔나갔으면 좋겠어요. 그것에 사람들이 많이 참여했으면 좋겠고요. 많이 얘기하셨을 텐데, 대운하를 막았으면 좋겠습니다.(웃음)

삼성과의 싸움은 대한민국 모든 권력과의 싸움

김용철

● 1983년 사법시험(25회)에 합격했다. 인천지검 검사를 거쳐 서울중앙지검 검사로 재직하면서 전두환, 노태우 비자금 사건을 수사했다. 인천지검 부천지청 검사를 거쳐 1997년 8월~2004년 9월 사이에 삼성 회장 비서실 법무팀 이사, 구조조정본부 재무팀 상무·전무, 구조조정본부 법무팀장을 역임했다. 그 후 법무법인 서정의 구성원변호사를 지냈고, 2005년부터 《한겨레》 비상근 기획위원으로 활동하고 있다.

" 이건희가 아무리 밉고 잘못되었다고 하더라도 자기 자식은 삼성에 취직시키고 싶은 것 아닙니까? 애증을 같이하고 있는 기업집단이잖아요. 그래서 저는 처음부터 정확하게 지배주주, 개인주주하고 이씨 일가와 가신과 삼성 그룹을 분리해야 한다고 언론에 얘기했어요. 사건 명칭부터가 잘못된 겁니다. 삼성 비자금 의혹이 뭐예요. 삼성 비자금이 아니에요. 각 회사가 만든 것이 아니고, 이씨 일가와 그 가신들이 사욕을 위해서 만든 거죠. 이씨 일가 비자금 의혹 사건이라고 해야죠. 개념부터가 잘못되어 있어서 사람들이, 괜히 삼성 임직원들 자존심만 상했죠. 그럴 필요 없는 건데. "

사진 ⓒ 문종석

김용철

● 박용현 《한겨레21》 편집장은 〈허세욱과 김용철〉이라는 글에서 "김용철 변호사는 또 다른 허씨다. 그는 이건희 회장 일가의 비리 의혹을 폭로하면서, 육체적 자아 대신 사회적 자아를 태웠다. 그리고 삼성특검 수사 결과가 발표되던 날, 피로한 목소리로 말했다. '너무 힘들어서 이제 그만하고 싶다.' 사기업이 국가기관을 오염시키지 않고 누가 저질렀든 범죄는 꼭 응보를 받는 세상. 그 상식의 세상을 꿈꾸던 김 변호사도 무소불위 거대기업의 높은 벽에 직면했다. 그런 절망은 여러 곳에 있다"고 썼다.

특검 결과에 실망한 김용철 변호사는 "지쳤다. 이런 얘기 하는 것이 무슨 의미가 있겠느냐? 이것은 민주화 투쟁보다 더 어렵다. 적이 뚜렷한 것도 아니고 유령하고의 싸움과 비슷하다"고 하면서도 낙천적인 성격답게 열정적으로 자신의 의견을 피력했다. 김 변호사는 이번 특검으로 삼성은 잃은 것이 하나도 없다면서 "돈 얻었고, 승계 공식화됐고, 과거에 저지른 잘못도 깨끗이 없는 것으로 정리되었다"고 한마디로 잘라 말했다.

김 변호사는 삼성이라는 기업 전체와 이건희 일가 및 가신들의 비리는 전혀 다른 차원이라면서 "그 부분이 정리되면 삼성전자 주가가 3배는 오를 것"이라고 전망했다. 이건희 회장의 독단적인 경영에 대해서도 "자동차에 투자하기 위해 3조 7000억 원을 은행권에서 신용대출했는데요. 이건희 믿고 준 것 아닙니까? 세계 기업 사상 초단기(1년)에 수조 원을 날린 기가 막힌 사건 아닙니까? 그에 상응하는 책임론, 처벌론이 있을 줄 알았는데, 우리 국민은 그거 넘어가대요"라면서 안타까워했다.

"대한민국의 엄정한 사법체계가 살아 있다면 법정구속이 되어야 하는데, 수천억 배임죄를 구속 안 하면 앞으로 누굴 구속하겠어요? 수천억 회사 돈을 빼내서 회사 부를 유출시키고, 자식한테 무리하게 물려주고, 오만 짓을 다했다는데, 그것을 불구속시킨다는 게…… 모르겠어, 정말 이해가 안 돼."

《88만원 세대》 저자 우석훈은 "삼성은 언제부턴가 의심과 두려움의 대상이 되었고, 수많은 불법을 저지르고 있으리라 생각되기 시작했다. 정권과 언론은 언제나 그들을 감싸주었지만, 그런 가운데도 의롭고 외롭게 삼성 문제를 지적해온 사람들 덕에 상황은 조금씩이나마 바뀌고 있다"고 말했다. 김용철 변호사는 그 중심에 있다. 그의 뜻대로 스스로의 잘못을 인정하고 개선한 후 삼성이 진정한 국민기업으로 거듭났으면 한다.

인터뷰는 2008년 5월 1일 오후 인물과사상사 사무실에서 이루어졌다.

{ 이젠 아무도 고양이 목에 방울을 달지 못한다

지승호(이하 **지**)　이번 일로 삼성에 대한 막연한 불신감 같은 것들이 마음속에 싹트게 된 것도 하나의 성과 같은데요.

김용철(이하 **김**)　좋은 건 아니죠. 사람들은 삼성과 이씨 일가를 동일시하고 있는데, 그것은 좋은 게 아니죠. 주요 기업으로부터 범죄적인, 잘못된 경영자를 분리해야 하는데, 사람들이 그것까지는 생각지 않잖아요. 지배구조 문제인데, 기소는 됐지만 설사 구속된다고 해도 나와서 다시 지배권 다 쥐잖아요. 기소되고 형식적으로 재판받고, 적절한 기회에 사면될 거고, 무슨 상관 있겠어요. 그게 한국사회의 엄연한 수준이고 현실인 건데, 그것을 그냥 그대로 받아들이자니…….

지　변호사님을 응원하면서도 가슴 아파하는 사람들이 많은데요.

김　가슴 아프면 어떻게 해요. (웃음)

지　이른바 양심적 병역거부자를 위해 싸우는 분들이 막상 누가 찾아와서 '하겠다'고 하면 먼저 말리게 되지 않습니까?

김　양심적 병역거부는 참 어려운 문제인데요. 남북 대치 상황인 것은 틀림없잖아요.

지　어쨌든 삼성하고 싸우겠다고 마음먹은 것이 그것보다 훨씬 더 어려운 개인적인 선택이었을 듯합니다.

김　내몰린 거죠. 내가 투사도 아니고, 하고 싶었던 것도 아닌데, 그냥 개인으로서 먹고 살려고 하는데 그 근본까지 뺏으려고 하잖아요. 생존에 관한 문제가 걸리잖아. 거기에 그냥 순응해서 적당히 타협할 수도 있는 건데 성질상 못하겠다고 한 거죠. 그걸 가지고 의인, 영웅 운운하는 건 말이 안 되는 것 같아요. 그러니까 자기들이 자초한 거예요, 내 성격이 못된 면도 있겠지만. 그런데 그게 나 혼자만의 뜻이겠어요. 이 나라에 그럴 만한 시기가 온 게 아니겠어요.

　신부님들은 하느님의 섭리라고 그러는데 그건 잘 모르겠고, 어쨌든 그런 시기가 된 것 아니겠어요. 이승만이나 박정희나 대통령 종신으로 해먹을 것처럼 그랬지만, 결국 아니었잖아요. 때가 된 거라고 생각해요. 운동권 사람들은 "혁명 역량이 농축되었다"는 표현을 쓰지만, 전 그런 건 잘 모르겠고요. 이제 한국사회가 이 문제를 해결하고 가야 할 때가 됐는데, 특검이 그럽디다, 한 번의 수사로 되겠느냐고. 엉터리로 수사하겠다는 얘기를 미리 한 거죠.

지　이번 삼성 특검에 대해서는 어떻게 생각하십니까? 지난 4월 17일 특별검사팀은 삼성 이건희 회장과 임직원 등 10명을 모두 불구속기소하는 선에서 수사를 마무리했는데요.

김　특검이 뭐했는데요? 결과가 뭐 있는데요? 수사 안 하고 수사 결과만 내놨잖아요. 특검 결과를 보니까 반이 제 비난이데요.(웃음) 뭘 수사한 건지 모르겠어요. 내 말이 틀렸고, 내 말이 거짓말이라는 것에 반을 할애했던데, 참 애를 썼더라고요. 저에 대해서, 그러니까 사건 핵심 인물의 진술에 대해서 단 한 번도 추궁한 적이 없던 사람들이잖아요. 심지어는 김인국 신부의 말과 제 말이 좀 다르니까 "때와 장소에 따라서 말이 변한다"고 해놨더라고요. 김인국 신부가 11월 1일에 《경향신문》 기자와 얘기하면서 초기라서 상황 파악을 못하고, 뇌물이 많게는 1000만 원이라고 한 적이 있었어요. 저는 그 말을 한 적이 없거든요. 내가 알기로는 정기적으로 하는 것이 최대 2000만 원이니까, 그 말을 가지고 내가 진술하면서 2000만 원으로 부풀렸다는 거예요. 다른 사람이 잘 모르고 인터뷰에서 잘못 말한 걸 가지고, 내 진술이 왔다갔다한다는 거예요.

그런 식이니까. 불구속 원하다가 구속 원하다가 왔다갔다한다는데, 아니 내가 그런 말을 했죠. 나는 구속을 원치 않는다고 했지만, 누가 뭐라고 하든, 내가 원하든 원치 않든지 간에 수사 주체가 사안에 따라서 적절하게 판단하면 되는 것 아닙니까? 내가 뭐라고 말하든 상관없이 구속요건은 형사소송법에 나와 있거든요. 사안의 중대성이랄지, 도망이나 증거인멸의 염려랄지, 이런 게 있으면 구속하게 되어 있거든요. 사안이 중대하면 구속할 수밖에 없는 것 아닙니까? 본인에 대한 수사 재판의 필요, 형 집행의 필요, 이런 것뿐 아니라 중대한 사항이면 도망할 염려도 당연히 수정되니까요.

그 다음에 이번 이씨 일가나 이학수, 김인주, 이런 양반들은 옛날에도 도망간 전력이 여러 차례 있어요. 내가 뭐라고 해도 구속할 수밖에 없는 상황이죠. 자기들도 수사에 필요하니까 출국금지도 시켰잖아요. 도망갈 수가 있는 사람들이니까. 그런 사람들이 지금 딴소리를 해요. 크게 특검 수사 대상이 비자금과 정관계 로비와 경영권 승계라고 본다면 비자금 수사 안 했잖아요. 저쪽에서 상속재산이라고 주장하니까 그걸 인정한 게 수사 결과예요. 나는 아무리 봐도 무슨 근거인지 모르겠던데, 그쪽에서 주장하니까 그냥 인정하는 거던데요.(웃음)

그 다음에 뇌물은 내 말이 다 틀렸다는 것 아닙니까? 조직적인 로비도 없었고, 그런 것으로 끝났잖아요. 수사를 뭐했어요? 나를 수사했지. 명예훼손이랄지, 신용훼손이랄지, 제가 악의적으로 아주 교활하게 자기 책임질 것은 얘기 안 한다는 건데요. 내 자신이 책임질 얘기는 안 한다고 하니까 참 환장하겠던데, 내가 줬다는 소리를 했잖아요. 문제는 내가 줬다는 게, 준 사람은 공소시효가 5년이거든요. 5년 이전 것만 이야기한다는 겁니다. 그런데 그 후에는 한 게 없는데 어떻게 얘기해요?(웃음) 쉽게 말해서 '지가 준 것은 공소시효가 넘었더라' 하는 건데, 내가 교활하게 일부러 기다렸다가 늦게 말한 것도 아니고, 수사를 빨리 진행해서 작년에 했으면 좀 나았겠죠.

지 이번 특검 결과에 대해 항간에서는 삼성에 대한 특별검사가 아니라 특별변호사가 아니냐는 얘기도 나오던데요.

김 그런 말이 나오데요. 참 안타까운 일이죠. 여야 합의로 만든 것이고, 오죽하면 미국서도 포기한 제도인데, 기존에 국가 공무원인 검찰이 있잖아요. 유일한 소추권 행사기관인 검찰이 있고, 최고 수사기관 중수부 이런 데가 있는데, 왜 이씨 일가 문제만은 거기서도 수사를 못한다고 해서 여야 합의로 별도로 임시 수사기관을 만들어야 합니까? 무엇이 그렇게 무섭고, 무엇이 그렇게 대단해서. 특검 내부 사람들조차도 "삼성 수사해서 후환이 없겠느냐, 뒤가 좋겠느냐, 공무원들은 보직 후환이 없겠느냐"고 하더라고요.

삼성의 위상이 얼마나 대단해요. 변호사들의 경우 삼성 사건은 안 한다고 치더라도 반기업적인 사람이라 중소기업도 거래를 못하게 하겠다는 것 아닙니까? 저도 로펌하면서 삼성 사건은 안 했어요. 그런 정도 위상이 되나 보죠. 오죽하면 동료들이 나가달라고 하겠어요. 평생을 피를 나눈 형제처럼 같이 하자던 사람들이 저더러 비켜달라고 하잖아요. 그런 세상이니까. 특검은 누구에게도 책임지지 않는 기관이고, 개인의 특성은 말할 필요가 없는데요. 검찰은 수사 검사들이 다 독립 관청 아닙니까? 특검은 미국식 제도라서 특별검사 혼자 검사거든요. 특별검사가 혼자 다 판단하게 되어 있어요, 기소든 구속이든. 그러면 저 사람의 성향에 너무 좌우되는 거예요. 저 사람이 봐주기로 마음먹으면 봐주는 거죠. 그렇다고 해서 특별검사가 잘못했다고 특별검사를 특검할 수도 없고, 미치는 거잖아요.

지　변호사님께서는 처음부터 특검보다는 검찰 수사팀이 꾸려져야 한다고 하셨지 않습니까?

김　처음 시작할 때부터 사제단이나 저나 특검을 원한 적이 없어요. 역대 특검 10여 차례 했지만, 효율적인 적이 없었거든요. 미국의 특검도 보세요. 케네스 스타가 클린턴 스캔들 수사하느라고 수천억을 썼고, 위증 수사한다면서 대통령 스캔들만 파다가 볼 장 다 봤잖아요. 막대한 국가 예산만 낭비하고, 전혀 효율적이지 않았잖아요. 그런데도 그런 이상한 것 배워서 우리도 많이 했지만, 뭐 있었나요? 특검을 해야 한다는 것 자체가 불행한 일이지.

사실은 우리 검찰이 못할 게 뭐 있어요. 검사만 1600명이 넘을 텐데요. 조금 문제가 있는 사람도 있을 거고, 자유롭지 못한 사람도 있을 겁니다. 그런 사람 빼고 수사팀 짜서 하면 되는 거잖아요. 찜찜한 관계에 있는 검사라면, 못하겠다고 회피하면 되는 것 아닙니까? 그런데 상층부가 문제겠죠. 지휘권자, 지휘라인의 분위기가. 공무원이라는 것이 인사에 장사가 없다는 것 아닙니까? 주요 보직자들은 1년에 한 번씩 인사가 있는데, 개인으로서는 인사 두 번만 물먹으면 기운 빠지죠. 지방 한직으로 두 번만 돌려버리면, 인생 길지도 않은데 회생 가능성이 없잖아요. 그러니 자존심 강하고, 잘난 사람들도 목을 매는 것 아닙니까?

그런데 수사도 안 하고 이상한 결론만 내고 끝냈지만, 도대체 저게 다시 할 기미가 안 보이잖아요. 발표하는 날 검찰은 "끝났다, 수사 안 한다"고 했잖아요. 많은 문제를 수사도 안 하고, 특검은 권한도 없는 사안에 대해서 수사 결과를 발표했어요. 특검법상 수사 권한이 없는 부분까지 발표하더라고요. 곧 이걸로 종결하자는 건데, 이게 과연 이대로 종결이 된다고 하면……. 하지만 내가 지금 살고 있는 나라, 사회가 이 수준인데 어떻게 하겠어요? 이걸로 반정부 테러 활동을 할 수도 없는 거고. 독립운동이라고 하면 목숨 걸고 레지스탕스식 활동을 할 수도 있겠지만, 우리 국민들도 그런 식이라고는 생각지 않잖아요.

만일에 정말 이런 왜곡현상이 더 심각해지면 다른 기업을 포함하여, 삼성 이씨 일가도 마찬가지고, '정말 거대 범죄는 안 드러날 수 있다'는 생각이 뿌리 깊게 퍼지겠죠. 바둑판으로 보면 대마불사라는 것을 보여줘버렸고, 젊은 사람들한테도 '명백한 범죄에 대해서도 넘어갈 수 있다, 순응해야 한다'는 패배의식 같은 것을 심어주게 될 거고요. 나도 좌절감을 느끼는데, 자라는 아이들 사이에 "세상 다 그런 것 아니냐"는 허무주의가 만연되지 않을까 하는 것이 큰 문제죠. 당장 우리 애들도 한국 살기 싫다는데요. 가족들 힘들기만 하고, 얻은 게 없잖아요.

{ 이학수가 김용철의 '동생'이 된 사연

지 그 사안을 공개하셨을 때 "아들이 나를 존경하지 않더라"는 말씀도 하셨던 것 같은데요.

김 안으로 우리 애들이야 어리니까. 한 놈은 장가도 가고 군대도 마치고 했지만요. 삼성에 있던 7년인가를 갈등이 심했기 때문에 출근 안 하기도 하고, 중간에 사무실 하나 계약을 했다가 포기하기도 하고. 제 비서나 직원들이 고생했어요. 갑자기 하루 이틀 연락이 안 되고, 양수리 강가에 가 있고, 안 나간다 그러기나 하고……. (웃음)

삼성 임원 2500명 중에서 제가 골프를 제일 못 치는 사람일 거예요. 항상 100개 넘어 105개, 110개 치니까. 일 년 내내 쳐도 똑같아요. 왜냐하면 이기고 싶지를 않으니까요. 무슨 유희를 죽어라고 이기려고 해요. (웃음) 그러니까 그 사람들하고 안 맞지. 그 유희를 즐기는 것도 아니고, 정말 접대도 못하고, 성질이 못돼서 남 비위 맞추는 것 못하고요. 그래서 참 서로 적응하기 힘들었던 것 같아요.

저쪽 사람들도 나를 잘 모르고 받아놓고 서로 적응하려고 무던히 애를 썼는데, 결국은 2004년 말에 대선자금 수사 때문에 결정적으로 사단이 난 거죠. 도대체 무슨 수사를 받는데, 평소에는 폼잡던 사람들이 죄 도망가고 없어요. 회장은 미국으로 해서 동경 가더니 안 들어오고, 이학수도 회장 만나러 가더니 안 돌아오고, 김인주는 몇 달간 연락이 안 되고. 지휘부가 죄 연락두절이야, 무슨 범죄 단체야 뭐야, 내가 속해 있는 단체의 상사들이 연락이 안돼요.

내가 그래서 '짐 싸야겠다'고 생각했죠. 평소에 지지리 말도 안 듣더니, 수사 받으라고 하니까 받겠다고 하고서는 다 도망을 가버려요. 이 나라에서 이 나라 국민들에게 장사하고(삼성생명, 화재 같은 금융사는 100퍼센트 내수잖아요), 국민들을 상대로 조 단위의 흑자를 내고, 그것으로 먹고 살면서 그렇게 하면 안 되죠. 대선자금으로 대선 주자들한테 큰돈 쥐가면서 고리를 대는 것이 사실은 비정상적인 재벌 체제를 인정해주는 대가 아닙니까? 그것을 끊자는 것이 국가적인, 역사적인 흐름 아닙니까? 어쨌든 그 고리를 끊겠다고 대검 중수부가 나섰는데, 수사 협조하고 자백하겠다고 나한테 심부름 시켜놓고, 거짓말 해놓고 도망가버리면 저는 어떻게 하냐고요? 그 다음에 내부 구성원인 나한테도 속이고. 이학수가 나한테 그랬어요, 40억 이상 갖다줬으면 니가 내 형이라고. 상사가 그러는데, 어떻게 안 믿어요. 나중에 보니까 300억도 넘던데요. 그것도 다가 아닐 거야. 이제는 하나도 안 믿어. 이제 아무것도 안 믿어. (웃음)

지   나중에 형이라고 하던가요?(웃음)

김   안 하지. 나중에 그러데요. "니가 이해해라, 그럴 수밖에 없지 않느냐?"고. 내가 신뢰를 안 줬는지 모르겠지만, 말하다보면 개인을 비난하게 되니까 하기 싫은데, 그 사람들의 인생이란 게 그런 거잖아요. 지금도 쇄신안이라고 하는데, 뭘 쇄신하겠다고 하는 건지 모르겠어요. 쇄신할 것도 없는데, 뭘 쇄신하겠다는 건지? 쇄신안 제목부터 웃겨요. 특검 수사 결과 비자금도 없고 뇌물도 없다는데, 뭘 쇄신해요. 불법승계만 인정됐잖아요. 불법승계만 인정됐으면 그걸 고쳐야 할 거 아닙니까? 그런데 이재용 체제로 굳건하게 넘겨주겠다고 하잖아요. 그건 나쁜 놈들이지. 그리고 차명으로 되어 있던 걸 실명화하겠다는 게 쇄신안이에요?

진짜 국민을 상대로 한 거대한 기만, 거대한 사기극이 통하잖아요. 수면 밑에서는 끓는지 모르겠지만, 겉으로는 합법적인 공권력 위에서 통하고 있잖아요. 밝은 세상의 법이 그렇게 적용되고 있으니까. 나도 그래서 현재로서는 어떻게 해야 할지 모르겠어요. 이 인터뷰 오면서도 내가 뭐 하러 오는지 모르겠더라고요, 지쳤는데. 개인으로서야 일 년간 백수생활 했으니, 다시 생업 복귀도 안 되죠. 제가 사무실을 차려도 사람들이 와서 사건 맡기겠어요? "저 새끼 막 떠드는 놈인데" 그러지. 그래서 노동을 해보려 했더니 팔다리도 부숴진데다가 안 해본 거라서 못하겠어요. 게을러서가 아니라 생산성이 없고 부가가치도 없어요. 푸성귀 쥐어봐야 내 입에 들어갈 정도밖에 안 돼요. 자동차 기름값도 안 돼요. 사람들은 나한테 100억을 토해내라고 하는데, 그 중 40퍼센트는 세금일 거고, 여기저기 처자식이나 형제간에 썼고, 기부도 했고, 그런데 어떻게 내놓으라는 말이에요. 참 답답한 얘기죠.

지　"국가가 국민의 세금으로 비자금을 돈세탁해줬다"는 말씀도 하지 않으셨습니까?

김　그런 표현을 쓴 적이 있죠. 회사에서 훔쳐낸 돈이라서 남의 명의로 감춰놨잖아요. 그걸 갖다가 '니꺼 맞잖아' 그러고 실명화해줬잖아요. 깔끔하게 세탁해준 거잖아요. 그것도 수조 원을. 세금 몇천억 내고 수 조원 가지라고 했잖아요. 자기 것 아니라고 했는데도, 자기 걸로 만들어준 거잖아요. 수백 명 조사하면서 "이건 내 꺼예요" 했는데도, "아니야, 이씨 꺼야" 하고 이건희한테 가져가라고 했잖아요.

지　조준웅 특검은 변호사님에 대해 "로비 정황이 일관성이 없다"는 등의 예를 들어 믿을 수가 없는 사람이라고 비판했는데요.

김　자기도 받은 것 아닐까요?(웃음) 이 말은 위험한데, 그 부분에 대해서는 내부 밀약이 있지 않고서야 수사를 그렇게 할 수 없는 것 아닙니까? 아니 검찰에서 날 명예훼손으로 잡아넣으라고 해줬잖아요. 차라리 빨리 하든지. 나도 "날 구속하라"고 했는데, 안 하데요. 분위기상 완전히 잊혀지고, 조용할 때 하려나 봐요. 눈치보고 있는 거지. 괜히 시끄러워질 것 같으니까 조용해질 때, 관심 없을 때 하겠죠. 기다려야지, 뭐.(웃음)

지　이상호 기자의 경우도 그랬던 것 같은데요.

김　X-파일 봤어요?

지　　아니요. 나중에 관련 일지를 책으로 정리할 계획이 있던 것 같
은데, 안 하던데요.

김　　쓰면 한 번 더 들어가니까.(웃음) 내용이 이학수, 김인주, 홍석
현이 만나서 정치권, 검사들한테 돈 주는 얘기 나오잖아요. "걔도
한 500 줘야지" 하고, 내가 말하는 것하고 똑같아요. 거기서는 검사
가 개두만.

{ 돈에 영혼을 팔아버린 나팔수가 무슨 '언론'인가

지　　언론들 보도 보면서는 어떤 생각이 드셨나요?

김　　언론은 보도경쟁이 없데요. 딱 입장이 있잖아요. 《한겨레》는
죽어라고 써버리고, 앞뒤 안 보고 무식하게 치고 써버리고, 《경향
신문》도 그 어려운 상황에서도 죽어라고 쓰고, 《조선일보》는 눈치
를 살살 보면서 알아서 하고요. 《중앙일보》《동아일보》는 확실하게
입장을 세우고 있고요. 저는 이번에 경제지가 매춘지인지 알았어
요. "비자금은 정당방위"라는 말을 쓰던데, 비자금이 없는데 어떻
게 하지? 한국 언론 수준에 대해서는 《비즈니스위크》 최신호에 나
왔더라고요. 삼성 스캔들이 한국의 기준으로 봐서도 납득할 수 없
을 정도로 관대한데, 그 부분은 과도한 광고비에 의존하는 한국 언
론 때문이다, 기업들이 광고비를 적정한 수준으로 내리면 유지할
수 없는 언론이 많다는 거예요. 언론이 기업의 광고비에 너무 의존
하기 때문에 자유롭지 못하다는 얘긴데, 광고비 수준까지 조사했는
지 외신들이 그런 것을 다 발표하데요.

지　언론이 옹호를 하더라도 좀 세련되게 하든지, 적당히 입 다물 수도 있을 텐데요. (웃음)

김　확실하게 하더라고요. 한국사람들은 얻어먹으면 먹은 표를 내요. 우리는 정이 있는 사람들이라 먹고서 안 먹은 척 못하고, 먹으면 꼭 표를 내요. (웃음) 그리고 꼭 직접 먹은 게 없더라도 삼성 문제는 쓰기가 쉽지 않은 것 같아요. 오죽하면 《시사IN》도 처음에 좀 쓰다가 안 써버리잖아요.

지　이번호에 나왔던데요.

김　이제 미안하거든요. 초기에 쓰다가 몇 달간 안 썼잖아요. 《오마이뉴스》 기자도 사장, 국장하고 싸웠다는데요, 뭐. 광고국장이 그러더래요. 얻어먹었는데, 어떻게 하냐고. 적대적인 데는 저쪽 전략이 그런가 봐요. "우호, 비우호를 떠나서 쓰지만 말아 달라." 위에서도 광고 큰것 받고는 하는 얘기가 "대세에 지장 없으면 쓰지 마라"고 하는데, 대세에 지장 없죠. 자기 하나 쓰거나 안 쓴다고 세상이 바뀌나요? 그러니 내가 《시사IN》《오마이뉴스》를 말한 것은 어쨌든 자유로운 데가 거의 없다는 거죠. 《한겨레》도 지금 속편하겠어요?

지　삼성 광고를 포기했으니까…….

김　《한겨레》한테는 태안 기름 유출 사고도 사과 안 하잖아요. 그 광고를 《한겨레》에만 안 냈잖아요. 《한겨레》에서는 《한겨레》 독자한테는 사과 안 하냐고 굉장히 기분 나빠하던데. 말이 쉽지 포기가, 그 의존도가 20퍼센트 정도 될 거예요. 직원들 급여를 깎을 수도 없고, 참 심각한 문제가 올 거예요. 삼성은 그걸 아는 거지, 힘든 거지, 정상화하자고 무릎 꿇고 들어갈 수도 없고, 힘들게 만들었어요. 하다못해 내 변호인들도 몇 달간 사건도 안 맡고, 가정적으로든 뭐든 어려워져버렸죠. 내 일을 돕는 것 때문에 국세청에서 들어올까 봐 걱정하는데, 삼성이 국세청도 움직인다고 믿는 거죠. 가능하죠. 《인물과사상》은 세무서에 당해도 괜찮은가보죠? 당해도 뺏길 것도 없거나.(웃음)

지　《머니투데이》의 박종면 편집인은 칼럼에서 특검 결과에 대해 〈(자본주의에 대한) 테러리스트의 승리〉라는 제목으로 표현하던데요.

김　그건 무슨 소리예요?

지　변호사님과 사제단이 자본주의에 대해 테러를 했고, 그게 성공을 했다는 거죠.(웃음)

김　우리가 테러를 했다고? 테러가 성공했다? 뭐가 성공했어요?

지　표면적으로는 이건희 회장이 물러났으니까…….

김　뭘 물러나요? 이건희가 명함에 회장이라고 찍든 말든 이건희 회장이라는 직함을 누가 준 건데요. 본인이 단 거잖아요. 주주가 줬나, 국민이 줬나요? 자기가 명함에서 회장이라는 말을 빼는 것하고 무슨 상관이 있어요? 주주권을 포기한 것도 아니고, 지배권을 포기한 것도 아닌데요. 전혀 상관없는 얘기예요. 국민투표로 뽑은 회장이에요?

지　그것을 엄청난 충격적인 사건인 것처럼 언론들이 호들갑을 떨었지 않습니까? 뉴라이트 진영에서는 이 사건을 "삼성에 대한 좌파의 공세"라고 얘기하던데요.

김　에이 더러워서 안 한다, 회장 명함 안 쓸 게, 이거잖아요. 좀 있다가 조용해지면 회장 아니라 총장을 쓰든 뭘 쓰든 하겠죠.(웃음) 뉴라이트인지 뭔지, 저는 정치적인 건 잘 몰라요. 조직에만 있었던 사람이라, 더구나 공안도 안 해서 NL, PD 이런 것도 사실은 잘 몰라요. 지금 어느 세상인데, 그러고 있어요? 진보는 분열로 망하고, 보수는 부패로 망한다고 하는 멋진 말을 누가 하던데요. 보수는 분열 없나, 진보는 부패 없나요?(웃음) 하나마나한 소리지. NL이나 PD나 다 좋은 얘기들 하는 건 같은데 죽어라고 싸우데요. 결국 남북 문제니 계급 문제니 하는 것 중에서 어떤 걸 중시하느냐 하는 태도 같은데요. 남북 분단 그 자체가 너무 불합리한 일이니까 차라리 우리가 남북 쌍방 독립국가로 정서상 인정할 수도 없는 것 아닙니까? 위신과 명분, 현실 사이의 괴리가 크다보니까 말도 안 되는 도그마들 가지고 싸우나봐요.

　'자본주의에 대한 테러리스트의 승리'라고 하는데, 자본주의가 저런 건가요? 보수라는 것도 지킬 가치가 있는 것을 지키는 거잖아요. 반동적인 것을 말하는 게 아니잖아요. 어느 나라나 보수당이 있잖아요, 보수주의가 있고. 건전한 보수가 나라를 끌고 가는 것이 맞는 거지. 정치적인 이야기 하다보면 이상해지는데……. 테러리스트라고 한다면, 테러 벌써 했지. 내가 죽창을 들었나, 칼을 들었나, 돌멩이를 들었나요? 참 위험한 얘긴데요. 여야 합의로 국민주권 수임기관인 국회에서 통과한 특별검사 제도에 의해서 합법적인 공소제기가 있었어요, 그것도 극히 일부분에 대해서. 그것을 테러리즘의 승리라고 하면 그 친구 정말 위험한 발상인데요. 그게 출간되는 신문이에요?

지   인터넷에서 검색이 되더라고요.

김   그런 건 안 읽는 것이 나아요. 그런 걸 읽고 일희일비하면 건강에 안 좋거든요. 정치인들이 오래 사는 것이 지지자들 소리만 들으니까 기분 좋아서 오래 사는 건지 모르겠지만, 너무 말이 안 되는 소리를 하면 그것 가지고 맘 상할 필요가 없잖아요.

지   삼성이 그동안 사회적 약속을 지키지 않은 적이 많다면서 의심을 하는 경우도 많은데요.

김   의미가 없어요. 이재용으로 확실하게 후계구도를 공고히 하겠다는 거잖아요. 의미 있는 것은 차명 재산을 실명화한다는 것밖에 없어요. 심지어는 차명 재산도 유익한 곳에 쓰겠다고 하는데, 기부를 하겠다는 소리도 안 했어요. 그런데 기부를 해도 38.5퍼센트가 세금공제 환급으로 자기 것이 되는 거예요. 남 줘버려도, 공익단체에 내버려도 38.5퍼센트는 환급이 돼요. 그렇다고 치면 세금 내고 나머지는 자기 거예요. 어차피 세금이야 원래 내는 것이고, 증권거래소에 양도세 조금 내는 건데요. 특검이 죽어라고 국가 예산 가지고 남이 애써 감춰놓은 돈 찾아줬어요.

　게다가 삼성생명의 차명 재산, 주식 같은 부분은 어떻게 하지도 못하고, 참 골치 아픈 부분이에요. 현명관이라는 사람이 공직 선거에 나갈 때마다 자기 것이라고 신고했잖아요. 그것을 이번에 고백

회견을 통해서 이건희한테 돌려주잖아요. 잠깐 창피하고, 이번 기회에 돈이라도 제대로 찾아놓자는 거죠. 이건희 회장이 《포브스》 선정 재산 순위로 1위 가까이 안 되나 모르겠어요. 엄청나게 올라갈 걸요. 이건희 부자 만들어주기 특검을 한 것 같아요. 그런데 이런 이야기해서 뭐한데요. 지면 채우게?(웃음)

지　이런 것 가지고 또 하나의 싸움을 만들 수도 있고…….

김　그게 되나요?(웃음) 내 개인적으로 너무 지쳤어요. 쉬고 싶은데, 쉰다고 되는 것도 아니고. 문제는 조중동이두만, 강남의 98퍼센트가 본다는데, 이 사회의 이른바 주류들이 다 보는 신문 아닙니까? 그게 여론을 반영하기도 하고, 여론을 주도하기도 할 텐데요. 중앙, 동아가 애써서 저렇게 써버리고, 조선은 아주 모호한 태도를 취하잖아요. 조중동 가운데 하다못해 조선이라도 제대로 입장을 정리해서 쓰든지. 저는 동아가 왜 저 모양이 됐는지 모르겠어요. 예전에 《동아일보》 멋진 신문이었는데, 왜 이렇게 변했는지 모르겠어요. 아들내미 하나 처갓집 재산 기웃거리더니, 그렇게까지 돼버리나? 《중앙일보》는 나한테 고소를 하니 뭐니 하던데, 걱정도 안 되두만. 지난 6개월간의 보도 태도를 보면 계열사 아니고서는 그렇게 보도 못하는 것 아닙니까? 사안 보도가 아니라 자기들 사고社告만 1면에다 도배를 하던데요.

지　언론에서 얘기하는 이건희 회장의 천재적 경영능력에 대해 회의를 갖고 계시다고 들었는데요.

김　천재적 경영능력? 무슨 소린지 모르겠어요. 이건희 회장이 신경영이랍시고 나와서 투자한 것은 대부분 실패했어요. 일례로 자동차산업 봅시다. 실패하고 나니까 자기가 한 게 아니고 밑에 애들이 한 거라는데, 자동차에 투자하기 위해 3조 7000억 원인가를 은행권에서 신용대출했는데요. 이건희가 거기다 투자한다고 해서 믿고 준 것 아닙니까? 세계 기업 사상 초단기인 1년 만에 수조 원을 날린 기가 막힌 사건 아닙니까? 그것에 대해 상당한 책임론, 처벌론이 있을 줄 알았는데, 우리 국민들은 그거 넘어가데요.

그 다음에 제가 해외 사업을 담당한 적이 있는데, 중국 진출한다고 중국에 TV를 판 대손만 3000억 원이에요. 미국에 AST라고 컴퓨터 회사 하나 인수해서 1조 3000억 날렸습니다. 일본의 럭스맨, 유니온공학, 독일의 피케레, 롤라이 등 폼나는 해외 선진 명품업체들 인수해서 사그리 망해버렸어요. 1000억 원에 인수한 것을 100만 원에 팔아먹었어요. 이건희 경영 10년간 투자한 것은 100퍼센트 실패예요. 몇 가지, 그러니까 반도체, 휴대폰 회로 같은 10여 개 품목들이 세계적인 경쟁력이 있어요. 이것이 선단식 기업 경영의 폐해일 수도 있고, 장점일 수도 있어요.

그리고 IMF 관리체제 들어갈 때 현대, 대우가 알아서 망해줬잖아요. 분할되고, 찢어지고, 경쟁기업도 없어지고, 독점 질주 체제가 되어버렸잖아요. 손해보험 업계 같으면 2위 이하 전 업체를 합쳐도 삼성화재를 못 따라가잖아요. 생명보험도 비슷할 거예요. 다른 데가 저렇게 부실화되면서 공신력, 신용을 생명으로 하는 삼성 쪽이 비금융권 금융을 장악하게 되어버렸죠. 가전에서는 LG하고 기술력이 어떤지는 모르겠는데, 든든하게 받쳐주는 것이 있잖아요. 휴대폰이니, 반도체니 이런 10여 개 품목이 세계적인 경쟁력을 갖고 있는데, 제가 보기에는 거기에 집중하면 좋겠는데 안 그러잖아요.

제일모직 원단 50년, 60년 가까이 해왔어요. 제가 보기에는 이태리 중저가보다 못해요. 제일모직에서 원단 장사해서 돈이 남나요. 삼성전자에다가 반도체 봉지재니 이런 것 납품해서 먹고 살죠. 가전제품 포장하는 스티로폼 만들고 이러잖아요. 신라호텔이 경영 되겠어요? 삼성전자 선물용으로 호텔 숙박권 돌리고, 호텔 면세점 같은 거, 외식사업부랄지 이런 부분들을 전부 계열사가 밀어주니까 유지되는 것이지. 위치도 그렇고, 구닥다리 호텔이 어떻게 경영수지를 맞추겠어요. 서로 기대가지고 먹고사는 거지. 원래의 개념으로 생각한다면 삼성 계열사 60개 중에서도 문 닫아야 할 데 많죠. IMF 때 보니까 몇 개 빼고는 다 문 닫아야겠더라고요.

지금도 대부분은 흑자인 양하지만, 캡티브 마켓(그룹사 내 시장)에 기대서 한 것 하고, 실질적인 손익이 왜곡된 것을 빼버리면 경쟁력 있는 게 많지가 않아요. 해외사업 하면서 보니까 다 흑자 같은데, 적자가 몇 개 보여요. 밖에 가서 투자하면 다 적자더라고요. 실력이 없는 거예요. 삼성생명, 증권, 화재 등등이 밖에 가서 조금 투자하면 다 적자예요. 이 안에서 우리 국민들한테 빼먹는 거예요. 미국으로 수출하는 TV 한 대에 1달러 남아요. 국내에서 남겨먹는 거지. 말이 1달러지, 미주 본사는 30년 가까이 됐을 텐데, 계속 적자예요. 내가 있을 때 그랬는데, 지금까지도 그럴 거예요. 밖에서는 경쟁력이 없어요.

지　냉장고 판매에서 LG에 뒤졌다는 보고를 듣고 "반도체에서 한 2조 원쯤 빼서 전 가정에 냉장고를 사줘라"고 이회장이 지시했다던데, 사실인가요? 엽기적인 발상 아닌가요?

김　그게 월별 실적에서 한 번 뒤진 적이 있어요. 2조쯤 빼서 다 줘 버리면 경쟁기업 제품이 안 팔릴 거 아닙니까? 그게 그 양반으로서는 있을 수 있는 생각이에요. LG 기술자 수시로 뒤로 빼오잖아요. 하다못해 누이가 하는 호텔에서 도어맨, 벨맨이 싹싹하고 친절하고 자세가 됐다고 하면 압구정동 아파트 한 채 사주고 빼와버려요. 사람이 필요한 건 이 사람이 아는 거야. 사람 하나 제대로 된 사람 갖다놓으면 좋다는 것은 아는 건데, 국내고 외국이고 사람을 중시하는 것은 참 잘하는 거예요. 그래도 뒤로 빼오는 건 그렇죠. 예를 들어 자기 전용기 기사만 해도 KAL에서 완전무결한 최고의 조종사 다섯 명과 스튜어디스를 빼와버리잖아요. 자기 안전하게 운행하려고, 그 사람들은 일 년 내내 임원 대접받으면서 놀다가 이건희 회장 한 번씩 모시고 운행하는 겁니다. 비행기 안에서도 스튜어디스는 무릎으로 기잖아요.

개인적인 비난을 하자는 게 아니고, 글쎄 내가 심한 표현을 썼는데, 삼성 사장단은 빗자루를 시켜놔도 된다고 했어요. 그 말을 〈100분토론〉인가에 나가서 했더니 누가 흥분하고 그러는데, 그 말이 무슨 말이냐면 삼성 사장단 보면 수의사가 화재 사장을 하고, 금융업체 사장을 하고, 원예학과나 임학과 나온 사람이 신라호텔 사장을 하다가 석유화학 사장을 해도 상관이 없어요. 대학 전공이 의미가 있는 게 아니고, 전문성하고도 상관이 없어요. 왜냐하면 경영을 전략기획실 구조조정본부가 하니까.

한번은 석유화학 사장 하나가 어음 하나를 '청구할까요? 말까요?' 하면서 들고 왔어요. 왜냐하면 새한에서 받은 어음이에요. 대주주가 가족과 친족간인데, "이걸 돌리면 새한이 어려워지는데, 이 어음을 돌려야 하느냐?"고 물어보는데, 한심하더라고요. 사장이 그런 것을 들고 와요. "비즈니스 관계이고, 당신 사업하는 사람인데, 돈 못 받았으면 청구를 해야지, 무슨 소리냐" 하고 보냈는데, 그런 식으로 사사건건 하나부터 열까지 매분기별로 공고 같은 것도 승인 받아서 하고, 하다못해 사원 복지기금 10~20억씩 내는 것도 승인을 받아야 하고, 삼성은 이학수, 김인주를 중심으로 한 전략기획실에서 경영을 하는 거지, 임원 인사까지 다 하거든요. 사장이 임원 하나도 마음대로 못시켜요. 그런데 그게 무슨 사장이에요. 누구를 자르고, 누구를 승진시킬지도 자기 맘대로 못하는데요.

지　제일모직 이름 바꾸는 것도 마음대로 못했다면서요.

김　파스케미라고 한번 바꾸려고 했죠. 모직이라는 게 너무 구닥다리 같아서 패션하고 케미스트리 합쳐서. 안 된다는 건데, 왜냐하면 김인주, 이학수가 제일모직 출신이잖아요. 일모회라고 해서 제일모직에 대한 향수가 있어요.

옛날 삼성항공에서 이건희가 헬리콥터를 만들라고 했어요. 제가 회사를 들어가 보니까 그 사업을 추진하고 있더라고요. 그런데 단발 엔진이야, 엔진 하나 달린 거. 영하 십 몇 도인가 내려가면 엔진이 서버려요. 그걸 어떻게 운행해요. 그런데 이건희가 헬리콥터를 만들라고 하면서 "내 친구들한테만 팔아도 상당히 팔겠다"고 하는 거예요. 개발해가지고 팔리는 게 15년 후쯤이더라고요. 중단시켰어요. 검증됐을 때는 다 집에 가 있을 사람들이 만드는 거예요. 그냥 회장이 하라니까 하는 거야. 마침 한국항공 카이 만들어지길래 거기다가 떠넘겼죠. 현대나 대우나 부실사업 거기다가 합쳐버렸으니, 부실끼리 합치니까 부실 되는 거지.

{ 대한민국 모든 권력은 삼성으로 통한다

지　신세계 구학서 부회장은 "삼성의 강점이 무엇입니까. 50퍼센트 이상이 비서실에 있습니다"라고 주장하기도 했는데요. "비서실은 오너의 신속한 의사결정을 위한 것이지 독단을 위한 것이 아니"라고 말입니다.

김　일리 있는 부분이 있죠. 아산 탕전 같은 데다 저렇게 엄청난 투자를 하는 것은 정상적인 이사회가 작동되고 통제가 있다면 불가능한 것 아닙니까?

　반도체 한 라인에 2조 5000억이 들어가는데, 16개 라인인가 있을 거예요. 예를 들어서 반도체가 세계 1위의 경쟁력을 가지고 먼저 나가고 있으니까 괜찮은데, 신사업에 저렇게 무모한 투자를 한다면 위험한 것 아닙니까? 아산탕전산업지구, LCD에 정확하게 얼마가 들어가 있는지는 모르겠지만, 수십 조 이상 들어갈 건데, 저게 만일 LED나 다른 디스플레이 방식에 진다면 큰일 나잖아요. 다른 데가 저런 대단위 투자를 하긴 힘들고, 일본이 경쟁 상대가 될 텐데, 저런 것이 과감할 수도 있지만 무모할 수도 있잖아요. 군인이란 게 그렇잖아요. 전쟁에서 승리하면 훈련이 잘 된 것이고, 검증 결과는 전쟁의 결과처럼 죽고 살고로 나타나는 건데요. 경영도 비슷해요. 살아 있을 때는 괜찮은데, 망했다 싶으면 나쁜 놈 되어버리잖아요. 김우중이 얼마나 무모하게 저질렀어요. 나쁜 놈 된 거잖아요. 세계를 상대로 거짓말을 하고, 오만 짓을 다해놨지. 그 사람 정리되고 나니까 대우 계열사들 자생력이 있잖아요.

구학서란 사람도 신세계에서 평생을 비자금을 만든 사람인데, 무슨 할 말 있어서 그래요?(웃음) 그 위세를 등에 업고 맘대로 하니까 신났나보지 뭐. 25년 이상을 가신으로 있었을 거예요. 그 사람들하고 이건희 이쪽은 공범이죠. 노정권 시절의 청와대 시각도 그래요. 특검법 처음 나왔을 때 "특검법대로 하면 삼성이 범죄집단이네" 하는 소리를 하더라고요. 삼성은 범죄를 안 저지른다는 마인드가 밑바닥에 있나 봐요. 그러면 자기들한테 갖다준 돈은 무슨 돈인데? 아주 깔끔한 돈으로 갖다줬다고 생각하고 있나 봐요.

지 "삼성을 위해 청와대가 움직인다"고도 하셨고, 노 대통령이 결정적인 국면마다 삼성 편을 든다는 발언도 하셨는데요. 하긴 이상호 기자가 폭로한 X파일 사건 때도 노 전 대통령은 "도청은 정경유착보다 심각한 인권침해고, 그것이 국가권력에 의해 국민에 대해 가해지는 범죄행위여서 더 심각하다"고 물타기를 했지 않습니까?

김 국정원 미림 팀에서 했잖아. 국가기관의 민간인 사찰 팀이 행한 도청인데, 그걸로 신건이니 뭐니 구속기소되었잖아요. 민간인 사찰 안 하고 권위주의 포기한 것은 노무현 대통령의 업적이죠. 그런데 그 양반도 한계가 있는 게 삼성한테 너무 신세를 지고 시작을 하다보니까 결국 뭘 제대로 해놓은 것이 없잖아요. 일찌감치 "권력은 시장으로 넘어갔다"고 한 것이 시장은 기업이고, 기업은 삼성이라는 말 아닌가요? 자기 권한이 없다고 이야기한 것 아닙니까? 밖에 가서 누굴 만나려고 해도 삼성 통해서 만나야 하니까, 만날 손 벌려야 하고.

지　노무현 대통령도 삼성 없이 정치를 하기 힘들었을 거라는 말씀인가요?

김　사실 대통령에 관한 것은 잘 몰라. 그런데 장관이 비어도 내놓을 사람이 없나 하고 기웃거리고 그러더라고요. 그러면 삼성에서 퇴출된 사람 하나 내놓고 그래요. 해외 공관장 같은 경우도 삼성에서 별볼일없이 퇴출된 임원들을 하나씩 천거하면 쓰더라고요. 왜 쓰는지 모르겠지만.

지　신임 이수빈 회장은 이명박 대통령에게 "반기업 정서를 해소해달라"고 요청했습니다.

김　이수빈 회장이 비서실장 출신인데요. 그 사람이 자기 세를 안 만들어요. 사람이 굉장히 유순하고 현실 적응적이고…….

(이때 김용철 변호사에게 전화가 와서 통화를 했다.)

김　오늘이 내 생일이라 같이 변호사를 했던 사람들이 밥을 사준다고 뭘 먹겠냐고 하는데, 요즘 내가 먹는 것에 통 관심이 없어서요. 나이 50 되서 생일이란 것이 별 의미도 없는 것 같고, 뭘 해야 행복해질 수 있을까요?(웃음)

지　낙관적 사고를 하시면…….(웃음)

김　저는 참 낙관적인 사람이에요. 잘 웃고, 편안한 사람이에요.

지　하긴 낙관적이지 않았으면 이런 큰일도 벌이지 못했겠죠.

김　'위험하다, 큰일난다' 하면서 100퍼센트 다 말려요. 그런데 어떻게 되겠지, 하고 저질러버렸잖아요. (웃음)

지　비관적인 사람은 계속 나쁜 쪽으로만 생각하니까.

김　아니, 내가 자살하는 것보다 낫잖아. 순간 몇 번 그런 갈등을 하긴 했는데, 옆에서 다들 그러더라고요. "정말로 정신질환 생기고 미친놈 되고 만다. 잘 견뎌라" 하고 얘기해요.

지　지금 조금 틀어졌지만, 10년 후에는 완전히 세상이 바뀔 수도 있지 않습니까?

김　알 수 없죠. 그런데 효과가 있긴 있겠지. '삼성 돈 먹으면 뒤탈이 없다'는 것에서 '저것도 언젠가는 탈이 나겠다'로 바뀔 수도 있고요. 여전히 '역시 삼성 돈은 뒤탈 없다'고 생각할 수도 있을 것이고요. (웃음) 하지만 일단 간이 어지간히 크지 않고서는 거래를 계속 하지 않을 거 아닙니까? 돈 쌓아놓고 거저 주는 것이 아니고 철저히 관리 대상이 된다는 것을 안다면. 그런데 특검에서 또 거짓말을 했으니까. 일반 평검사들도 다 내 말이 맞다고 하데요. 수사했던 검사들은 내 말이 120퍼센트 맞다고 해요. 그런데 수사 결과 발표는 재밌더구만. 비행기 탑승기록을 보니까 내 말이 거짓말이라고 하는데, 그것도 기가 막히더라고요. 나도 날짜가 기억이 안 나니 탑승기록이라도 한번 찾아보라며 결국 말을 안 해줬더니, 자기들이 찾아보니까 평일에 간 것이 없더란 얘기예요.

지 예전에 노래방에서 불법퇴폐영업을 했다고 보도되었는데, 그게 맥주를 판 거였다면서요. (웃음)

김 아르바이트가 맥주 4캔 팔았어요. "김 변호사 부부 퇴폐영업"이라고 하는데, 돌겠데요. (웃음) 건전노래방이라고 애들 상대로 5000원씩 받고 한 거예요. 불황이다보니까 같은 업자들이 와서 "손님들이 와서 자꾸 술 달라고 하는데 너희는 얼마나 잘나서 안 주냐?"고 하니까 아르바이트 학생이 맥주 캔 4개를 줬나봐. 그걸 사진 찍어서 그 학생을 순찰차가 잡아가서 철야 심문을 했어요. 남의 귀한 아들을 말이야. 저도 그때 상황을 아는데, 벌금을 100만 원인가 내고, 영업정지를 받았죠.

내 소유의 조그만 건물인데, 아르바이트비 주고나면 남는 게 없어요. 관리비도 안 나와요. 집사람 노래 부르고, 놀이터 비슷하게 해놓은 거죠. 서울 일원에서 도우미는 데리고 와도 안 되고, 정말로 깔끔하게 했던 곳이에요. 그런데 신문에 그렇게 나오니까 애들이 얼마나 상처받았겠어요. 엄마가 퇴폐영업 한다고 신문에 나오니까. 그러니 아빠가 이걸 안 했으면 그런 일도 없었을 거잖아요. 김 변호사 부부 노래방 퇴폐영업이라고 나오는데, 그게 퇴폐인가요? 노래방에서 맥주를 못 팔게 하는 것은 위헌이라고 소송도 제기한 변호사가 있던데. 엊그저께 서울역에서 담배꽁초를 하수구에 넣었어요. 누가 총알같이 달려와서 "그러시면 되느냐? 단속기간입니다"라고 해서 과태료 5만 원 냈어요. 우리나라 법 진짜 엄정하더구만. (웃음)

지　그런 거 걸리는 경우 거의 없는데요. (웃음)

김　그러니까 알고 잡은 것 같아. (웃음) 옆에서 동료 변호사들도 보고 있었고, 신부님도 있었고, 교수도 있었는데, '그런 것 사정할 필요 없다' 고 해서 냈는데, 하수구에 담배꽁초 버리는 것도 위법이에요? 전 몰랐어요. 쓰레기통이나 하수구에 버리면 괜찮다고 생각해서 일부러 하수구에 버렸는데, 어디서 번개같이 나타나데요. 요새 과태료 잘 걸려요. (웃음)

{ 잃은 건 하나도 없고, 얻고 싶었던 것만 다 얻은 삼성

지　"2000년 삼성그룹의 계열사 5곳이 6000억 원에서 2조 원에 이르는 분식회계를 각각 처리했다" 고 주장하셨는데요.

김　2조 원 넘는 곳도 있고요.

지　미국의 엔론 사태만 보더라도 분식회계라는 것이 기업을 공중분해시키고, 경영진을 수십 년씩 징역 살게 만드는 심각한 범죄 행위 아닙니까?

김　분식회계라는 것은 온 천하를 상대로 사기치는 것 아닙니까? 재무제표가 가짜라니? 그것을 근거로 주식 시세가 형성되고, 은행에서 대출도 되고, 회사채가 발행되고 그러는데, 분식회계라는 건 보통 범죄가 아니죠. 문제는 그런 것 없다잖아요. 문제가 없다는 게 더 웃겨요. 특검의 수사 대상이 아니거든요. 그 부분에 관해서는 특검의 수사권한이 없어요. 그런데 그것을 왜 없다고 발표를 해요?

내가 알기로는 특검에서 그걸 들여다보지 않고 있다고 했어요. 자기들 권한도 아니고. 그런데 발표를 해버리데요. 재밌는 나라예요. 권한도 없는 자들이 발표를 해요. 수사 결과랍시고 엉뚱한 것을 발표한 건데 언론에 써버려도 되는 건가. 그건 특검법의 수사 대상이 아니에요. 우리 언론, 참 재미있어요.

특별검사의 수사권한은 특검법에 다 나와 있어요. 수사 대상은 불법승계와 관련된 4대 방치 의혹사건, 삼성 그룹의 비자금 사건, 그 다음에 조성된 비자금으로 정관계에 로비한 것, 나머지는 수사 권한이 없어요. 그런데 수사 결과를 발표해요. 수사권이 없는 부분을 발표하는데, 언론이 그것을 써주고 있어요. 어째서 이런 일이 생기는지. 그런데 그것을 자존심 있는 검찰이라면 "유일한 소추기관인 우리가 수사해야 할 것을 너희들이 왜 수사권도 없는데 발표하냐?"고 해야 하거든요. 그런데 거기는 발표한 날 즉시 검찰총장이 "끝났다, 우린 안 한다" 하고 나오더라고요.

온 국민을 상대로 한 날조 사기극인데다가 완전히 연극인데, 그냥 넘어가는 것은 언론의 책임이죠. 민초, 국민이라는 것은 이념적인 주권자, 관념적인 주권자입니다. 투표일에 투표를 행사하는 형식만 거칠 뿐 나머지는 복종해야 해요. 직접민주주의를 아무리 한다고 한들, 현대사회에서 4, 5년마다 투표용지에 찍을 때 그 순간 주권행사 할 뿐입니다. 나머지는 여론을 주도하거나 반영하는 언론이 그것을 감시해줘야 하는데, 어느 순간 우리 언론 수준이 그렇게 되어버렸어요, 특히 주류 언론들이. 게다가 경제지는 그 정도인지는 몰랐어요. 저는 《한겨레》에다가도 그런 소리를 하는데, "쓸 말 없으면 백지로 내라, 메모지로라도 쓰게. 꼭 말도 안 되는 소리로 채우려고 하지 마라"고 하는데, 신문이라는 것은 강박증적으로 뭘 채우려 하데요.

지　광고에 의한 것 말고 삼성은 언론을 어떻게 관리하나요?

김　밥 사고 술 사고 골프 치면서 시드 머니 주고 그런 거죠. 때 되면 용돈 주고 그런 거지. 언론 얘기는 가능한 한 제가 잘 안 해요. 잘 모를 뿐더러 자꾸 해봐야…… 언론은 그나마 한 편이어야 하는데. 내가 언론까지 물어뜯으면 어떻게 할 거야, 못 견디잖아요. (웃음) 그런데 이 사건 하면서 어느 경제부 차장인가가 "상품권 50만 원 받았다"고 하길래 나한테 그런 말 하지 마라고 했죠. 호텔숙박권 받았다는 국회의원들이 함세웅 신부한테도 고백성사하듯 얘기한다고 하더라고요. 추미애 의원도 '누가' 1억을 가져왔다고 하는데, 세상에 얼굴도 모르는 놈이 1억을 가지고 왔겠어요? 누군지 알아, 그런데 말 안 하잖아요. 불편한 관계를 이용한 거겠죠. 이 사건 하면서 돈 거절한 사람 두 명만 나오고 먹은 사람은 한 놈도 안 나오잖아요. 희한한 일이야, 내가 준 것까지도 그런 사실 없다잖아요.

지　김상조 교수는 이번 사태의 핵심은 이재용이라고 했는데요. 부와 경영권 세습을 위해 순환출자, 편법 증여 등을 통해 그룹을 물려주려다 보니 생긴 일이라는 건데요.

김　불법적인 권력 세습에 관한 것 때문에 문제가 생긴 거잖아요. 그런데 일찌감치 이재용은 빼줬잖아요. 이재용이 공부 마치고 돌아오니까 우리나라 최고 부자가 되어 있잖아요. 범죄적인 권력 체제를 승계하는 문제에서 결국 문제가 생긴 건데, 저 사람들은 돈이 권력이니까. 특검의 업적이라는 것이 승계 부분을 공식화시켜준 것 아닙니까? 이것은 하나도 잃는 게 없는 게임이 되어버렸어요. 자기도 물러나고, 이제 가신들도 물러나야 하게 되어 있어요. 이재용이 40대 초반인데, 어릴 때 '재용아' 부르던 아버지뻘 되는 사람들이 물러나줘야 할 것 아닙니까? 원하는 대로 가고 있는 거예요. 게다가 감춰뒀던 돈 다 찾아서 니꺼라고 공식화시켜주니 얼마나 좋은 거예요. 삼성은 잠깐 창피한 것 같지만, 잃은 것은 하나도 없어요. 법정에 서긴 해야 하는데, 오래 서겠어요? 한두 번만 나가면 되지. 그 다음에 대통령이 사면복권해주지 않겠어요. 경제에 기여한 공이 워낙 크니까, 경제 살리기 해야 한다면서…….

지　무리수를 두긴 했지만, 삼성으로서는 잃은 것이 없는 게임이라는 건가요?

김　얻은 것밖에 없죠. 돈 얻었잖아요. 승계 공식화되었잖아요. 과거에 있던 일을 깨끗이 없는 것으로 정리해줬잖아요.

삼성과 싸우노라니 마치 유령과 싸우는 느낌이 들었다

지　지금 현재 상속세 폐지를 요구하는 움직임도 있지 않습니까? "돈의 흐름은 DNA의 흐름과도 같아서 막아서는 안 된다"고 하면서요. 이명박 대통령도 상속세를 인하하는 쪽으로 얘기하고 있는 것 같은데요.

김 세금이란 걸 우리 국민들이 잘 모르고 있어요. 세금이 국민들 생각보다 높은 부분이 있을지는 몰라도 우리나라보다 더 높은 나라들도 많아요. 상속세가 아예 없는 나라도 있고 우리나라보다 더 높은 나라도 있는데, 소득세가 70퍼센트에 이르는 나라도 있어요. 우리나라는 최고세율이 40퍼센트가 채 안 되는 38.5퍼센트죠. 대부분의 근로생활자는 세금이 큰 의미가 없어요. 세제라는 게 직접세는 누진세라서 소득이 크거나 재산이 많은 사람들 이야기인데요. 그 논의에서 우리 국민들이 착각하면 안 되는 것이, 상속세 폐지 논의는 우리가 자식한테 집 한 채 주는 것하고는 상관없는 얘기예요.

예를 들어서 제가 알기로 30억까지가 부부간에는 면세점이에요. 그러니까 집 한 채 남기고 남편이나 아내가 죽어도 세금 없이 상속됩니다. 자식은 면세점이 10억인가 그래요. 자식이 둘이면 20억이잖아요. 그러니까 집 한 채 가진 국민들한테는 이미 상속세는 의미가 없어요. 그러니까 대부분의 국민들이 '내 재산도 상속세가……' 하는 것은 착각이에요. 저것은 거부들에 관한 이야기예요. 우리 현실에서는 부와 권력의 세습 문제가 나오기 때문에 안 된다고 봐요. 타고난 부자, 거부의 자식은 거부고, 그 부가 그렇게 유전될 때는 우리 정서상으로는 국가에 좀 내는 게 맞는 것 아닙니까? 나도 자식한테 얼마 줄 때 억대 세금 다 내고 줍니다. 세금에 관한 문제를 우리 국민들이 착각하는데, 상속세는 서민들하고는 상관이 없는 문제예요. 집 한 채 줄 때는 세금이 없어요.

지 거기에 해당되지 않는 사람들이 그런 얘기 나오면 '나도 집 한 채 물려줄 때 세금을 내야 하나?' 하고 생각하는 것 같더라고요.

김　그러니까 언론의 역할이 그런 거예요. 그런 것을 알려줘야죠. 저런 얘기 나올 때 조심해야 할 것은, 있는 사람 것을 빼앗자는 게 아니잖아요. '우리가 전문직에 있다, 대학을 나왔다, 대접을 받는 다'고 하면 대접받는 것만큼 동시대의 다른 사람들에 대한 책무가 있는 거예요. 그건 아니고 향유만 한다면 곤란한 것 아닙니까? 그럼 나라가 썩는 거죠. 선진국이 잘 되는 것은 사회적 강자들이 사회적 책무를 다 하기 때문이잖아요. 의무를 다하고 폼나게 하는 게 자신들에 따르는 사회적 향유에 관한 의무라고 생각지 않고, 그것도 하나의 특권이라고 생각하는 거죠. 미국이고 영국이고, 군복무를 어려운 데서 했다고 하면 자랑스러운 거잖아요. 내 아들이 작년에 졸병으로 제대했어요. 그 군대에서는 "뺄 수 있는데 왜 안 빼냐, 강남에서 제대로 군대 오는 사람이 없는데"라고 했다는데, 정식으로 다 갔다 왔어요. 저도 갔다 왔고요. 우리 식구는 전부 현역 풀로 다 채웠어요.

지　얘기 듣다보니 건전한 보수주의자 같은데요.(웃음)

김　나는 우파, 좌파 몰라요.(웃음) 경제개혁연대가 좌파라고 생각하는 사람들이 있는데, 활동하는 사람들을 보니까 극렬한 우파예요. 왜냐하면 이건 주주자본주의야. 주주 권익을 보호하자는 건데, 주주권을 침해하거나 회사 재산을 맘대로 빼가거나 하는 것을 막자는 거거든요. 이것은 완전히 우파적인 거지. 좌우 이야기는 우리한테 안 맞아요. 보수든 진보든 우리한테 안 맞는 얘기예요. 트로츠키니 러시아니 중국이니 갖다 붙이고, 프랑스 대혁명 얘기도 나올 수 있는데, 프랑스 대혁명은 인구의 10분의 1을 처형하고 피를 흘린 거예요. 우리나라는 그렇게 피 흘리는 시민혁명도 안 맞아요.

　우리는 그렇게 잔인한 민족이 아니에요. 아무리 좋은 일이라도 인구의 10분의 1이 죽어야 한다면 우리 국민들은 원치 않아요. 광주 민주항쟁 때 수백 명이 죽었다고 해도 온 국민들이 안 참잖아. 우리 국민들은 사실은 온순하고 정이 많아서, 예를 들면 이씨 일가도 이번에 일찌감치 사죄한다고 고개 숙였으면 '안됐다. 그동안 한 일도 많은데' 할 텐데. 그 친구들이 내가 볼 때는 멍청해, 참모가 없든지. 끝까지 속이고, 끝까지 버티고 나가려 하잖아. 그래가지고 지금 얻는 게 있는 것 같아요. 승계도 얻고 돈도 얻은 것 같아. 그런데 저게 길게 가겠어요? 그리고 길게 가면 뭐해. 참 바보들이라고 생각하는 것이 저 부를 가지고, 저 권력을 가지고 저렇게 욕을 먹어야 할 이유가 뭐가 있어요? 미국의 카네기, 록펠러 같은 사람들 욕 안 먹잖아요. 빌게이츠가 욕먹고 살아요, 어디?

지　그 사람들은 기부를 많이 한다든지.

김　저는 이 사람들한테 기부도 원치 않아요. 세금 제대로 내고, 경영만 제대로 해도 되요. 자선 사업하고, 성인이 되라고도 안 해요. 기업가 노릇만 제대로 해도 되요. 법률상 상응한 책임만 다 하면 된다고 생각해요. 더 원하면 안 됩니다. 사회복지 단체 아니잖아요. 기업이에요. 이윤추구 집단이잖아요. 지 할 일만 하면 되요. 나라 꼴이 제대로 되려면 기생은 기생 역할 잘하고, 건달은 건달다우면 된다는 겁니다. 각자 자기 역할만 하면 되는 거지, 무슨 검사가 경제를 생각하고, 정치인이 왜 그렇게 경제를 생각해요? 자기 할 일이나 잘하면 되는 거지. 역대 어느 군왕이나 어느 통치자가 온 국민을 먹여살리는 문제를 해결할 수 있었어요? 그건 안 되는 거예요. 자기가 할 수 있는 게 없는데요. 빼앗아다 줘요? 그건 진짜 위험한 발상이지, 공산혁명 때 이야기잖아요. 있는 놈 것 빼앗아다가 없는 놈 주는 것, 그래봤자 북한 보세요. 먹고살기 힘들어졌잖아요.

자본주의니 민주주의니 이게 온 국민이 자기 개성과 취향에 맞도록, 능력을 전부 발휘할 수 있도록 하는 상대적으로 합리적인 제도 아닙니까? 자유방임, 시장경제가 최고라는 것이 아니라 우리는 땅 같은 것은 너무 한정되어 있으니까, 일본 같은 경우 부동산 버블 터지니까 금융기관 도산해버렸잖아요. 우리도 땅값 버블 있어서 만일 그게 10분의 1로 꺼지면 금융위기 와버리고 그러니까, 부동산공개념, 토지공개념 이런 것은 찬성한단 말입니다. 그런데 예를 들어 종부세 같은 세금은 불합리해. 부부간에 집 양도할 때도 증여세니 뭐니 세금 매겨요. 그랬다가 합쳐놓고 또 종부세를 매겨요. 무슨 이런 놈의 제도가 있는지, 세금 국가에서 다 빼갔어요. 그런데 합쳐가지고 일정 규모 이상은 세금을 또 매겨요. 저건 헌재에서 위헌 안 나려나 몰라요.

지　한국사회에서 내부고발자에 대한 보호 프로그램도 없고, 많은 어려움을 겪게 되는 것으로 알고 있는데, 막상 경험해보시니까 어떤 생각이 드시는지요?

김　전 지금 내부가 아니라 외부인데요. 전 보호 프로그램을 원치도 않고요. 미국 같은 경우에는 조직폭력배와 관련되었거나 할 때 증인보호 프로그램 같은 것이 있어요. 귀화랄지, 정착금을 지원한다든지, 면책을 해주는 경우도 있는데, 제가 그 얘기를 하는 것은 적절치 않죠. "저 새끼 뭘 위해서 그랬나?" 하는 소리 나올 테니까.
내가 지금 돈을 벌어도 문제 아닙니까? 변호사도 지금 못 하는 게
사람들이 "이름 알리고 장사하려고 그런 거 아냐?" 할까봐. '나한
테 누가 사건을 맡길까?' 하는 것도 걱정되지만……. 고민이에요.
개인으로서 생존은 해야 할 것 아닙니까?

지　변호사님이 제기하는 문제가 어느 정도 해결되더라도 그 혜
택을 직접 입을 가능성은 별로 없긴 하죠.

김　개인적으로 얻을 게 없어요. 개인적으로 봐서는 미친놈이잖
아요. 처음부터 여러 사람이 말린 게 그거죠. 대부분 "실익이 없다,
뭘 얻을 거냐"고들 했고. 이 상황을 예측한 사람도 있어요. "이건희
가 가신들 정리하는 기회로만 쓸 것"이라고. "그걸 니가 도와줄 필
요가 뭐가 있느냐, 니 실속을 챙겨라"고 했는데, 결과가 그렇게 되
어버리잖아요. 해도 해도 너무하지, 날이면 날마다 회사에서 비자
금 만들어서 옮긴 것을 내가 봤고, 여러 사람이 이야기하고, 심지어
는 가져다줬다는 놈이 있는데도 발표에는 그런 것 없다고 하잖아
요. 제보자를 내 손으로 데려다줬어요. 그런데 국민들한테는 확인
안 됐다고 하면서 공소장에는 들어 있더라고요. 공소 사실에는 들
어 있더구만. 그러니까 권한 있는 사람들이 큰일인 것이 온 국민을
속일 수 있다고 생각하는 거예요. 대부분 전문 지식이 없어서 대충
넘어갈 수 있지만, 느낌으로는 뭔가 잘못됐다는 것을 다 알잖아요.

지　옛날 독재시대에도 사람들이 다 속는 것 같지만, '정권은 뭔가
거짓말을 하고, 대학생들 말이 옳은 것 같아'라는 막연한 생각들이

있었는데요. 그게 어떤 계기로 폭발할 수 있을 텐데요.

김　이게 사실은 민주화 투쟁보다 더 어려워요. 적이 뚜렷한 것도 아니고, 유령하고의 싸움 비슷하거든요.

{ '삼성' 비자금이 아니라 '이건희 일가' 비자금

지　사제단에서도 적잖은 고민 끝에 87년 항쟁 때하고 비슷한 각오로 나선 것 같은데요.

김　그때는 공개가 되어 있고, 국민들이 다 한 편이에요. 억울한 학생, 바른 학생을 생짜로 죽이고 난리친 정권이다, 그거야 간단하잖아요. 그런데 이것은 이해관계가 너무나 깊이 얽혀 있잖아요. 얼마나 이율배반이에요. 이건희가 아무리 밉고 잘못되었다고 하더라도 자기 자식은 삼성에 취직시키고 싶은 것 아닙니까? 애증을 같이 하고 있는 기업집단이잖아요.

　그래서 저는 처음부터 정확하게 지배주주, 개인주주하고 이씨 일가와 가신과 삼성 그룹을 분리해야 한다고 언론에 얘기했어요. 사건 명칭부터가 잘못된 겁니다. 삼성 비자금 의혹이 뭐예요. 삼성 비자금이 아니에요. 각 회사가 만든 것이 아니고, 이씨 일가와 그 가신들이 사욕을 위해서 만든 거죠. 이씨 일가 비자금 의혹 사건이라고 해야죠. 개념부터가 잘못되어 있어서 사람들이, 괜히 삼성 임직원들 자존심만 상했죠. 그럴 필요 없는 건데. 그 안에 세계적인 반도체 기술자, 석박사가 수천 명인데, 얼마나 훌륭한 집단인데요. 어떤 조직의 범죄적인 문제, 일정한 부패가 있다고 해서 그 조직 내부 구성원이 전부 상처받을 필요는 없잖아요. 그래서 그것을 일찌감치 분리할 필요가 있다고 몇 번을 얘기했습니다.

지 삼성 자체의 문제는 없나요? 이게 도마뱀 꼬리 자르기 식이 될 수도 있지 않습니까?

김 저 문제는 전략기획실, 옛날 구조본, 비서실을 정점으로 해서 비자금을 만들고 그룹 체제를 유지하기 위해 이상한 활동을 하는 사람이 많으면 200명, 적으면 50~60명에 관한 문제입니다. 25만 명에 관한 문제하고는 다른 문제죠. 20만 명 중에서 최대 200명을 잡는다고 칩시다. 0.1퍼센트도 안 되잖아요. 그 중에서 문제가 없는 회사도 있고, 이번에 몇 명 기소됐는데, 몇 십 명 정도 정리하면 끝나는 문제예요. 그 몇 십 명 정도가 핵심적인 권한을 행사하니까 문제죠. 대통령과 삼부 요인은 몇 명 안 되지만, 그 사람들이 권한이 크니까 문제가 되잖아요. 최고권력자와 그 다음 하위 권력자의 권한의 크기 차이는 100 : 0 이라니까요. 권한은 위임되어 있는 것 같지만, 위임된 것은 하나도 없어요. 마음에 안 들면 잘라버리는데, 위임될 수가 없는 거예요.

지 몇 십 명을 정리해도 그 구조라는 게 남아 있을 수 있지 않습니까?

김 지배체제의 문제는 우리나라의 경우 순환출자 구조도 안 깨져 있고, 기업집단을 컨트롤하는 구조가 있는 것은 어쩔 수 없다고 보는데요. 그 안에서 비서실이니 구조본이니 논의가 많으니 내가 그런 이야기를 했어요. "대주주 경영자문단 형식으로 소규모로 투자자의 위치에서 자기가 투자한 자원이 제대로 집행이 되는지, 주가는 제대로 관리되는지, 배당은 합리적으로 되는지 감시하는 사설 조직 같은 것은 참모 조직에 있을 수 있지만, 그런 조직이 모든 기업의 투자관리, 인사관리까지 장악해서는 안 된다"는 것이 내가 안에서 한 말인데, 그것은 듣지도 않죠.

이재용이 이미지 조작이라도 해야 할 판에 이렇게 얼룩덜룩 오명을 씌워놓으면 향후 10년 이상 발목을 잡을 거고요. 손해보험, 생명보험, 카드, 증권 등등 왜 다 가져가느냐? 전자, SDI, 코닝, 정밀, 유리, 전기 등 계열사도 수직 계열화된 것이 대여섯 개 회사인데, 이걸 왜 다 가져가느냐는 거죠. 저 사람들의 욕심은 한 개도 놓고 싶지 않은 거예요. 예를 들어서 이부진이 신라호텔을 계열분리해서 나가면 이재용은 호텔을 또 만들 겁니다. 적자가 나도 해요. 왜냐하면 호텔 안에서도 왕 노릇을 해야 하니까. 그것은 경영 마인드가 아니죠. 삼성전자가 호텔에 투자하는 것이 맞겠어요? 호텔업이라는 것이 한국 상황에서 수익이 많이 나는 것도 아니고.

지　흔히 말하는 회장님의 방침이라는 게 회사의 이익과 무관하게 돌아가는 경우도 굉장히 많은 것 같은데요.

김　개인적인 취향과 사업은 다른데요. 그 양반이 강아지를 좋아하지만, 강아지를 진짜 좋아하는 것 같지는 않아요. 왜냐하면 강아지를 좀 키우다가 갖다 줘버리고 그러는 것을 보면 그렇죠. 강아지와 영혼을 교류하고, 정을 가지고 그런 것 같지는 않고, 그냥 폼이야.(웃음) 살랑살랑 꼬리 흔들고, 손님들 왔을 때 귀한 강아지 데리고 있고, 그것도 비싼 강아지만 좋아하잖아. 길거리에 버려진 장애가 있는 강아지를 데려다 키우는 것도 아니잖아요. 아주 귀한 강아지만 좀 데리고 놀다가 갖다 줘버리고 그래요. 그것은 전혀 다른 취미야.

와인도 잘 모른다잖아요. 900만 원짜리 뻬뜨리스나 마시고 그러는데, 언제 보니까 뿌아그라를 먹는데, 프랑스에서 날라다가 생것으로, 냉장된 것을 갖다 먹더라고요. 거위 간을 생것으로 갖다 먹어야 하나요? 사실 그런 개인 취향은 상관이 없죠, 돈 있는 사람이 무슨 짓을 하든지 간에. 이병철 회장도 자몽인가를 매일 아침 공수된 것을 먹었다잖아요. 그런데 그 양반은 매일 아침 공수된 것을 몰랐다잖아. 좋아하는 것 같으니까 밑에 사람들이 알아서 그렇게 한 거지. 그런데 일본에서 날마다 비행기로 오는 것을 알고는 그만두게 했다는 거잖아요. 본인도 사람들이 그렇게 힘들게 만들어온 것이라는 것을 알면 먹을 것 하나를 위해서 그러지는 않겠죠.

언젠가 보니까 이희호 여사가 페라가모 구두를 신는다고 신문에서 쓴 적이 있더라고요. 페라가모 구두 값이 얼마인지는 모르지만, 요새 젊은 여자들도 하나씩 신던데, 백화점 가면 살 수 있잖아요. 대통령 부인이 그걸 신었다고 비난하는 것은 잘못된 언론이죠. 그럼 금강 구두만 신어야 돼요? 엘칸토 안 신었다고 비난할 수는 없는 것 아닙니까? 그런 것은 비난할 게 아닌 것 같고요. 이건희 그 양반이 DVD나 VTR 이런 것을 좋아해서 자기 아는 것만 만날 이야기하고, 자동차 좋아해서 일을 저질렀는데, 자기도 그런 말을 했어요. "내가 자동차를 좋아하지만, 사업에 관해서 자동차를 잘 몰라서 걱정이다." 그랬는데 결국 망해버렸잖아요.

반도체는 그 양반의 업적인 것처럼 되어버렸지만, 고 이병철 회장이 시작했을 거예요. 그 양반이 한 것은 삼성의료원일 거예요. 재벌기업에서 하니까 특수한 연구기관을 한다고 할지, 서민들을 위한 제대로 된 진료를 하는 것도 아니고, 고급 의료를 하잖아요. 숙박진료, 1500만 원짜리 검진이나 만들고, 이상하게 병도 없는 놈들이 호텔방에 있기 뭐하니까 거기 숨어 있기나 하고요. 장례식장이나 고급화시키고, 삼성의료원 생기자 서울대학병원이 페인트칠 새로 했다잖아요. 병원이 고급화되고 쾌적해지는 것은 있죠. 그런데 저걸 장삿속으로만 하니까 문제죠. 사실 재벌기업에서 진짜로 역할을 한다고 하면 임상병리 같은 것을 강화시켜야죠. 그런데 삼성생명이나 여기저기서 남은 거 거기다가 기부처리를 해서 하잖아요. 삼성의료원은 무조건 적자야, 적자 나도 돼요. 다른 데서 기부 받아서 처리하니까. 아버지도 폐암에 걸렸고, 자신도 폐암에 걸렸으니까 그런 것 때문에 그런 건지, 그것을 만든 의도를 모르겠어요.

어쨌든 그 양반이 뭘 하겠다는 것을 저는 다 반대했으니까요. 리움도 반대했어요. 리움은 이건희 집 근처 땅을 다 사들여서(옆에 있는 전낙원 씨 집도 사들였잖아요) 이씨 왕국을 만들려고 한 거잖아요. 리움 만든다고 하길래 아방궁을 만들 거냐 그랬는데, 겉으로는 시민들을 위한 문화복지 공간을 만들려고 하는 것 같지만, 사실은 자신의 집 근처에 다른 사람들이 접근하지 못하도록 하는 효과가 있잖아요. 옆집이 없잖아, 경비업체에서 지키고 있고요. 내가 리움을 언제 한번 가봤는데 그 입구에 들어서자마자 불이 자동으로 켜지더라고요. 온갖 센서가 다 있고, 첨단 시설이 되어 있더라고요. 그 밑에는 그 집 가족을 위한 치과진료소도 있어요. 저 사람들이 어떻게 사는가 하는 개인적인 삶을 가지고 이야기하는 것은 우습기는 한데……. 비서도 임원이잖아, 50억짜리 집에 살고 스톡옵션도 받고. 저 양반이 통제되지 않는 권력이다보니까 기한도 없잖아요. 영속되는 불변의 권력체계잖아요. 항구적으로 세습되는 제어되지 않는 권력이잖아. 그건 잘못된 거죠.

안에서 이러다가 회장 구속된다고 하면 놀래요. 그 사람들은 그런 발언을 들어본 적도 없는 거잖아. 이번에도 결과로 보였잖아요. 기소는 됐지만 구속은 안 됐잖아요. 대한민국의 엄정한 사법체계가 살아 있다면 법정구속이 되어야 하는데, 저걸 구속 안 하면 앞으로 누굴 구속하겠어요? 수천억 배임했다는데, 하물며 배고파서 조금 훔친 것도 구속하는데요. 흥분해서 아버지 원수라고 패버려도 구속되잖아요. 자기 돈도 아닌 수천억의 회사 돈을 빼내서 회사 부를 유출시키고, 자식한테 무리하게 물려주고, 오만 짓을 다했다는데 그것을 불구속시킨다는 게……. 모르겠어, 정말 이해가 안 돼.

지 이건희 회장의 태도를 보면서 "전혀 반성이 없는 것 같다"는 말씀을 하셨는데요.

김 반성할 게 없죠. 반성하려면 잘못을 시인해야 하는데, 시인한 게 없잖아요. 비자금 없다잖아, 뇌물도 없다잖아요. 아무것도 없다는 거잖아.

지 고 이병철 회장의 자동 이야기가 어떻게 보면 중요한 얘기일 수도 있는데요. 재벌이라도 1세대랑 2, 3세대의 차이점 같기도 하고요.

김 주어진 부하고는 조금 다르겠죠. 1세대라면 정주영이나 이런 양반들을 내가 직접 겪지는 않았지만 영감靈感도 있었고, 개발독재 시대에 정권과 일정한 관계도 있을 거고요. 어느 나라나 독재국가에서는 재벌들이 같이 유착해서 크잖아요. 정경유착도 있을 거고, 개인적인 영감도 있을 것이고. 난세에는 그런 영웅들이 나오잖아요. 그런데 2대, 3대로 내려오면서는 주어진 부잖아요.

이건희가 한 말 중에는 그런 게 있어요. "월급 받으려고 출근해서 일하는 사람들의 심정을 나는 모른다. 그것이 내 단점이다." 말하는 거 보면 굉장히 똑똑한 거죠. 그런데 진짜 불행한 일이에요. 다른 사람의 심정을 전혀 모른다는 거잖아요. 비행기 한 대 사, 하면 사는 건데, 그것도 회사 돈으로 사는 거잖아요. 이건희 전용기? 말도 안 되는 거예요. 그거 삼성전자 거예요. 주주 거라고요. 그런데 자기 혼자 써요. 그건 말도 안 되는 거예요. 삼성전자 사장들도 타라고 얘기하는데, 그걸 누가 타요? 타려면 목을 내놓아야지. 그리고 그들을 보면 위법에 대한 의식이 없어요. "비자금이니 불법세습이니 남들도 다하는데, 나만 가지고 욕하느냐?"고 하는 걸 보면 그래요. 그게 잘못됐다는 것을 교육하지 않는 거예요. 자기한테는 저절로 주어져야 해요. 본인도 그 자식한테 줄려고 할 거잖아요.

똑똑한 사람들 데려다놓고 바보 노릇 하게 만드는 서글픈 현실

지   "이건희 회장을 신격화하는 사이비 종교 같은 사내 분위기는 참기 힘들었다. 특히 똑똑한 사람이 바보 노릇을 하게 만드는 현실을 받아들일 수 없었다"고 말씀하셨는데요.

김 그건 좀 심한 표현인데, 사장단 회의에 가면 사장들이 6시간이나 화장실을 못 가요. 이 양반이 일부러 애를 먹이려고 그러는 건지, 30분 동안 입도 안 열고 있는 적도 있어요. 원래 말이 눌변이야.

지 자기는 화장실에 갈 거 아닙니까?(웃음)

김 자기도 안 가. 내가 보기에는 일부러 애를 먹이려고 그러는 것 같아.(웃음) 저녁 6시에 시작하면 최소한 12시까지는 안 가. 그리고 자기가 일어서고 싶을 때 일어서요. 그때까지는 아무도 못 일어서는데, 나는 휴대폰도 울려요. 이학수가 깜짝 놀라서 "무슨 일이냐?" 하는데, 토요일 저녁인데 안 들어오니까 집에서 연락을 하지. 그 사람들은 '회장님 회의 중인데' 하면서 이해를 못했죠. 무슨 놈의 회사가 망했어요? 한밤중에 그러고 있게. 회장 지시 사항이 있어서 식탁에서 지나가는 얘기를 한다고 하는데, 회장 회의는 무조건 식탁이에요. 밥 먹으면서 시작하는데, 사장단들이 와인이고 물이고 간에 물기라고는 아예 입에 대지도 않아요. 화장실 가게 될까봐. 웃기지도 않아요. 나는 거기서 졸기도 하고, 나가서 전화 받기도 하고 다 해버리니까 이상한 놈으로 찍힌 거죠. 뭐라고는 못하고. 지들이 미친놈이지, 내가 미친놈은 아니잖아요.(웃음)

지 그 분들도 속으로는 그러고 싶었을지도 모르죠.(웃음)

김 다들 훌륭한 사람들이야. 5, 60대 가장이고 그래요. 삼성물산 건설현장에서 사고가 났다고 하면 갑자기 전 임직원이 산으로 들어가요. 2박 3일, 1박 2일 반성문 쓰고 있어요. 사고가 자기들이 잘못해서 났나? 그리고 회장님 앞으로 반성문을 보내는 거예요. 참 밥 먹고 살기 힘든 거죠.

지 이게 이건희 회장이 원해서 그렇게 된 건가요?

김 신비주의에 의한 통치를 이건희 스스로의 성격과 가신들이 만든 거지. 함부로 범접을 못하게 하고. 이건희 회장 얼굴을 본 사람이 얼마 없어요. 김일성, 김정일 현장 지도 방문 비슷하게 그들이 그 공장을 방문하고 나면 무조건 잘 되어야 하잖아요. 마찬가지로 이건희가 어느 현장을 방문했다고 하면 그 공장은 물량을 무한 투여를 해서라도 거긴 잘 되어야 해. 웃기지도 않는 거죠.

방문할 때 같이 따라갔는데, 회장이 왔는데 옆에서 농구를 하고 있어요. 쇼야. 연출되어 있는 건데, 그러다가 회장이 오면 환호하면서 농구공을 들고 가서 사인해달라며 난리를 치는 거죠. 회장이 왔는데, 여직원들이 농구 골대에서 농구를 하고 있다는 게 말이 되나요? 초비상인데. 그런 식의 연극인 줄 서로가 다 아는데, 그걸 즐기더라고요. 옷에다가 사인해달라고 하고 난리잖아요. 그리고 울부짖는 사람도 있어요.

홍라희 그 양반 보면 60대 노인네 같지 않게 젊어 보여요, 워낙 관리가 잘되어서. 그 양반 옷이야 일하지 않는 사람들의 옷이고, 할 일이라고는 피부 관리밖에 없을 텐데, 젊은 여기자들이 "나도 저렇게 늙어야지" 하면서 부러워했다는 거잖아요. 그런데 그렇게 늙으면 안 되지. 60대에는 60대의 피부, 60대의 인상이어야죠.

지 내부고발과 특검 증언 이후 가장 큰 어려움은 뭐였나요?

김 이제 할 말도 없어요. 내 심경이 중요한 것도 아니고, 이 사회
에서 내 개인의 문제가 별거 아니잖아요. 내가 혼자 힘으로 뭘 바꿀
수 있는 것도 아니고, 이제 내가 할 수 있는 게 없어요. 할 수 있는
말은 수없이 했고요. 우호적이든 비우호적이든 언론에 나온 말들이
랄지, 내가 뱉은 말 들 중에서 별로 거짓말한 것도 없고요. 거짓말
안 하려고 나로서는 무지 애를 썼고요. 혹시 기억이 잘못된 것은 나
중에 '잘못한 것'이라고 바로잡았고요. 나로서는 이 일을 하면서 조
금이라도 과장되어 있거나 거짓이 있으면 큰일나니까요. 나중에 보
니까 내가 완전히 거짓말쟁이가 되어 있더구만. 특검에서 온 국민
을 상대로 수사 결과를 발표해줬잖아요. '이 새끼 나쁜 놈'이라고.
내가 그렇게 조심했음에도 불구하고 그러는데…….

지 '증거가 하나 더 있지 않을까' 하는 막연한 기대가 있을 수 있
잖습니까?

김 기대하는데, 어렵죠. 예를 들어서 내가 누구한테 돈 가져다주
면서 영수증을 받겠어, 기념사진을 찍겠어요. 우리나라 뇌물 사건
에서 구좌가 나오나, 증명사진이 나오나, 영수증이 나오나요? 정치
자금과 뇌물은 영수증이 없는 거예요. 원래 증거가 없는 거예요. 살
인의 목격자도 살해돼요. 원래 증거수집이 수사기관으로서도 어려
운데, 이것은 워낙 방대하고 조직적인 범죄기 때문에 맥을 찾으면
되는 겁니다. 안 찾기로 하니까 못 찾는 거죠. 한두 명도 아니고 광
범위하게 벌어진 거라서 차명은 너무나 찾기 쉬워요. 삼성 임원 아
무나 건드리면 됩니다. 내가 처음부터 그랬어, 노력할 것 없다. 특
검도 그랬잖아요. 삼성 임원들 명의로 포괄영장 받았잖아요. 삼성

임원들 명의로 개설된 주식 그래갖고 받았잖아요. 그랬더니 수조 원 나오더라는 거잖아요. 그것을 실명화해줬잖아요. 특검은 한 일이 없어요. 수사하지도 않았고, 수사 하지도 않았으면서 수사 결과만 발표한 거죠. 그 돈이 어떻게 만들어졌으며, 어떻게 쓰였는지에 대해서 한 마디도 안 했잖아.

지　삼성 문제에서 로펌 김&장의 역할도 큰 것 같은데요. "김&장이 삼성의 승계에 관련한 불법행위에 법률 조언자 또는 대리인의 방식으로 관여했다. 김&장 법률사무소가 삼성의 범죄행위를 축소무마하고 그 대가로 보수를 지급받았다"고 말씀하시지 않았습니까?

김　내가 그 말을 했는데, 김&장 부분은 삼성의 지배구조, 승계에 관한 부분을 항상 다 대리하고, 삼성이 나쁜 일을 할 때 의논하고 그러는 것으로 알고 있을 뿐, 그러면서 상당한 보수를 받고 있다는 것 정도만 알고 있을 뿐, 거기가 적극적으로 증거조작에 가담했는지는 몰라요. 왜냐하면 그 사람들도 영리한 사람들이야. 증거 위조하고 조작할 때 현장에 끼지 않아요. 만들어오면 내용 다 알면서 짐짓 모른 척하고 그런 정도겠죠.

지　비판여론을 의식해서 김&장을 변호인단에서 배제한다는 얘기도 있던데요.

김　그래서 김&장에서 위장분리해서 나와서 하잖아. 조준형 변호사가 거길 얼른 나와서 변호하잖아요. 다 하는 방법이 있어요. 자기들은 위장분리 아니라고 하던데, 갑자기 나와서 이 사건을 맡아?

훼손될 명예도 없는 것들이
걸핏하면 '명예훼손' 들먹인다

지　〈100분 토론〉에서 상대측 패널들이 주제와는 상관없는 인신공격적인 발언들도 한 것 같은데, 그때 심경이 어떠셨나요?

김　나는 그 사람들 잘 모르겠던데. 너무 황당했어요. 나한테 갑자기 "비자금을 다 봤느냐, 4조 5000억 원을 봤느냐"니? 그 돈이면 종합운동장을 가득 메운 사람들한테 다 1억씩 나눠줄 돈이잖아요. 그런데 그것을 다 봤느냐니요? 수십 억 원씩 나오는 것을 수시로 봤지만, 그것만 해도 얼만지 일일이 세볼 순 없는 거잖아요. "극히 일부를 보고, 다 아는 것처럼 하느냐?"고 하는데, 내가 벙쪄가지고 '너 미쳤냐?' 하려다가 말았죠. (웃음)

　이게 토론도 아니고, 또 공중파에서 홍분하면, 그렇지 않아도 기자들 사이에서 별명이 '버럭'이라는데 또 미친놈 되어버릴 것 아닙니까?

지　삼성하고 관련 없으면서도 삼성이 잘못되면 큰일 날 것처럼 생각하는 사람도 많은 것 같은데요.

김　삼성 잘못 되면 큰일이죠. 나도 이 사건하면서 가장 큰 걱정이, 저 사람들이 반도체 라인 하루 닫아버리면 어떻게 하나 하는 거였어요. 공장 스위치 내려버리면 엄청난 손실이 오잖아요. 그런데 자기들도 그런 무모한 짓은 안 하잖아. 그건 진짜 큰일 날 짓이죠. 몇 분만 내려도 큰일 나는데 하루 내리면 정말 큰일 나버려요. 공장 다시 가동하는 데 엄청난 물량이 들어갑니다. 삼성 자동화 라인 어디 하나만 다운되어도 큰일 난다고요. 그런데 그런 짓을 할까봐 사실은 걱정이었어요. 무모하게 자해 테러를 할까봐. 그 다음에 주가 떨어질까봐.

삼성전자 주가가 50 몇 만 원에서 60 몇 만 원까지 오르데요. 우리 경제가 글로벌 경제로 편입되어 있고, 이걸 나쁜 신호로는 안 본다는 거죠. 비자금 문제 깔끔하게 털어내고, 이씨 일가 문제 정리되면 삼성전자 주가가 3배쯤 오를 거라고 봐요. 지배구조 좋아지고 훔쳐가는 놈 없다는데 좋아지지. 내가 삼성중공업 중장비 부문하고 건설기계 부문을 클라크하고 볼보에 매각할 때 보니까 상장사들인데 장부를 안 믿어요. 상장사 장부를 안 믿어. 엉터리라고 보는 거예요. 숨겨진 채무는 없느냐, 잠재적 부실은 없느냐 하면서 안 믿고 실사 다 해요. 다 따져보더라고요. 예전에 대우도 보면 현금 예금이 안 맞았잖아요. 장부상으로는 예금이 있는 것으로 되어 있는데, 사실은 깡통이었으니까. 그런 수준으로 본다는 거죠. 조금 불편하더라도 이걸 제대로 정리하면 한 단계 도약할 수 있을 거라고 생각했는데, 아직 멀었나 보죠.

지　〈100분토론〉에서 이한유 교수는 "비자금이나 차명계좌 등은 한국적 상황에서 필요한 것으로 본다"고 말하지 않았습니까?

김　그 양반은 그런 논리도 펴데요. 기업에서 훌륭한 공직자를 선발해서 지원하는 것이 필요한 제도라고. 그래서 밖에서 맞장구쳤어요, 맞다고. "명절에 선물도 주고 이러는 것은 미풍양속 맞다. 그런데 정표를 넘어서는 것도 곤란하고, 받는 놈이 한 군데서만 받겠나. 단위가 커지면 곤란하지 않겠냐"고 했더니 그 말에는 동의하더라

고요. 그 분들과 토론한 것은 되새기고 싶지 않아요, 토론이 아니었
으니까. 표현을 잘못하면 명예훼손 문제가 생기겠지만, 정상적인
사고방식이라는 생각이 들지는 않았어요. 내 말은 90퍼센트가 공중
파를 타면 안 된데요, 글쎄. 명예도 없는 것들이 명예훼손 어쩌고
지랄이야, 명예 감정이 있고, 내부적 명예가 있으면 그런 짓 하겠어
요? 훼손될 명예도 없는 것들이 명예훼손이라고 지랄들이야. (웃음)

지 뇌물이라는 표현보다는 떡값이라는 표현이 언론이나 시중에
유통되는 것 같은데요.

김 나는 명절에도 2만 원 이상 떡을 사본 적이 없어요. 그런데 무
슨 수백 만 원어치 떡을 사버려요. 무슨 떡공장 차리나? 2000만 원
어치 떡이 어디 있어요? 차라리 떡집을 사지. 언론이 참 희한한 말
을 만든 거예요. 정치적 뇌물 상납이지, 어떻게 떡값이에요. 장차
불리하게 처벌하지 마라는 포괄적인 뇌물이잖아요. 가볍게 극장표
를 하나 준다든지 그런 것은 정표라고 할 수 있겠죠. 진짜 사과상자
를 보낸다든지. 사과상자에 돈 넣으면 2억 4000만 원 들어가요, 사
과 한 줄 깔면 2억이고. 요새는 돈이 좀 작아져서 더 들어갈 거야.
라면상자에는 1억쯤 넣으면 딱 맞고요. 진짜 사과상자 하나 정도라
면 정표로 볼 수도 있겠죠. 근데 자기들 급여를 넘어서는 수준이면
떡값이 아니죠. 자기는 한 달 봉급으로 떡만 사먹어 버리나?

지 그 후 가족들과의 관계는 어떤 변화가 있었습니까?

김 우리 애들하고 밥 먹으려면 어차피 부킹을 해야 해요. 큰놈은
신경외과 레지던트라 얼굴 보기 힘들어요. 작은놈은 군대 마치고

대학도 아직 안 가서 공부한다고 해서 바빠요. 밥 먹으려면 한 달 전에 부킹해서 어렵게 봐야 해요. 손자도 며느리한테 잘 보여야 만날 수 있고. 내일은 손자녀석하고 어딜 가야 하는데, 갈 데가 없어서 에버랜드 가야겠더라, 미치겠어요. (웃음)

지　서울랜드나 롯데월드도 있잖습니까?(웃음)

김　거기보다 에버랜드가 훨씬 넓고 좋은데 어떻게 해요. (웃음) 삼성 물건 신경 쓰이니까 잘 안 쓰는데, 방법이 없어요. 가능하면 휴대폰도 LG 것으로 쓴다든지, 지금은 팬택&큐리텔 것으로 쓰는데요. 거기가 더 좋아서가 아니고 괜히 보면서 신경 쓰이니까. 하다못해 노트북도 X-NOTE를 쓰니까 자꾸 탈이 나네. 그렇다고 일본 것을 쓰기도 그렇고. 피하려고 하니까 이것도 피곤해요. 그렇다고 삼성 불매운동 하자는 얘긴 아니에요. (웃음) 삼성 물건 좋아요. 내 변호인들도 다 삼성 것 쓰더라고요. 삼성 제품이나 경쟁력 가지고 얘기하자는 건 아니니까. 거덜났을 때, 부도났을 때 문제를 삼았으면 훨씬 쉬운데. 살아서 움직이고 국부 창출의 원천인데, 사람들은 그런 삼성하고 이건희를 동일시하고 있기 때문에 제가 그걸 건드리는 나쁜 놈처럼 되어 있다고요. 참, 우리 국민들이 냉정하지 못하고 대충 온정적이잖아요.

'큰 도둑질'에는 벌도 없고
책임도 묻지 않는 이상한 나라

지　재벌들의 행위에 대해서도 관대하고, 재벌 회장들의 행위에 대해서도 관대한 편 아닙니까?

김　농경국가는 원래 침략을 안 해요. 우리는 농경국가고 배달민족이고 초식을 하잖아요. 그러다보니까 우리 국민들이 호전적이지가 않아요. 역사적으로도 불교국가 같은 데는 대개 전쟁을 잘 안 하더라고. 우리 국민의 피 속에는 양순하고 온정적인 게 있어요. 친일파 문제도 엊그저께 발표했다는데, 친일 주류들이 해방 후에도 주류가 되어버렸잖아요. 서양 같은 데서는 있을 수 없는 얘기잖아요. 시대 상황이 어쩔 수가 없었더라도 전부 단죄하고 정리하고 가잖아요. 우리는 그런 식으로 역사의 심판이랄지, 제대로 된 정리가 한 번도 없이 넘어가고 있잖아요.

　이제 해방 60년인데, 양차 대전 이후에 미군정을 거친 나라 가운데 경제발전과 민주발전을 같이 이룬 나라는 우리밖에 없을 거예요. 잠재력이 대단한 나라야. 경제력이나 이런 것이 이미 동북아에 있는 조그만 약소국가가 아니잖아요. 그런데 이상하게 근면성이 없어져버렸어요. 1960~70년대 그랬잖아요. 학생들은 소주 마시고 날밤 새우면서 우국충정을 토로하고. 근로자들도 중동 가서 피땀 흘려 돈 벌어오고. 이젠 그런 것도 없어져버렸잖아요. 건설 현장에도 가보면 죄 동남아 사람들이나 중국 교포들이 일하더라고요. 그러면 우리가 고부가가치로 넘어가고 그래야 하는데, 과도기에 있는 것 같아요. 의식이나 뭐나 선진사회처럼 합리적으로 가고 그래야 하는데. 국민소득 2만 달러, 삼성이 만든 얘기잖아요. 이명박 정부는 4만 달러 얘기하더라고요. 소득수준이라는 것이…… 진짜 밥만 먹고 사나요? 소수가 잘 살아서 국민소득 올라가고 이런 게 무슨 의미가 있겠어요. 이제 우리도 부의 편중이랄지, 계층간의 위화감이랄지 하는 문제도 해결해야 할 때잖아요.

로스쿨 문제는 말하고 싶지 않은데…… 변호사, 의사를 수천 명씩 양산한다는 게 우리 국민들한테 도움이 되는지 생각해볼 필요가 있어요. 전국 의대 꼴찌보다 서울대 공대가 못하다면서요. 심각한 문제잖아요. 로스쿨 대학원 과정으로 3년을 더 다니고, 엄청난 등록금을 내고 한다고 해서 실무 능력이 있는 사람들이 나오는 것도 아니고요. 필리핀이나 이런 데 가보면 변호사 자격이 있는 사람이 택시기사도 하고 페인트공도 한답디다. 미국도 마찬가지고. 그러니까 무한경쟁 사회로 가는 것 같지만, 사실은 사회적 역량이 이상하게 유출되는 것 아닙니까? 전문직을 양산하는 것도 문제고. 우리 기업들도 보면 웃겨요. 내 처남들도 제일모직에 있다가 작년에 잘렸는데요. 내가 회사를 그만두고 나니까 친척들 고과가 엉망이 되어버리더라고요. 내가 있을 때는 괜찮은데, 내가 나오니까 갑자기 근무태도가 바뀌어버렸나 봐요.(웃음)

사실 평생직장이라는 게 없어져버렸잖아요. 일본도 사실상 그런 게 없어졌다는데. 요즘 애들 의식이 왜 이렇게 되었나, 생각해보니까 취직이 그렇게 힘들답디다. 우리 졸업할 당시는 추천장 여러 개 가지고 골라서 가는 식이었거든요. 그때는 취직했다는 것 자체가 무슨 자랑도 아니었는데, 지금은 대학이 너무 대중교육이 되어버리지 않았나 싶어요. 대학에서 어떤 전공을 했다는 것이 큰 의미가 없잖아요. 예를 들면 독문과 애들이 독일어 공부를 안 하더라고요. 몇 개 전공을 빼고는 전공 서적도 안 읽고 대학을 졸업하는 것 같아요. 시험도 잘 안 보고 대충 넘어가기도 하고, 리포트도 대충 쓰기도 하고. 그런데 우리 애들, 고등학교까지는 죽어라고 공부하잖아요. 그런데 대학가서는 안 해요.

내가 10년 전에 하버드에 갔더니 방학이고 일요일인데, 아침부터 커피숍에서 잡담하는 게 아니라 죽어라고 책 보고, 죽어라고 공부하데요. 삐삐, 휴대폰 같은 것도 없어요. 여학생들 긴치마나 청바지 입지, 미니스커트 입거나 화장한 애들도 없어요. 걔네들은 언어 장벽도 없잖아. 과연 그들을 이기려면 어떻게 해야 하나 하는 생각이 들더라고요. 언어 문제도 없지, 개인적으로 의상실, 미장원도 기웃거리지 않고, 피부 관리도 하지 않고, 공부만 하잖아. 그러니 큰일 났다는 생각이 들어서 우리 애들 데리고 선진국의 대학, 이런 데를 구경시키고 싶더라고요. 그렇다고 우리 장래가 없다는 것은 아니에요. 우리 애들을 보면서 느낀 건데, 무슨 생각을 하나 했더니 굉장히 합리적이야. 남한테 피해 안 끼치고, 대신 남이 나한테 간섭하는 것도 싫어하고, 괜히 남의 일에 안 끼고. 아주 다른 종자들이 크고 있어요. 아주 합리적이야. 그런 점에서는 서구적인 합리성 같은 것이 애들 사이에 크고 있나 봐요.

저런 애들이 사회적인 문제, 큰 불의에 대해서 어떤 식으로 반응할지 걱정이에요. 그 부분은 인터넷이라는 매체를 통해서 보니까 의사 표명들을 자유롭게 하더구만. 그런데 인터넷이라는 게 엄청난 여론을 형성하기도 하지만, 사실은 별 힘도 없잖아요. 거기서 자위하듯이 책상에서 두드리고 말잖아요. 매너도 진지함도 없이 지 맘대로 욕해버리고, 치워버리고. 그게 옛날처럼 길거리를 뛰고 이러던 세대가 아니라서 저게 어떤 식으로든, 전세계에서 우리가 정보통신이 가장 강한 나라잖아요. 말하기 좋아하고 수다스럽고 수시로 날밤 새우면서 이야기하고.

우리 정치 현실에서 노무현 대통령이 집권한 것도 그런 인터넷에서의 위력이 작동한 덕분 아니겠어요. 불가능할 것 같은 사람이 집권했던 것이. 지금 정권은 모르겠어요. 지금 정권은 도덕성 때문에 뽑아준 것 같지는 않고요. '너도 한번 해봐라' 이런 식이었던 것 같은데, 많은 사람들이 '이건 아닌 것 같다'는 생각을 많이들 하는 것 같던데요. 갑자기 삽질한다고 하니까, 지금이 어느 시대인데 삽질이야. 산이고 강이고 다 파헤쳐놓으면, 나중에 그거 메우려면 열 배는 더 들 텐데.

지　"하긴 '내가 무능한 변호사'라는 지적은 옳다. 사건 의뢰인을 만날 때, 나는 어차피 받아야 할 벌이라면 받으라고 이야기한다. 물론 그런 이야기에 대해 승복하지 않는 의뢰인도 있다. 이걸 두고 '김용철은 형편없는 변호사'라고 할지도 모르겠다. 하지만 나는 잘못에 정확히 상응하는 벌을 받을 수 있게끔 하는 것이 진정한 변론이라고 생각한다. 삼성에 대해서도 마찬가지다. 잘못 이상의 벌을 받아야 한다는 게 아니다. 잘못만큼의 책임을 져야 한다는 뜻"이라고 하셨는데요. 어느 정도가 잘못에 상응한 벌이라고 생각하십니까?

김　모든 벌은 잘못에 상응해야죠. 내가 애들 혼낼 때도 10대 맞아라, 20대 맞아라, 그렇게 안 해요. '니가 잘못한 만큼의 벌이 몇 대라고 생각하느냐?'고 하면, 2대, 3대 이렇게 얘기 안 해요. 20대, 30

대 얘기합니다. 지가 알아요, 받아야 할 벌을. 그러면 동일한 강도로 20대, 30대 때리면 종아리 터져버려요. 그런데 나중에 연고 발라주더라도 벌은 줘야지. 사실 맞은 놈은 속편하게 자고, 때린 애비어미가 더 가슴 아파요.

이 사람들을 처벌함으로서 카타르시스를 느끼자는 게 아니에요. 사실 본인들은 교정효과가 없어요, 확신범들이라서. 죄의식이 없다고요. 가둬놓고 교육한다고 교육될 사람들은 아니에요. 저 사람들은 좌익 비전향장기수 같은 확신범들이에요. 양심범 이상이라고요. 그래서 그 사람들이 고쳐지기를 바랄 수는 없어요. 대신 나머지 온 국민들한테 중죄를 저질렀을 때는 이렇게 된다는 것은 보여줘야 할 것 아닙니까? 본인들은 어쩔 수 없더라도 일반인들에 대한 교정효과는 있어야 할 것 아닙니까? 이게 사형이 없는 죄라서 최대 무기징역밖에 없어요. 어떻게 보면 사형감에 해당하는 죄인데 그게 없으니 최소 무기징역은 해봐야 할 것 아닙니까?

지　그 정도가 상응할 벌이라고 생각하십니까?

김　그렇지 않아요? 옛날엔 1000만 원이면 구속이었고, 내 초임 때는 200만 원이면 구속이었어요. 그런데 지금 1000억대니 뭐니 반년 이상을 온 나라를 떠들썩하게 하고 온통 난리라는데, 그러고도 왜 나한테는 조치를 안 하나 몰라요. 이 정도 세상 시끄럽게 했으면 빨리 처리했어야지. 그렇잖아요. 긴급조치 시대랄지 옛날 같으면 벌써 보냈을 것 아닙니까? 그런데 세상이 좀 교활해졌나봐, 분위기가. 저놈 입이 조용하고, 세상 사람들의 관심이 없어졌을 때 조용히 처리하려나 봐요.

지 갑자기 관심이 없어질 것 같지는 않은데요.

김 우리 국민들, 텔레비전에 한 달만 안 나오면 몰라요.

지 "황폐한 뒷골목에서 죽음을 맞이하게 될 것"이라고 말하는 사람들도 있다면서요. 그것은 무슨 뜻인가요?

김 그래서 전 요새 큰길로 다녀요. (웃음) 사람들이 괜히 겁을 내는 것은 있는데, 저는 별로 개의치 않아요. 합리적인 생각이라면, 나를 해코지해서 자기들이 얻을 게 없잖아. 그런데 미친놈이라면 피할 방법이 없지, 길가다가 미친개한테 물리는 것처럼. 앞뒤 안 가리고 달려들기로 하면, 내가 어떻게 하겠어요.

지 예전에 노조원들 위치 추적을 한다든지 그런 일도 했잖습니까?

김 그것도 합리적인 거지. 돈 들여서 매수하거나 회유하는 것이 이익이라고 생각했을 거 아니에요. 그런데 지금 내 입을 막고 나를 바꾸게 해서 얻을 이득이 없잖아요, 이제는. 지금은 일체 연락이 없어요. 물론 뭐하고 다니나 신경은 쓰일 수 있겠죠. 내가 여기 와서 이야기하고 이런 것을 금방 알 수도 있을지 몰라도. 뭐, 알든 말든.

{ 진정한 친구가 누구인지 다시 보게 되었다

지 천주교 정의구현사제단을 통해 발표를 하신 이유는 뭔가요?

김 정상적인 언론 어디에서도 안 된다고 하니까 그랬죠. 포기하려던 차에 친구가 신부님 한번 만나보자고 해서 '신부님이 이런 일에 끼겠냐?'고 반신반의하면서도 만났는데, 신부님들도 저를 못 믿어서 보름간 혼을 냈죠. "어디서 호의호식하고 배때기에 기름 끼어서 이제야 왔느냐"고 되게 혼내더라고요. 평생 얻어먹을 욕 그때 다 얻어먹었어요. (웃음)

지　일종의 테스트인가요?

김　그럴 수도 있고요. 지금이라도 뒤돌아서면 협상을 해주겠다고 별소리를 다했죠.

지　정말 저열한 반응이긴 한데요. 기업하는 사람들 사이에서는 김용철 변호사님의 예를 들면서 "역시 전라도 사람은 배신을 한다"고 하는 사람들이 많다고 합니다. 이에 대해서는 어떻게 생각하세요? 그리고 외부 인사의 발탁을 꺼리는 경향도 나타난다던데요.

김　전라디언 소리? 전 이번 일 하면서 처음 들었어요. 전라디언이라는 말을. 서울 사람을 서울라이트라고 하는 것은 아는데, 희한한 말을 처음 들었어요. 왜 우리 아버지가 서울서 자리를 안 잡고 광주로 내려가서 그런 말을 듣게 하셨는지. (웃음) 그 말은 맞아요, 광주에서 태어난 건 맞으니까. 그런데 그게 광주 놈이라는 것하고 무슨 상관이 있어요. 그럼 부마항쟁은 뭐예요? 전라도 사람이라서 저항하고, 반항하고, 배신한다는 건 말이 안 되죠. 저 김해 김가예요. 본관은 경남이잖아. 말이 돼요? 전혀 말이 안 되는 걸 가지고 얘기하면 나도 우스워지겠죠. 텔레비전에 보면 내 입이 좀 삐뚤어지게 나온대요. 그런데 내 생긴 거나 내 출신지를 가지고 그러면 어떻게 얘기하겠어요. 휴대폰 몇 번 바꿨는데, 어디서 구한 사진인지 사

진에 근조謹弔하고 X표 쳐서 보내고들 그래요. 할 일도 되게 없나
봐요.

지　혹시 성과를 얻었다고 생각하시는 부분도 있으세요?

김　성과요? 뭐가 있어요? 백수로 지내는 동안 외롭게 지내던 사
람이 많은 기자들과 만나서 너무 바빠졌죠. 그것밖에 없어요. 이제
조용해지데요. 우리 언론들 하루에 100통화, 200통화씩 전화해대
며 귀찮게 하더니, 이제는 조용해요. 대한민국 언론 대단해요. 그
말도 안 되는 사진이나 찍어서 내보내고.

지　여러 군데서 소송이 걸려 있죠? 어떻게 진행되고 있습니까?

김　몰라요. 나는 부르지도 않으니까. 조용할 때 하려나 보죠.

지　《중앙일보》에서도 소송한다고 얘기한 것 같은데요.

김　말로만 하지. 소송하면 수사를 하든지 할 것 아닙니까? 그래
서 안 하는 것 같기도 하고. 고소를 하면 내 전략에 넘어가는 거라
잖아, 내 전략이 뭔데요. 이번에 얻은 것은 새로운 세상 사람들을
만난 것이고, 잃은 것은 50년간 맺어온 모든 인간관계가 다 깨진 거
죠. 진정한 친구가 누군지를 다시 보게 됐고요. 어떤 친구들은 내가
전화하면 "왜 전화했냐?"고 깜짝 놀라요. 그런 친구 생각보다 많더
라고요. 무슨 전염병 환자 취급을 하데요, 불가촉 인간 있잖아요,
접근하면 안 되는 사람. 삼성하고 연관 있는 사람이거나 공무원들
은 나하고 연락하면 큰일 난다고 생각하나 봐요. 굉장히 친한 사람
들도 그래요. 그래서 전화를 안 해요. 그 대신 진짜 좋은 사람들을

얻었어요. 돈이 되거나 큰 보탬은 안 되는 사람들이지만.(웃음) 신부님이라든지, 경제개혁연대라든지, 민변에서 일하는 분들이랄지.

지　삼성의 불법행위가 우리 사회·경제에 끼치는 가장 큰 해악은 무엇이라고 생각하십니까?

김　그건 참 큰 문젠데요. 내가 이야기 안 한 부분이 꽤 있어요. 너무나 근본적인 얘기는 우리 현실에서 받아들일 수 없기 때문에 내가 무모한 의혹을 제기한다고 할까봐 안 하고 있죠. 예를 들어서 내가 주력 관계사 이야기를 안 하잖아요. 그걸 했다가는 말하자면 검증도 안 되고 신용만 잃는다면 곤란하잖아요. 삼성이 제대로 된 전문경영인을 키우지도 않았고, 온통 그룹 체제를 비자금과 불법승계에 관련하여 공을 세운 사람들로 포진하고 있고, 영원한 왕국을 만들겠다는 무모한 욕심이 이미 3대까지는 성공을 했잖아요. 저게 이재용의 개인적인 리더십이나 이건희의 리더십을 떠나서 이해관계가 맞는 가신들과의 사이에서 일어난 것 아닙니까? 저게 이대로 갔을 때 만일 삼성이 지금까지보다 더 철저하게 정관계, 언론이랄지 모든 것을 더욱 철저하게 관리하고(이번에 효과를 봤잖아요), 그런 체제를 공고히 한다면 반동적인 이야기가 되겠지만, 한심한 상황이 좀더 지속되겠죠.

　그런데 이 문제가 이대로 정리될 수 있다고는 보진 않아요. 내가 아니더라도 너무나 광범위한 중대 범죄인데, 그냥 넘어갈 수 있겠어요? 외신들도 그런 이야기를 하더라고요. 저는 외신 기자 접촉을 안 했는데요. 일부러 전화도 안 받고 그랬더니, 나더러도 "말 안하는 게 삼성하고 똑같다"고 하더라고요.(웃음) 외신 기자들을 상대로 애기하는 건 맞지 않는 것 같아서 안 했는데,《요미우리》여기자가 전화해서 "일본에도 기업 비리는 있었다. 그런데 이것은 내가 보기에는 기업 비리가 아니고 기업인의 비리"라고 하더군요. 그게 맞는 시각이라고 봐요. 엘론 사태하고는 다른 거라고 봅니다.

그런데 특검은 탐욕이 아니라고 하대요. 공익을 위한 거였나 봐요. 사안을 보는 시각이 그렇게 다른가 봐요. 삼성이라는 기업집단의 우수성이랄지, 우리한테 주는 가치랄지 하는 분명히 인정해야겠죠. 내가 지배구조에 관해서 이재용한테 물려주지 말라고 하는 것도 아니고, 아비가 재산을 자식한테 주는 거야 세금 내고 주면 되잖아요. 그런데 털도 안 뽑고 훔쳐서 주려고 하니까 그게 문제지. 삼성이 나에 관해서 스물 몇 장짜리 문서를 만들었는데, 거기 내가 스톡옵션을 얼마나 받았는지 그런 게 나온대요. 일부러 따지지도 않고 말하지도 않았는데, 그 안에 가신들이 해먹은 것을 숫자로 한번 내볼까요? 이학수, 김인주 같은 사람들, 수천억대 재산이에요. 개인적인 역량으로 회사에 어떤 기여를 했기에 그런 부를 주겠어요. 엄청난 부를 주잖아요. 그게 내부자 매수 아니겠어요? 아무리 뭘 잘했다고 수천억씩 주지는 않잖아요.

지　《시사저널》사태도 삼성보다는 이학수 부회장의 인사전횡 문제 때문에 생긴 것 아닙니까?

김　이건희 이발사 남편이 면장갑 납품업을 하는데, 이건희가 도와주라고 하니까 임원들이랑 품의해서 단가를 올려주고 그랬어요. 그런데 이 사람이 이학수를 욕하는 편지를 쓰고 그랬어요. 내가 그러지 말라고 만류했는데, 그 사람을 잡아넣으라고 하더라고요. 그 사람이 나중에 무죄판결이 났어요. 그래서 거꾸로 무고로 들어가게 생겼으니까 돈 3억 주고 해결했잖아요. 일단 기분 나쁘면 잡아넣고 해, 그러고 나서 거꾸로 되말리니까 돈으로 해결해요. 그러면 그런 게 범죄집단이지 뭐예요. 법원이고 검찰이고 움직여서 무고로 엉뚱한 사람 집어넣을 수 있다는 것은 큰 힘이지.

지 부사장 제의를 받고도 그만두셨다고 들었는데요. 지금껏 사장단 제의를 거절한 사람은 없었다면서요.

김 "지금 해도 좋고, 연말에 해도 좋고, 하고 싶을 때 해라. 부부 간에 외유도 하고, 봉급쟁이로서 즐기기도 해야 할 것 아니냐"고 하더라고요. 그런데 내용은 그거야, "먹고 살게는 해줄 테니 나가서 떠들지 말고 잘 지내라." 그게 사육이지, 내가 개돼지예요? 애완견이에요? 그래서 딱 그랬어요. "너무 오래 있었던 것 같다." 그랬더니 그 사람들은 그게 배신이라고 생각하는 거예요. 왜냐하면 구조본의 팀장이 역사 이래로 나간 적이 없대요. 그리고 진급 제의에 나간 적이 없대요. 그러니까 기분 나빠하지. 그 다음부터 나를 감시하고, 바로 동료 팀장이라는 사람이 와서 "삼성을 떠나서 나쁜 말 하면 불행해진다"고 하는데, 협박이잖아요. 그래서 《한겨레》와 인연을 맺은 거죠. 동료들이 와서 그런 말을 하는데, 위에서 경고해라 했겠죠. 그래서 입 다물고 조용히 지내려고 했어요. 가만히 있는데, 왜 계속 시비를 걸어요. 《한겨레》와 인연을 맺고 기획위원을 하니까 그 다음에 잘 지내자고 연락이 오더라고요. 그래서 조용히 잘 지냈어. 기업 이야기 안 쓰고 조신했죠.

지   보통사람들은 그 지점에서 대개 타협을 하잖아요.

김   내가 지금은 생업이 없지만, 돈만 많이 주면 뭔 짓이든지 할 거라고 생각하나봐. 내가 그랬어요. "너무 오래 있었던 것 같다. 이렇게 있으면 나 병 난다." 그랬더니 "이해는 잘 안 되지만 이해는 갈 것 같다"고 하더라고요. (웃음) 말하자면 자기들로서는 (내가) 인사 불만, 그러니까 좌천되어서 나갔다고 할 수도 있겠죠. 그런데 내 역할이 끝난 거예요. 아니 조직과 개인간의 신뢰관계가 깨진 거죠. 상사가 날 속이고 있고, 내 말 안 듣고 있고, SDS 사건이니 하는 것 다 내가 하지 마라고 말리는 걸 한 거예요. 믿을 수 없는 사람들이고, 같이 일할 사람들이 아닌 거죠. 내가 하루 한 끼밖에 안 먹어요. 많이 먹어도 하루 세끼면 사는데, 먹고사는 것은 해결되는 나라 아니에요. 배부른 이야긴지 모르겠지만, 인생 단판인데 그렇게 불편하게 있을 필요는 없잖아요.

다들 제 입으로 한 말을 바꿔버리니까 나만 바보 되고 말았다

지   처음에 삼성 법무팀으로 가게 된 이유는 무엇인가요?

김   일단 변호사 개업하기가 싫었고요. 삼성은 국가 다음으로 안 망하는 직장이라고 생각한 거죠. 그렇게 문제가 있는 줄은 몰랐어요. 그런데 가서 갈등이 너무 심해서, 자질구레한 것 다 얘기해봐야 그렇고. 그 사람들은 도의 같은 게 아예 없어요. 정말 내가 견디기 힘들어서 만날 출근 안 하겠다, 그만두겠다고 했던 것이, IMF 때 온 사람들이 그렇게 직장 잘리고, 삼성에서도 수만 명 나갔잖아요. 그런데 이 사람들은 눈만 뜨면 돈 벌 생각만 해요. 위기가 기회다, 지금 뭐에 투자를 할까, 골프장 회원권을 살까, 그러고 있어요. 희한한 사람들이야. 그런데 그게 다 진짜 돈이 다 되더라고요. 2000만 원에 산 게 2억이 되고 그래요. 그런 점에서는 개인적으로 능력이 있는 거지. 그런데 나는 3만 원인가 삼성전자 실권주도 받았는데, 갖고 있었으면 제법 돈이 됐을 텐데, 바로 치워버렸어요. 지킬 생각도 없고.

지　변협의 김현수 사무총장은 "변협 내부에 너무나 중요한 비밀 준수 의무를 위반했다는 공감대가 형성됐다"고 밝혔었는데요. 그 징계 논의는 지금 어떻게 됐나요?

김　그건 나도 잘 몰라요. 징계 논의가 있다고 언론에서 봤는데요. 나도 생각을 해본 거예요. 변호사와 의뢰인과의 직업윤리가 문제인데, 삼성의 모든 비리가 내 의뢰인과의 비리예요? 그건 아닌 것 같아요. 삼성이 나하고 사건 위임계약을 한 적도 없고, 난 처음에 변호사 등록도 안 되어 있었어요. 삼성 직원으로서 얘기한 겁니다. 그것은 선임계약을 했다든지 해서 변호사로서 의뢰인과 비밀 유지를 해야 하는 그런 관계는 아니에요. 삼성의 모든 범죄를 내가 입 다물고 있어야 한다는 것은 말이 안 되죠. 그러면 기업 안에 들어 있는 모든 변호사는 기업의 범죄에 대해서 전부 입 다물 의무가 있는 겁니까?

　만약 잘못 들어가서 범죄조직에라도 들어갔으면 어떻게 합니까? 사회적 공익을 위해서는 얘기해야 하는 것 아닙니까? 그런 논리를 펴는 변협 간부들, 그런 변협이라면 탈퇴하겠어요. 저거 탈퇴하면 변호사 못해요. 내겐 그런 거 아무 의미가 없어요. 나도 운전면허 있지만 택시기사 안 하잖아요. 변호사 자격증 있어도 변호사 안 할 수 있잖아요. 변호사가 만 명 되나? 대한민국 국민 대부분이 변호사 아니에요. 잘라도 아무 상관이 없어요. 내가 그 자격에 연연했으면……

지 해외 언론에 공개할 비디오를 찍고 계시다는 얘기도 있던데요.

김 그것은 거짓말이에요. 잘못 보도된 겁니다. 소설을 썼던데 뭘. 내가 지금까지 외신 접촉을 안 하고 있는데, 무슨 놈의 해외예요. 내가 그걸 해서 뭘 얻는데요? 그렇잖아도 전라디언 배신자 소리 나오는데, 외국에다 떠들어요?(웃음) 집안 문제를 가지고. 우리 언론, 우리 공무원, 우리 정치인 여기 내부 문제지, 그걸 국제사법재판소에서 해결할 수 있나요? 전혀 안 되는 문제죠. 내가 인물도 안 되는데, 영화에 나가겠어요?

지 다른 계획은 없으십니까?

김 지금 계획을 세우려고 하는데, 한심해요. 나이 쉰이 넘어서 체력도 안 되고, 실무 변호사라도 조용히 할 수 있을 것인지 자신이 없어요. 내가 간판을 걸고 뭘 한다고 해서 사람들이 나한테 사건을 맡기겠어요? 무보수 사건은 있을 거야. 그런데 유지비, 관리비, 임대료도 나갈 거고, 현실적인 생업, 정상적인 생활 복귀를 어떻게 할 것인지 고민이에요. 나도 살아 있는 동안은 더 일해야 할 거 아닙니까? 생계 대책이나 출근할 데랄지, 이런 거 고민이에요.

지 민변이나 공익변호사 같은 게 있지 않나요?

김 공익변호사요? 말이 공익변호사지. 폼나는 이름만 붙인 거예요. 실무는 3,40대 정도까지는 할 수 있겠지만, 나는 쉰이 넘어서 관리자 정도 해야 하는데. 그런 활동이 몸에 익숙하지도 않고, 로펌 경영도 했었고, 기업에서도 법무 팀장이랍시고 좋은 변호사들 지휘나 했고, 검사 때 수사한 것 빼고는 실무적인 역량이 없죠. 이것저것 보고 들은 경험은 있지만 자생력이 없는 사람이지. 그래도 내가 할 일은 있겠죠. 특검 참고인이 직업인 시절에는 그나마 출근처가 있었는데, 이제 언론 접촉하는 것도 거의 없고. 이 달 조금 지나서 집에 푸성귀라도 심어놓고 생각 좀 해봐야죠.

내가 뭘 해도 어차피 사람들이 기대하는 삶을 살 수는 없어요. 한쪽에서는 내가 아무리 힘들어도 목숨 걸고 끝까지 해주기를 원할 거예요. 그런데 내가 할 수 있으면 하겠는데, 지금 단계에서 내가 목숨을 걸 일이 없단 말이에요. 민주화 투쟁도 아니고, 너무 힘든 싸움이에요. 너무 긴 싸움이죠. 사회 모든 분야에서 엄청나게 강고한 매트릭스가 짜여 있잖아요. 나는 특검을 원하지도 않았지만, 특검 수사 결과를 보고 정말 한심하더라고. 그대로 넘어가는 게 더 웃겨요. 나로서는 할 도리를 다 했잖아요, 할 말 다했고. 우리 국가 사회 기능이 작동된다면, 언론이고 뭐고 그냥 안 넘어가야죠. "이게 특검이냐, 수사하라는 것은 안 하고 엉뚱한 짓이나 하느냐"고 항의해야 하는데, 그런 게 없잖아. 다들 "이제 됐다, 그만하자, 많이 했네" 그러잖아요.

'테러리즘의 승리'라고요? 저는 테러라고는 생각해본 적이 없어요. 어릴 때부터 지금까지 누가 때리면 맞은 사람이에요. 나로서는 공론화하고, 공적으로 문제를 제기하는 것은 성공했어요. 사람들한테 한번 논의하게 만들었는데, 우리 국가 사회의 모든 기능과 수준이 이것밖에 안되는데 어떻게 할 거예요. 진짜 쓸쓸한 뒷골목이든지 아니든지, 조용히 물러나야 할 것인지 아닌지 고민하고 있죠. 하지만 시민단체라든지 사제단이라든지 활동들이 있으면 끼어야죠. 그런데 내가 미친놈처럼 혼자 칼잡이를 해서 될 일은 아닌 것 같아요. 언론이나 이런 곳에서 꺼지지 않는 불씨가 다시 타오르고 이러면 하겠지만, 그렇게 두지는 않을 거잖아요. 삼성에서 얼마나 많은 물량 공세를 했겠어요? 내 말이 좀 거칠죠. 내 말 중 90퍼센트가 공중파 방송용이 아니라고 하더라고요. 내가 원래는 쌍시옷 발음도 안 했던 사람인데…….

지 바뀐 건가요?

김 요즘 일들이 짜증나니까.

지 진보적인 사고의 원칙을 가지고 계신 것 같다는 생각도 드는데요.

김 나는 보수, 진보 모른다니까. 나는 검사하면서도 공안검사 시키면 그만두겠다고 해서 특수부 검사만 하게 됐는데, 검사가 참 좋은 직업이에요. 일개인의 힘으로 거악을 척결할 수 있어요. 이 사회에 건드리지 못할 잘난 놈을 꺾어버릴 수 있어요. 그게 잘못된, 잔인한 희열일 수도 있지만 나는 웃으면서 사람을 구속했어요. 내 방에 있는 직원이 내가 웃으면 영장 준비하고 그래요. 내가 막 호통치고 있으면 '저거 용서해 줄 놈이야. 집에 갈 놈이야' 하고 생각하죠. 내가 웃고 있으면 상황 끝난 거야. 웃으면서 밥도 사주고 그러는데,

왜냐하면 들어가서 고생할 놈인데, 내가 감정 세울 필요가 없잖아요. 하지만 그날 저녁에 집에 갈 놈이면 그럴 필요가 없잖아요. 언제 혼나? 나한테라도 싫은 소리 들어야지. 그것은 내 부모가 나를 제대로 교육한 것도 아닐 것이고, 못된 성격일 거에요.

못 참는 거, 우리 애들이 비슷해요. 참 골치 아파. 내 작은놈이 고등학교를 중퇴했는데, "친구도 아닌 놈들이 벗겨먹으려고 한다"고 2학년 어버이날 자퇴 원서를 쓰겠다고 해서 사인을 해줬어요. 그놈이 초등학교 때 선생님의 표준어 발음을 가지고, 집에 있는 우리말 대사전을 들고 가서 따진 거야. 그랬더니 선생님이 좋아하겠어요? '그래 너 잘났다' 하는 거지. 그 다음에 몇 학년 때인가 첫 시간에 "떠드는 놈들은 급식을 맨 마지막에 받아라" 하니까, 이놈이 가만히 있을 것이지 항의를 한 거예요. "선생님, 벌주려고 맨 마지막에 먹으라고 한 건데, 우리는 친구들하고 같이 밥을 먹어야 하는데, 그러면 착한 애들은 식어버린 밥과 국을 먹고, 나쁜 애들이 따뜻한 밥을 먹게 되지 않겠습니까?" 말은 맞지만, 선생님이 기분 나쁘잖아. 이 새끼를 내가 잘못 키웠구나 싶은 거예요. (웃음) 그놈도 세상 적응하는 데 얼마나 힘들겠어?

내가 사법시험 되고 나서 가꾸지도 않은 산소에 가서 절하다가 가시나 찔리고 그랬는데, 관리도 제대로 안 된 산소에서 절하라고 하는데, 몇 대조라고 하더라고요. 당상관이고 높은 보직인데, 그런 양반이 왜 시골까지 왔겠어? 볼 것도 없이 역적 아니겠어요. (웃음) 내부 정치 전쟁의 포로지. 조선시대에는 대명률을 썼는데, 동대문 성문고리 훔치면 삼천리 유배 가게 되어 있어요. 그런데 우리가 삼천리를 보낼 데가 없잖아. 그러니까 함경도, 전라도로 보낸 거예요.

그러다보니까 그 지역에서 명문가네 하면 전부 역적 후손인 거예요. 전라도를 문인의 고향이라고 하는데, 화장실에도 남인화가 걸려 있어요. 사실은 한 맺힌 놈들이 모여서 저항정신이 피부로 유전된 거죠. 그러니까 원래 주도세력은 영남 기호잖아요.

또 이게 전라도 이야기가 되어버렸어요, 전라도 반항 기질을 설명하자면 그렇다는 건데. 한국전쟁 때 3년간 적 치하에 있었으니까 부역 안 하고는 살아남을 수 없었어요. 그러니까 또 빨갱이가 되어버린 거예요. 부산 쪽은 온전하게 버틸 수가 있었잖아요. 이런 것이 쌓이면서 전라도 쪽은 빨갱이 하는 얘기가 나오게 된 것 같아요. 내가 서울 놈만 됐어도 이런 문제가 없을 텐데. 그런 문제는 거론하지 않는 게 좋겠죠. 대통령이 바뀌면 바꿀 수 있는 자리가 한 2만 개 된다더라고요. 그럴 수는 있어요. 영남의 권력이 수십 년을 계속 해왔잖아요. DJ가 되기도 했지만, 정권의 중심 세력은 그쪽이었으니까요. 지금도 깡패 영화 보면 건달은 다 전라도 말투잖아요, 식모도 그렇고. 경상도 말투는 사나이답고 멋지고, 전라도 말투는 비열하고 하급자고 그렇잖아요. 드라마에서도 사고치고 도둑질하고 도망가는 사람들 다 전라도잖아. 그래서 인식이 그렇게 된 게 아닌가 생각이 들어요.

광주일고 다닐 때, 대통령배 결승에 올라가서 경북고와 붙은 적이 있어요. 그날 동대문시장이 철시했어요. 왜냐하면 지게꾼이 다 전라도 사람이라 이 사람들이 동대문운동장에 가버리니까 시장이 운영이 안 돼요. 사회 하층민을 형성한 건데, 사실은 왜 그러나 하면 박정희 개발독재시대에 농촌 피폐화 정책에서 시작된 거예요. 그 양반이 농촌 출신이지만, 수출입국 근대화, 공업화하면서 농촌을 포기함으로써 도시빈민화, 도시 저임금 노동자로 만든 거예요. 그러면서 전라도 사람들이 하층 노동자를 형성한 거죠. 그러다보니까 사회적 강자와 약자가 지역적으로 그렇게 되어버린 것 아닌가 하는 생각이 들어요.

전라도는 거의 절대농지예요. 논농사 빼고는 못 지어요. 우리 아버지도 옛날에는 호농이었어요. 열다섯 마지기 지어서 도회지에 고등학교도 보냈어요. 그것을 일찌감치 포기했으니까 애들 학교를 보냈지, 안 그러면 그 호농이 학교를 못 보내요. 장자 상속이 아니라서 아들 다섯이면 다섯 조각으로 나눠버리면 몇 마지기 안 돼요. 전부 소작농, 임대농이 되어버려요. 그러니 밥 먹고 살기도 힘들게 되어버린 거야. 내가 깊이는 모르지만, 그래서 그렇게 된 거 아닌가 싶은데, 지역 문제는 거론 안 했으면 좋겠어요. 내가 대학원 다닐 땐가 집을 얻는데 "아랫녘 사람 아니냐?"고 했는데, 못 알아들었어요. 그게 '전라도 사람 아니냐'는 질문이었대. 며칠 지나니까 열불이 나더라고요. 방 하나 빌려주는 데 무슨 지역을 따져. 잘 보여야 한다고 해서 마당 청소도 하고 이것 저것 열심히 했어요. 그러다가 며칠 지나서 "나, 아랫녘 사람입니다"라고 했어요. 이미 들어와 버렸는데, 쫓아낼 거야 어쩔 거야. 식모든지 누가 전에 잘못했던 경험이 있나봐. 책 잡힐까봐 무던히 애썼네. (웃음)

지 혹시 학교 다니실 때 운동권은 아니셨나요?

김 전혀, 전혀 아니에요. "너는 우리 집안의 장남이고 간판이고, 서까래요 기둥이요 문패이니 절대로 데모하면 안 된다"고 하도 아버지가 얘기해서 데모할 때 가운데 끼어서 달린 적은 있지만, 주도

하거나 그런 적은 없어요.

지 호감은 있으셨나요?

김 유신에 긴급조치를 보니까 그게 지 어미 강간하는 법이잖아. 긴급조치로 헌법 개폐를 원하면 징역 10년, 영장 없이 구금합니다, 체포합니다, 난리잖아. 난 법대를 다니는데, 이게 말이 되는 법이에요? 대통령의 독재권이라는데, 그게 통하는 시대였잖아요. 긴급조치 하에서 고등학교, 대학교를 다녔잖아요. 그리고 1980년대 들어서 전두환 정권, 난 그게 국회의원 선거법 위헌이라고 신문에 글을 썼어요. 신문이 선거 전날 나와야 하는데, 안 나오대. 너무나 학문적으로 독일어를 섞어서 쓰니까 무식한 놈들이 '뭔가 문제가 있는 글인 것 같은데' 하면서 검열을 했나 봐요. 아무튼 나는 운동권하고는 상관없었어요. 그런데 운동권만 바른 생각을 하고 사는 건 아니잖아요.

제가 세상을 똑바로 산 것도 아니고, 타협하려고 애쓴 적도 많은데요. 삼성 다닐 때 내 아들이 나한테 보낸 편지가 있어. 대충 '직업이 좋아서 일이 좋아서 하는 사람이 누가 있느냐, 다 처자식 위해서 직장 다니는 것 아니냐, 좀 참고 해줘라, 회사에서 마음에 안 드는 일을 시킨 것은 알고 있다'는 내용의 편지야. 뭔지는 모르지만 아빠가 불편해하는지는 알았던 거죠. 저도 무던히 참았다고 생각합니다. 7년 1개월은 오래 있었던 거예요.

검찰에서는 8년 9개월을 근무했는데, 내가 떠날 때마다 문제를 일으킨 사람이라고 하는데, 거시서도 진급 일주일 전에 나왔어요. 그런데 부장 자리에 오르면 썩을 부자, 내장 장자가 되겠더라고요.

그 당시 검찰 분위기가 그래. 진급 보직에 스폰서나 두고. 진급 보직이 개인을 위한 거지, 나라를 위한 건가? 자기 진급 보직이 국가 민족을 위한 건 아니잖아요. 내가 아니면 남이 해도 되는 거잖아. 애들한테 일이나 못하게 하고 이상한 역할을 해야 하는 것 같더라고요. 스폰서나 두고, 그런 것 못하겠어요. 사표 수리 안 해주길래 "나, 스폰서 둔 간부 못 하겠어요" 하니까 주위 사람들이 기분 나빠하던데, 그 며칠 전에 차장 친구가 와서 밥 샀거든요. 그 양반 욕한 것은 아닌데, 말하고 보니까 그렇더라고요.

그 당시는 그랬어요. 스폰서 한두 명 정도 있어야 하는데, 내 친구 중에는 나한테 용돈 대주거나 밥 사주는 사람이 없어요. 내가 밥 먹자, 술 먹자, 골프 치자고 전화한 적이 없었으니까. 난 검사 하면서 골프채가 없었어요. 골프만 쳤더라도 검사를 더 했을지 모르겠는데, 지금 보니까 골프가 그냥 노는 게 아니라 잘 놀고 받아오는 거두만. 주말마다 놀고 챙겨오는데, 좋은 직업이지. 난 그걸 몰랐어요.(웃음) 왜들 그렇게 일요일도 안 쉬고, 그 무슨 운동이라고 자치기를……. 그건 동네 몇 바퀴 돌면 되잖아요.

지　운동권 기질이 있으신데요. 아까 가운데서 뛰었다는 게 핵심 세력 아니었었나요?(웃음)

김　겁이 많아서요. 앞뒤에 있다가 잡혀갈까봐.(웃음)

지　전두환, 노태우 비자금 사건도 수사하셨잖아요.

김　그거야 나 혼자 한 게 아니지. 그거 접근하니까 청와대에서 못하게 하는데 그냥 했지. 그런데 지금은 못하게 했다고 안 하대. 총장이 못하게 하고 난리를 쳤는데……. 그런데 나를 제외하고 전부 입을 바꿔버리니까 나만 나쁜 놈 되어버린 거잖아요. 어떻게 다들 그렇게 말을 바꿀 수 있는지? 나는 그럴 수 없다고 생각했거든요. 앞으로 누구하고 얘기할 때 다 녹취를 해야겠어요. 동료들도 말을 바꿔버리니까. 다 바꿔버려요. 사적으로 얘기할 때는 인정을 해요. 그런데 그건 의미가 없는 이야기잖아.

지 마지막으로 해주실 말씀은 없으신가요?
김 아니, 없어요. 너무 많은 얘기를 한 것 같아. (웃음)

'유전무죄'의 부패구조 청산 없이는 미래도 없다

김상조

● 참여연대 재벌개혁감시단장, 참여연대 경제개혁센터소장을 역임했으며, 현재 경제개혁연대 소장을 맡고 있으며, 한성대학교 무역학과 교수로 재직하고 있기도 하다. 경제개혁연대는 소액주주 권익보호, 기업 지배구조 개선, 금융정책 감시 등의 일을 하고 있으며, 김상조 소장은 재벌 개혁과 재벌기업의 지배구조 개선을 위해 학계와 현장에서 가장 치열하게 활동해왔다.

삼성을 다른 재벌들과 구분 짓는 가장 중요한 요소는 삼성의 이데올로
기로 국민들의 인식, 더 나아가서 정관계 정치인들과 관료들의 경제인
식을 지배하는 힘입니다. 그게 진짜 삼성의 무서운 힘이죠. 정부 부처
빼고 언론을 가장 많이 타는 뉴스원이 삼성경제연구소라는 얘기가 있
는데요. 그런데 막상 거기서 나오는 SERI 보고서를 보면 그 수준이 형
편없이 낮아요. 만약 이 보고서를 학술저널에 기고하여 '논문 심사'를
거치게 한다면 95퍼센트 정도는 거절당할 거예요. 그런데 이런 허접한
보고서가 언론을 통해서 너무나 광범위하게 유포되고 있습니다, 그것
도 반론의 여지도 없이. 사주를 받은 언론들이 그 논리와 내용을 너무
과대포장해서 유포함으로써 그것이 국민들의 경제인식을 지배하는 상
황이 심각한 문제를 낳고 있습니다.

김상조

● '삼성공화국'이라는 용어에 대해 홍세화는 "공화국이라는 단어를 부패, 삼성 같은 단어와 함께 사용해서는 안 된다"고 말한 바 있다. 경영권 족벌 승계를 위해 거액의 비자금을 조성하고, 정관계에 전방위 로비를 한 삼성의 불법행위가 김용철 변호사의 양심선언으로 구체적인 정황이 드러나면서 여론이 들끓고 있다. 노무현 대통령이 "권력은 시장으로 넘어갔다"고 한 적이 있는데, 그 시장을 많은 국민들은 삼성으로 생각하고 있다. 그래서 '이건희 왕국을 넘어서서 민주공화국으로'라는 문제를 고민하는 사람들이 늘고 있다.

경제개혁연대 소장으로서 소액주주 권익보호, 기업 지배구조 개선, 금융정책 감시 활동을 하고 있는 김상조 한성대학교 무역학과 교수를 만나 한국의 재벌 문제, 사회적 대타협 문제, 우리 경제정책의 문제점, 우리 경제가 나아갈 방향, 삼성과 청와대의 관계 등에 관해 이야기를 나누었다.

김상조 교수는 "우리 사회의 문제가 뭐냐면, 사회적 대타협을 해야 한다는 얘기만 하고 있지, 어떻게 할 것인가 하는 방법론은 얘기하지 못하고 있다"면서 "두 사람이 협력하기 위한 전제조건은, 한 놈이 협력의 룰을 깼을 때 그걸 제재할 수 있는 힘을 가져야만 협력이 이루어진다"고 강조한다. 그런 의미에서 "재벌이 경영권 유지와 승계를 원하지만, 일단 그것을 줄 경우 되돌릴 수는 없으면서도 그 대가로 받아낸 투자와 고용창출 같은 약속을 어겼을 때 마땅히 제재할 방법이 없다"는 것이다.

이어서 김 교수는 "사회적 대타협의 전제조건으로 이건희 회장의 소환, 구속 없이는 그들을 협상 테이블에 끌어낼 수 없다"면서 "국민들이 삼성을 비롯한 재벌들과 보수언론이 생산하여 유포하는 그릇된 이데올로기에 지배당해 그런 쪽으로만 경제인식을 하는 것이 문제이며, 이걸 뛰어넘지 못하면 진보개혁 진영의 미래가 없다"고 역설하면서 "재벌 총수가 형사처벌을 받게 되면 단기적으로는 충격이 좀 있겠지만, 그런 불법행위를 덮어두고 가는 것은 우리 기업에 약이 되기보다는 오히려 치명적인 독이 될 수 있다는 사실을 국민들이 인식했으면 좋겠다"고 당부한다.

인터뷰는 2007년 12월 6일 오전에 한성대학교 김상조 교수 연구실에서 진행되었다.

문제는 삼성의 지배 이데올로기에
세뇌당한 경제인식

지승호(이하 **지**)   최근에 홍종학, 유종일 교수와 함께 대담한 《한국
경제 새판 짜기》라는 책을 내셨는데요. 그에 대해 유종일 교수는
"《한국경제 새판 짜기》와 《쾌도난마 한국경제》(장하준, 2005) 차이의
핵심은 재벌에 관한 것"이라고 했는데요. 재벌에 대해 보는 시각이
어떻게 다른가요?

김상조(이하 **김**)   우리 경제에서 재벌은 밝은 면과 어두운 면을 동
시에 가지고 있는 야누스적인 존재입니다. 재벌로 인한 성장의 결
과를 부정할 사람은 아무도 없지만, 그것이 우리 사회에서 이른바
'삼성공화국'이라는 논란을 불러일으킬 정도로 많은 문제의 근원
이라는 것 역시 부정할 수는 없는데요. 제가 재벌개혁 또는 지배구

조 개선 운동을 할 때 항상 가장 중요한 원칙으로 강조하는 것이 뭐냐면, 재벌 '총수'와 재벌 '기업'을 분리해서 사고해야 한다는 겁니다. 우리나라 재벌기업들 특히 삼성전자, 현대자동차, SK텔레콤 같은 핵심 기업들은 이미 사업수행능력이나 연구개발능력, 상품개발능력 등에서 글로벌 기업으로서 손색이 없는 수준에 도달해 있습니다.

그 부분은 우리가 자랑스러워할 만한데, 다른 한편으로는 기업의 사업적 측면보다는 오히려 재벌 총수들의 불법적 행위로 인한 법률적 위험이 재벌기업들의 성장을 저해하는 가장 위험한 요소라는 겁니다. 장하준 교수는 재벌 총수와 재벌 기업이 결합되어 있다는 현실조건을 너무 강하게 생각하신 게 아닌가 하는 겁니다. 이것을 인정한 상태에서 대안을 찾으려다보니까 그 대안이 어떤 의미에서는 위험한 결과를 초래할 수 있는 방향으로 가고 있다고 생각해요. 저도 재벌 총수를 하루아침에 경영일선에서 물러나게 할 수 없다는 건 인정하지만, 그 존재를 변경 불가능한 제약조건으로 가정해놓고, 그 재벌 총수의 경영권 또는 경영권 승계를 그냥 인정해주는 상태에서 타협의 대안을 찾으려고 하는 것이《쾌도난마 한국경제》의 가장 큰 문제가 아닌가 생각합니다.

그러다보니까 나오는 결과가 뭐냐면, 그런 독점자본가의 권력을 견제할 수 있는 노동운동진영이나 시민사회의 힘이 성숙되지 못한 상황에서 실체가 없는 사회적 대타협이 되어버리는 겁니다. 장하준 교수의 사회적 대타협의 논점이 뭐냐면, 재벌 총수와 정치인 또는 정부 관료, 그리고 상층부의 노조위원장들 이런 소수의 의사결정권자에 의한 타협으로 대안을 모색하는 방향으로 가고 있는데, 여러 경험에 비춰보면 대중의 참여나 능력을 기반으로 하지 않는 소수 의사결정권자들만의 타협은 실패할 수밖에 없지 않느냐 하는 겁니다. 그런 것이 이 책의 기본적인 차이라고 할 수 있습니다.

장하준 교수가 《프레시안》에서 강연했을 때도 그런 얘기를 했는데요. 서구 사회의 사회적 대타협이라고 하는 것은 독점자본가와 대다수 노동자들을 포괄하는 노조들이 타협한 결과이고, 정부는 중재 역할을 한 것입니다. 장하준 교수도 너무나 명백하게 인식하고 있다시피 한국에서는 노동운동 진영의 기반이라는 게 너무나 취약하니까 실체를 알 수 없는 국민과 재벌 총수의 타협이라는 것으로 흘려버렸는데, 사회적 대타협을 빌미로 해서 재벌 총수들이 여전히 개혁에 대한 사보타지를 할 수 있는 빌미만 주게 되지 않나 염려하는 거죠.

지　노무현 정부의 재벌 정책에 대해서는 어떻게 생각하십니까? 대통령 후보 시절 "최초로 재벌 개혁에 성공한 대통령이 되겠다"고 했는데요. 지난해 재벌들의 출자총액제한제도(이하 출총제)를 완화하는 등 규제를 포기한 것 같다는 생각도 들거든요.

김　오연호 대표가 대통령과 단독 인터뷰를 세 차례 한 다음 그에 관한 글을 《오마이뉴스》에 실은 것을 봤는데요. 주로 정치적인 문제, 한나라당과의 대연정 문제에 관해 서술하면서 오 대표가 이렇게 표현했어요. "노무현 대통령 특유의 패배주의와 한건주의 또는 모험주의의 결합이 낳은 결과"라고요. 저는 정치 문제뿐 아니라 재벌개혁을 비롯한 경제 문제에도 그대로 적용되는, 오히려 더 잘 적용되는 표현이라고 생각합니다.

2002년 캠페인 당시에는 선거 전략상 재벌을 개혁하는 최초의 대통령이 되겠다고 공약했지만, 사실은 노무현 대통령 본인이나 참모진이 경제에 대해 너무 몰랐고 자신감이 결여되어 있었어요. 특히 출범하자마자 SK글로벌 분식회계 사건이 터졌고, 카드 대란이 터지면서 경제가 한 치 앞을 내다볼 수 없는 안개 속으로 들어가게 되니까 경제 문제, 특히 재벌개혁과 관련해서 너무 일찍 패배주의에 사로잡힌 것이 아닌가 생각합니다. 노무현 대통령의 성향을 보면 자기가 할 수 있는 것은 너무 강하게 밀고 가고, 할 수 없다고 생각하는 것은 너무 쉽게 포기하는 것 같아요. 특히 재벌개혁, 삼성과의 관계에서는 '노무현 대통령이 너무 일찍 개혁의 과제를 포기하는 패배주의에 사로잡힌 게 아닌가' 하는 생각이 들고요.

그 이후에 출총제 문제뿐 아니라 국정 아젠다를 설정할 때 삼성경제연구소의 여러 가지 보고서들을 거의 그대로 참조하는 등의 사례에서 보다시피 노무현 대통령이 삼성 그룹의 힘을 너무 과대평가하고 일찍 포기한 게 아닌가 생각합니다. 또 한편으로는 《조선일보》의 힘은 너무 과소평가한 게 아닌가, 언론개혁의 문제에 관해서는 세련되지 못하게, 너무 성급하게 나가는 그런 측면이 나온 거라고 생각하는데요. 대통령으로서 경제 문제에 대한 성과를 포기할 수는 없는 것 아닙니까? 일단 재벌 문제, 삼성 문제를 패배주의로 인해서 포기하게 되면 경제적인 측면에서 내부 개혁을 못하게 되는 거거든요.

이러한 경제 측면에서의 내부 개혁 실패를 만회하기 위한 모험주의가 결합되어서 나오게 되는데, 그게 어떤 식으로 나왔냐면 한미FTA로 나온 거죠. 개방에 의한 외부충격요법이라는 것으로 경제 문제가 흘러간 게 아닌가 싶습니다. 재벌개혁으로 상징되는 경제 분야의 내부 개혁은 너무나 일찍 포기하고, 성과에 대한 초조감 때문에 너무나 성급하게 외부충격요법에 매달렸다는 지적을 사실 대통령 본인이나 집권세력은 강하게 부정하고 있지만, 참여정부의 경제정책은 실패한 것이 아닌가 생각합니다.

지 어떤 분들은 삼성경제연구소의 연구 결과가 전문적이지 못하다고 하고요. 삼성 임원들도 그걸 크게 신뢰하지 않는다고 하던데요. 참여정부는 그걸 왜 그렇게 신뢰한 걸까요?

김 삼성의 힘을 나열해보면 삼성전자로 상징되는 경쟁력이라든가 수익성이 하나의 큰 힘이 되는 거고, 또 한편으로는 삼성생명의 자금력 같은 것이 삼성 그룹의 힘이에요. 그리고 이런 어떤 경제적인 측면에서의 힘뿐 아니라 삼성을 다른 재벌들과 구분짓는 가장 중요한 요소는 삼성경제연구소로 대변되는 이데올로기에 의해서 국민들의 인식, 더 나아가서 정관계 정치인들과 관료들의 경제인식을 지배하는 힘이라고 생각합니다. 그게 진짜 삼성의 무서운 힘이죠.

얼마 전에 민언련에서 조사한 결과를 발표했던데요. 정부 부처 빼고 언론에서 가장 많이 언급되는 뉴스원이 삼성경제연구소라는 얘기가 있는데요. 그런데 막상 삼성경제연구소 보고서를 보면 그 수준이라는 게 굉장히 실망스러울 정도로 낮아요. 만약 SERI 보고서를 학술저널에 기고하여 '논문 심사'를 거치게 한다면 95퍼센트 정도는 거절당할 거예요. 그만큼 이론적 기반이나 실증분석의 엄밀성이 너무 형편없는 보고서라고 평가하고요. 가끔 저희와 관련된 부분에 대해 반박보고서를 내기도 하는데요. 너무나 허술한 보고서가 언론을 통해서 너무나 광범위하게 유포되고 있습니다, 그것도 반론의 여지도 없이. 그 내용을 그대로 전달하는 언론으로 인해서 그 논리가 너무 과대포장되어 있는데, 그런 것이 국민들의 경제인식을 지배하는 상황이 심각한 문제를 낳고 있다고 생각하고요.

노무현 대통령이 지배 이데올로기를 유통시키는 언론, 특히 조중동하고는 싸웠지만, 그 지배 이데올로기를 생산하는 삼성하고는 타협해버린 모순을 보인 게 아닌가 하는 생각이 들어요. 삼성의 어떤 지배 이데올로기가 너무나 광범하게 국민의 경제인식을 지배해버렸으니까 성장의 대안 모델 같은 것에 대해서 국민들이 다른 선택을 할 수 있는 여지가 없게 되고, 참여정부 자체를 실패한 좌파 정부라고 규정하는 것에서 국민들이 벗어날 수 없게 된 거죠. 지배 이데올로기의 유통처하고만 싸웠지, 그 지배 이데올로기의 생산처하고는 타협하는 이 모순관계 속에서 사실 실패는 예정된 게 아닌가 싶어요.

그런 의미에서 지배 이데올로기를 만들어내는 삼성의 힘 또는 SERI 보고서의 수준에 관해서 전문가들과 언론이 냉정하게 평가하는 노력이 있어야 하리라고 봅니다. '경제 문제를 제대로 보고 있는 것인가, 그 논리나 실증분석에 허점은 없는가, 이것과는 다른 대안적 모색이 가능한 것인가' 라는 것에 대해서 균형 잡힌 시각을 가질 필요가 있습니다.

진정한 '진정성'은 마음과 말을 넘어 과정과 결과가 따라야

지　"삼성을 위해 청와대가 움직인다"는 항간의 얘기도 있고, 노 대통령이 결정적인 국면마다 삼성 편을 든다고 얘기하는 사람도 있는데요.

김　저는 진실에 가까울 거라고 생각합니다. 실제로 이학수 부회장과는 부산상고 1년 선후배 관계이고, 인권변호사 하던 시절부터 '가장 존경하는 기업인'이라는 표현으로 이학수 부회장과의 관계를 설명한 바도 있고요. 여러 가지 개인적인 관계는 뇌두더라도 실제로 2005년 X-파일 사건 터졌을 때 노무현 대통령이 본인의 입으로 "정경유착의 문제는 우리가 구조를 알았기 때문에 역사의 평가로 묻어두자"는 식으로 덮어버렸어요. 대통령이 불법적 수사지휘를 한 거죠. 검찰에 대고 수사하지 마라고 얘기한 거나 다름없으니까요. 또 이번 특검법 발의 특위 단계에서 특검에 대해 강한 거부감을 표현한 것이라든지, 이런 어떤 민감한 정치 사안에서 대통령이 비호했다는 의심을 가질 수밖에 없는 정황들이 굉장히 많고요.

그에 못지않게 중요한 것이 뭐냐면, 정책적인 측면에서 삼성에 너무나 유리한 판단들을 많이 했다고 생각합니다. 삼성 그룹의 지배구조에서 가장 취약한 것이 금산분리 문제거든요. 삼성생명을 통해서 삼성전자를 지배해야 하는 이 구조로부터 나오는 금산분리 문제와 관련해서 그에 관한 기존의 규제 장치들은 대폭 완화한다든지 또는 그런 규제를 집행하는 가장 중요한 기관인 금융감독위원회에 누가 보더라도 '삼성 장학생'의 핵심인 윤중현을 위원장으로 앉힌 것이라든지, 그런 측면에서 정치적인 판단이나 경제정책적인 판단에서 노무현 대통령은 결코 삼성 문제로부터 자유로울 수 없는 입장이라고 봅니다.

지　삼성 문제와 관련된 노무현 대통령의 회견을 보고 사람들은 "당황하는 측면과 억울해하는 측면이 동시에 보인다"고 평가하던데요.

김　모르겠어요. 검찰이나 특검이 당선축하금으로 통칭되는 대통령과 그 측근들에 대한 비자금 제공 문제를 밝혀야 할 것이라고 생각하지만, 그게 사실이든 아니든, 국민들이 대통령과 삼성의 관계를 의심할 수밖에 없는 빌미를 제공한 책임이 있다고 생각합니다. 참여정부 경제정책 집행이 모든 경제 주체들에게 공정한 경쟁의 룰을 제공하는 형태로 집행되었다면 김용철 변호사가 아니라 누가 무슨 얘기를 하더라도 국민들이 그것에 대해서 신뢰하지 않을 텐데요. 아까도 얘기했지만, 그런 여러 가지 사례들을 통해서 대통령이 삼성에 대해서 매우 우호적이라는 기본 인식이 있기 때문에 김용철 변호사와 이용철 전 청와대 비서관의 양심고백을 통해서 (사실 관계를 떠나서) 국민들이 '대통령과 삼성은 무관하지 않다'는 인식을 갖게 된 거라고 봅니다. 그걸 아무리 억울해한다고 해도 그 책임은 자신에게 있다고 생각해요.

　노무현 대통령이나 집권세력이 지난 5년 동안 가장 많이 사용한 표현이 '진정성'이라고 생각하는데요. 진정성은 있었다고 생각해요. 그러나 일개 정치인이 아니라 대통령으로서, 국정수행의 책임자로서 진정성만으로 국민들을 설득할 수 있는 것은 아니라고 생각하거든요. 그 진정성이 과정과 결과로 연결될 때만 의미가 있을 텐데, 대통령과 참여정부의 경제정책만큼은 그 진정성을 신뢰할 수 있는 결과를 만들어내지 못했다고 평가할 수밖에 없고, 억울해봐야 소용없다고 생각합니다.

그 문제에 관해서 한 말씀만 더 드리면, 저는 한국사회가 풀어야 할 과제에 비춰본다면 노무현 대통령의 리더십이 사실은 잘 안 맞는 부분이 있다고 생각합니다. 노무현 대통령의 리더십은 뭐냐면, 누가 뭐라든 내가 옳다고 생각하는 바를 추진하는 건데, 그게 좋은 의미로는 추진력이 될 수도 있고 나쁜 의미로는 독선이 될 수도 있는 건데요. 우리 사회의 세력 관계를 보면 영국하고 달라요. 영국은 철저한 계급사회이고, 밑으로부터의 변화의 에너지가 소진된 사회이기 때문에 대처와 같은 철권 지도자가 국민들을 끌고 가는 방식의 개혁이 가능했을지 모르겠지만, 우리나라는 영국과는 정반대로 밑으로부터의 에너지가 너무나 끓어넘치는, 모든 국민들이 "니가 대통령이면 다냐, 니가 뭔데"라고 외칠 준비가 되어 있는 상황에서 대통령이 '나는 부끄러움이 없다'고 생각하는 말만으로 국민을 설득하고 올바른 방향으로 유도하는 것은 불가능하다고 생각합니다. 그런 의미에서 대통령의 진정성이라는 말로 대변되는 리더십이라는 게 우리 국민들의 성향이나 우리 사회가 풀어야 할 과제와는 안 맞는 부분이 있어서 실패한 게 아닌가 생각합니다.

과거 권위주의적 시절에는 정치, 관료, 재벌, 금융, 노동시민사회 이렇게 수직적인 세력관계가 있었기 때문에 지도자가 올바른 판단을 하고, 밀고 가면 될지도 몰라요. 그런데 1987년 이후의 수평화된 사회세력 관계에서는 어느 한 주체도 그게 노무현 대통령이든,

이건희 회장이든 다른 경제 주체들을 설득할 권위가 없어졌어요. 반면에 어느 주체든지 간에 다른 주체의 의도를 좌절시킬 수 있는 비토권은 갖게 됐습니다. 권위는 상실되었으면서 다른 주체들을 좌절시킬 수 있는 비토권은 다 가지고 있는 이런 사회세력 관계에서 노무현 대통령과 같은 리더십이 얼마나 효과적일 것인가에 대해서 의문이 많은 거고요. 이런 상황에서는 오히려 국민의 참여를 유도하는 설득형 리더십이 보다 효과적이지 않을까 생각합니다.

지　국민들의 의사를 묻고, 국민들을 참여시킬 수 있는 방법을 많이 찾았어야 하는데, 참여정부라고 하면서도 국민들의 참여는 배제되었던 것 같습니다.

김　참여정부라는 용어를 저는 정말 싫어하는데요. '국민참여정부'가 너무 기니까 네 자로 줄여서 '참여정부'라고 하자는 삼성의 제안을 그대로 받아들였다는 얘기가 있거든요. 이정우 교수가 얘기한 거니까 아마 맞을 겁니다. 삼성에서 나온 단어기 때문에도 그렇고요. 제가 지금은 경제개혁연대로 분리되어 있지만 참여연대에서 활동하는데, 로열티도 내지 않고 지적재산권을 침해한 부분도 있다고 생각하는데요.(웃음) 대통령이 대중, 국민, 시민과 대화하는 방법을 제대로 못 찾은 게 아닌가 하는 생각이 들어요. 물론 근대 시민사회에서 또는 현대 자본주의 사회에서 모든 대중을 의사결정에 다 참여시킬 방법은 없는 거죠. 대의제를 택할 수밖에 없는 건데, 대의제에서 대중의 변화 에너지를 이끌어내려면 매우 효과적으로 민주주의적인 방식의 대화 채널을 유지할 필요가 있을 텐데, 대통령이 취한 방식을 보면 그 중간 매개 과정을 다 생략하고, 자기의 소수

열혈 지지자들, 이른바 노빠들과 직접 소통하는 방식만 고집하지 않았나 싶어요. 이런 소통방식은 반대세력은 더욱 더 공고하게 만들고, 지지세력의 다수를 이탈하게 만드는 가장 최악의 결과를 낳을 수밖에 없었지 않나 생각합니다.

{ 거대한 부패구조에 대한 시민혁명의 새로운 출발점

지 김용철 변호사도 처음에는 "특검보다는 검찰 수사팀을 꾸려야 한다"고 했고요. 정치 논리로 특검을 했다가 결국 면죄부를 주게 될 거라는 우려도 있고, 결국 검찰 내 양심 있는 검사들을 믿고 수사를 맡겨야 한다는 얘기도 있는데요.

김 초기에 검찰의 수사 의지가 확인되지 않은 당시에는 특검이 필요하다고 저도 생각했지만, 이번에 통과된 특검법을 보면서 과연 이 특검이 삼성과 관련된 모든 불법행위에 관한 의혹들을 다 해소할 수 있을 것인지 지극히 의문을 갖게 됐어요. 일단 두 가지가 문제로 보입니다.

첫째는 특검의 성패 여부는 누가 특검이 되느냐는 것이거든요. 수사 의지가 강한 사람이 특검이 되어야 성과를 낼 수 있는데요. 추천권자를 대법원으로 할 건지 국회로 할 건지 논란을 벌였는데, 둘 다 문제가 있잖아요. 대법원장은 에버랜드 사건의 일심 변호인이었기 때문에 배척 사유에 해당되는 거고, 국회가 그것을 제대로 할 것 같지도 않고요. 결국은 변협으로 했는데, 변협 스스로가 김용철 변호사를 징계해야 한다는 태도를 보인 상태에서 변협의 추천에 의문이 들거든요.

둘째는 특검 기간인데요. 준비기간을 빼고 2차 연장까지 합쳐봐야 수사 기간이 105일입니다. 그런데 온 국민을 완전히 혼란에 빠뜨린 이 수많은 의혹들을 어떻게 그 짧은 기간에 수사할 수 있을 것이냐, 특히 아무것도 모르는 사람들이 가서 피의자 불러다놓고 심문한다고 해서 밝힐 수 있는 게 아니지 않습니까? 그동안에 있었던 수사 기록이라든가 여러 가지 증거 수집 작업들이 필요한데요. 특검의 수사 대상으로 이재용 씨와 관련된 회사만 해도 4개 회사를 지정했는데, 그 중 하나인 에버랜드 수사기록만 봐도 30박스가 넘습니다. 수레 하나에 다 실을 수 없을 정도의 자료인데요. 이번 특검 사람들은 과거에 그 수사 기록을 본 적이 없는 외부인들입니다. 수사관의 반 이상은 외부에서 와야 하기 때문에 에버랜드 사건을 비롯해서 다른 여러 사건들의 수사 기록을 보지도 않은 상태에서 105일간의 수사를 시작하는 겁니다. 따라서 많은 사람들은 특검과 특검보 등 30명에 이르는 수사관들이 상당한 기간을 수사 기록을 보는 데만 보낼 수밖에 없을 거라고 우려하는 거예요.

그런 의미에서 수사 기간이 너무 짧고, 특검이 얼마만큼 진실을 규명할 수 있을 것이냐에 대해서 저 자신도 의문을 갖는 거고요. 결국 여러 조건으로 보아 특검 수사가 모든 것을 규명하지는 못할 것이기 때문에 그 이후에 다시 검찰로 수사가 넘어와야 한다고 생각합니다. "검찰이냐, 특검이냐" 하는 선택보다도 더 중요한 게 뭐냐면, 경제 문제뿐 아니고 다른 모든 문제에서도 마찬가진데, 견제와 균형이 문제 해결의 가장 중요한 원칙이라고 생각합니다. 특검이 발효되었기 때문에 그나마, 꼼짝도 안 하던 검찰이 체면을 세우느라 삼성증권 압수수색이라도 하는 모습을 보이는 것일 테고, 이 사건이 특검 105일로 마무리될 가능성이 희박하므로 결국 다시 검찰로 넘어갈 수밖에 없다는 것을 인지한다면 특검은 주어진 기간 동안 할 바를 열심히 할 수밖에 없는 거고요. 그러고 나서, 특검이 남겨 놓은 과제를 국민들이 보고 있으니까 검찰이 다시 수사하는 일련의 과정을 거치면서 검찰과 특검이 상호경쟁하고 견제하는 관계를 만들어내는 것이 진실 규명의 효율적인 방법이라고 생각합니다. 어느 한쪽으로만 쏠리면 어느 쪽이든 의지를 가지고 수사할 유인이 없는 거죠.

지 삼성은 청와대, 검찰까지 전방위로 로비를 하지 않았습니까? 여권에도 포섭된 사람이 있지 않나 하는 의문을 국민들이 가지고 있는 것 같은데요.

김 지금까지는 삼성의 로비 시도를 거부했던 것으로 알려진 사람이 추미애 의원과 이용철 전 비서관이잖아요. 제가 보기에도 상당수의 오피니언 리더들이 삼성의 조직적 관리 대상, 이른바 삼성 장학생이 아니었나 생각되고요. 특히 정치권이나 관료 조직에서는 거의 틀림없는 사실이라고 생각해요. 그렇기 때문에 이런 거대한 부패구조를 특검 한 번으로 모두 해소할 수 있다고는 생각지 않습니다.

그런 의미에서 경제권력이 정치권력, 관료들까지도 장악하는 거대한 부패구조에 대한 시민혁명의 새로운 출발점에 있는 게 아닌가 생각 하고요. 앞으로도 사회의 각 영역을 보다 더 투명하고 책임성 있게 만드는 장기간의 시민혁명 과정이 필요하다고 생각합니다.

실제로 우리 팀이 경제 관련 시민운동을 하니까, 특히 정기 국회 때가 되면 우리가 입법운동을 하는 것도 있으니까, 그것과 관련해서 여야 국회의원을 자주 만나러 갑니다. 그런데 보면 일단은 말이 안 통하는 분들이 너무 많고요. 우리가 말하는 취지를 인정하면서도 그게 당론으로는 만들어지기 어렵다는 것을 솔직하게 말하는 의원들도 많습니다. 그런데 우리가 찾아가기 전에 이미 삼성은 자신과 관련된 로비를 이미 마쳤다는 생각이 들 때가 한두 번이 아니거든요.

지 특검 전의 검찰 수사는 어떻게 진행되고 있다고 보십니까? 어느 정도 의혹을 밝히거나 공정한 수사가 진행되고 있다고 보십니까?

김 사실은 특검이 없었으면 절대 하지 않았을 일을 하고 있다고 생각해요. 아까도 얘기했던 것처럼 특검의 존재가 견제 역할을 하고 있기 때문에 검찰로서는 자신의 마지막 권위와 자존심을 지키기 위해서라도 뭔가를 해야만 하는 그런 상황에 있다고 할 수 있겠고요. 그러한 의미에서 삼성증권에 대한 전격적인 압수수색(물론 그것도 삼성증권이 이미 증거를 인멸하고 있다는 제보를 받고서 한 것이기는 하지만)을 통해서 입수한 비자금 계좌에 대한 자금 추적에 관해서는 애초 예상했던 것보다는 검찰이 뭔가 수사의 성과를 만들어내고 있지 않나 기대하고 있습니다. 다만 비자금 관련 부분에만 수사를 한정하고 있는 게 아닌가 하는 생각이 들긴 하는데요.

그 밖에도 특검이 수사할 대상이 이재용 씨와 관련된 불법행위 부분하고 불법 로비 부분이 있는데요. 이재용 씨 관련 부분, 비자금 조성 부분, 불법 로비 부분, 이 세 가지 영역 중에서 두 개는 특검에 넘기고, 검찰은 비자금 관련 부분에서만 특검 가동 전까지 최소한 체면치레를 할 정도의 성과를 내고자 하려는 게 아닌가 하는 생각이 들고요. 그런 의미에서 애초 생각했던 것보다는 검찰의 움직임에 기대를 걸 만하지만, 수사 범위를 굉장히 축소하고 있다는 우려는 씻을 수 없습니다.

사실은 특검이 진짜 수사 의지를 갖고 있다는 것을 보이는 유일한, 가장 확실한 방법은 에버랜드 사건과 관련해서 이건희 회장을 소환조사하는 겁니다. 이게 굉장히 중요한 의미를 갖고 있는 건데요. 지금 검찰이 에버랜드와 관련해서 박노빈, 허태학 두 명의 전직 임원들을 기소했잖아요. 그것도 7년 공소시효 하루 전에. 그래서 1심에서는 업무상 배임으로 유죄가 선고됐어요. 2심에서는 특정경제범죄가중처벌 등에 관한 법률(특경가법)상 배임으로 유죄가 선고됐는데, 업무상 배임의 공소 시효는 7년이고, 특경가법상 배임의 공소 시효는 10년입니다.

지금 검찰이 이건희 회장 소환조사는 대법원 판결 이후에 검토하겠다고 하는데, 대법원 판결이 업무상 배임으로 확정되어버리면 판결 다음날 공소시효가 끝나버립니다. 그러면 이건희 회장을 부를 수도 없어요. 분명히 조직적 공모라는 것을 검찰이 주장해왔음에도 불구하고, 이건희 회장은 단 한 번도 소환조사를 하지 않았는데, 이런 것이 검찰에 대한 신뢰를 추락시킨 것 아니겠습니까? 그런 부분에서 특검의 수사나 대법원의 판결과 무관하게 검찰이 에버랜드 사건과 관련해서 이건희 회장을 소환조사하는 의지를 보이지 않는다면 상당한 어려움에 봉착하게 될 것이라고 생각합니다. 가능한 한 빨리 이건희 회장을 소환해야 할 겁니다.

지　어떤 분은 이학수 구조본부장이나 이건희 회장을 구속시킬 수 있느냐가 이번 사건의 최대 관전 포인트가 될 거라고 하던데요.

김　저는 김용철 변호사가 제기한 의혹의 상당부분이 진실이라고 생각하고요. 특검이나 검찰에 의해서 수사가 제대로 이루어진다면 이건희 회장, 이재용 씨, 이학수 부회장, 김인주 사장 등 네 명의 핵심 의사결정권자들은 형사처벌을 면할 수 없을 거라고 생각합니다. 물론 그렇다고 해서 삼성 그룹의 조직이 완전히 붕괴되는 것은 아닙니다. 최태원 회장도 6개월 동안 감옥에 갔다온 다음에 그 전보다 오히려 그룹에 대한 지배력을 높이고 있으니까요. 이 네 명의 핵심 관계자에 대한 형사처벌로 삼성 내외부의 문제들이 모두 해결되는 것은 아니겠지만, 문제 해결을 위한 가장 중요한 전제조건이라고 생각하고요. 이 네 명에 대해 어떤 형태로든 반드시 형사처벌이 이루어져야 한다고 생각합니다.

삼성이 금산분리원칙 파기에 발 벗고 나서는 이유

지　특검을 추천하는 권한이 변협으로 넘어갔다고 하셨는데요. 변협의 김현수 사무총장은 "변협 내부에 너무나 중요한 비밀 준수 의무를 위반했다는 공감대가 형성됐다"고 밝혔는데요. 김용철 변호사에 대한 징계 논의를 하는 마당에 변협을 신뢰할 수 있을지 의문이 드는데요.

김　사실은 경제학자의 입장에서는 굉장히 중요한 포인트예요. 법률적으로 변호사법을 위반 여부만을 따질 게 아니라 경제적으로도 살펴볼 필요가 있는데요. 변호사협회 같은 전문가 단체는 두 가지 기능을 가지고 있어요. 하나는 회원들의 권익을 보호하고 신장하는 이익단체의 기능을 갖고 있고요. 또 하나는 자율규제의 기능을 갖고 있는데, 이게 무슨 뜻이냐면 의사, 변호사, 회계사가 하는 일은 고객이 잘 몰라요, 전문적인 일이기 때문에. 의사가 처방전을 써줬는데 환자가 제대로 된 처방전인지 알 길이 없는 거고요. 변호사의 법률 자문이나 회계 감사가 제대로 된 건지는 사실 알 길이 없어요. 이걸 경제학적으로는 "정보의 비대칭성이 심각하게 존재하는 상황"이라고 하는데요. 이런 상황에서는 그 일을 가장 잘 아는 동료들에 의한 규율이 가장 효과적이라는 것이 일반적인 관점입니다. 그래서 의사협회, 변호사협회, 회계사회 같은 조직들은 단순히 회원들의 권익을 보호하는 이익단체로서의 기능뿐 아니라 회원들의 불법부당행위에 대해서 그것을 가장 잘 알 수 있는 사람들로서 그에 대한 자율적인 규제 기능을 수행하는 역할을 해야 하는데요.

변협의 기본적인 입장은 In house lawyer가 고객의 비밀보호 의무를 위반했다는 변호사법 위반에 따른 징계를 하겠다고 하는 것인데요. 저는 김용철 변호사가 In house lawyer인지 잘 모르겠어요. 법무팀에 있었을 때는 그렇다고 볼 수도 있겠지만, 재무팀에 있을 때는 그건 아니거든요. 스태프 또는 집행위원이라고 할 수도 있는 거고요. 그런 문제는 제외하더라도 우리나라 변호사들 또는 변호사협회가 과연 얼마만큼 변호사들이 사회적으로 필요한 역할을 성실히 수행하도록 견제하고 감시하고 자율규제하는 기능을 제대로 수행해왔느냐에 대한 반성이 필요하다고 생각합니다.

김용철 변호사는 로펌 김&장과 삼일회계법인에 대한 문제라든지, 이런 전문가들에 의한 조직적인 범죄 혐의들을 많이 진술하고 있는데요. 그런 전문가 집단이 속한 조직, 곧 변호사협회나 회계사회 같은 것들이 얼마만큼 공익에 봉사하는 자율규제기관으로서의 역할을 제대로 해왔는지, 국민들로부터 공익의 대변자로 신뢰받고 있는지 자문해볼 필요가 있다고 생각합니다. 절대 그렇지 않거든요. 그런 전문가들이나 조직들이 정치권력이나 경제권력의 이익을 보호하는 도구로 기능할 뿐이라고 생각하고, 그런 것들이 '무전유죄 유전무죄'라는 국민들의 법 감정으로도 표현되고 있는데요. 과연 이런 상황에서 변호사협회가 변호사법 문구만을 잣대로 김용철 변호사를 징계하겠다고 하는 것은 공익의 대변자로서 수행해야 할 자율규제행위를 방기한 것에 대한 책임회피라고 생각합니다.

지 이번 로비가 이재용 씨에 대한 상속 과정에서 일어난 것 같은데요. 잘못되면 감옥에 갈 수도 있는 반사회적인 행위까지 하면서 무리하게 상속을 관철하려는 이유는 뭘까요? 그게 한국적인 특수 상황 같은데, 서양은 상속하고 싶은 경우 딸한테 물려줘서 사위가 경영하게 하는 경우가 많다고 하더라고요. 아무래도 똑똑하고 검증된 사람을 골라서 자기 집안으로 끌어들이는 경우니까 우리나라보다는 회사를 조금은 더 합리적으로 운영하게 될 것이라는 생각도 드는데요. (웃음)

김 중요한 말씀을 하셨는데요. 재계의 이데올로기들이 재벌을 오너경영체제라고 부르잖아요. 재벌 총수를 오너라고 부르고요. 굉장히 잘못된 표현이에요. 선진국에도 가족기업이 있는데, 거기서 얘기하는 Family Firm과 우리나라의 재벌은 구조가 근본적으로 달라요. 서구의 경우 기본적으로 가족이 50퍼센트 이상의 지배 지분을 갖는 기업들을 가족기업이라고 얘기하는데, 우리나라 재벌 총수들의 지분은 5퍼센트도 안 되고요. 삼성은 3퍼센트도 안 되요. 한마디로 얘기하면 우리나라 재벌 총수가 갖고 있는 지분이 너무 적다는 얘기죠. 적은 지분으로 너무 많은 기업들을 지배하려고 하는 과정에서 결국 무리가 발생할 수밖에 없다는 거고요.

이런 적은 지분으로 그룹 전체에 대한 지배권을 유지하고, 승계까지 하려고 하니까 결국 불법행위를 저지를 수밖에 없는 것이고, 심지어 삼성처럼 그 법률 자체를 자기에게 유리하게 바꾸는 로비까지 하게 되는 어처구니없는 상황이 선진국과는 너무나 다른 측면이라고 할 수 있고요. 또 하나 중요한 차이가 뭐냐면, 서구의 가족기업은 장자 상속을 하는 게 아니거든요. 그 일가가 어차피 50퍼센트 이상의 지분을 가지고 있으니까 자기들이 지명하는 사람이 CEO가 되는 것이 아니겠어요. 그런데 그 CEO를 공개경쟁 과정에서 선발하는 거예요. 물론 가족이지만 가족이라는 것이 장자에 한정되는 것이 아니라 다양한 가족의 구성원 중에서 객관적으로 경영능력을 입증하는 과정들을 거치고 난 다음에 CEO를 선발하기 때문에 기업 구성원들이나 사회 구성원들로부터 신뢰받는 CEO로 올라설 수 있는 건데요. 우리나라 재벌들의 경영수업이라는 것은 철저하게 폐쇄된 환경 속에서 이루어지잖아요. 더구나 주식의 승계 과정에 대한 정당성까지도 없는 상태에서 이렇게 폐쇄적인 환경에서 재벌 총수로 등극하는 2세나 3세가 과연 얼마만큼 기업 구성원이나 사회 구성원들로부터 신뢰를 받을 수 있겠습니까?

이처럼 정당성을 결여하고 신뢰성을 상실한 상태에서 무리한 구조를 유지하려면 계속 무리한 짓을 더욱 확대재생산할 수밖에 없는 과정으로 가는 거죠. 특히 삼성은 다른 재벌들하고는 차이가 있어요. 그게 뭐하면, 다른 재벌들은 기본적으로 적은 지분으로 많은 계열사들을 지배하려고 하니까 계열사 출자라는 것이 가장 중요한 수단입니다. 그래서 출총제가 가장 거추장스러운 규제인데 비해서 삼성 그룹의 경우 출총제는 별 부담이 안 되요. 지금은 40퍼센트로 높아졌지만, 옛날에는 순자산의 25퍼센트로 규제했잖아요. 삼성전자 전체의 출자총액은 순자산의 12퍼센트 정도밖에 안 됩니다. 삼성의 지배구조는 계열사들끼리 가는 게 아니라 금융 계열사가 비금융 계열사를 지배하는 구조를 가지고 있다는 게 다른 재벌들하고 굉장히 다른 점입니다.

삼성생명이 삼성전자나 삼성물산을 비롯한 다수의 비금융 계열사 지분을 보유하는 사실상의 지주회사이고, 그 위에 에버랜드라는 가족회사를 만들어서 이 전체를 지배하면서 승계까지 하려는 건데요. 다른 재벌들 같으면 출총제를 완화하면 문제가 대부분 해결되지만, 삼성 그룹의 이 구조는 금산분리라는 자본주의의 가장 기본적인 원칙하고 충돌하는 구조를 갖고 있는 거예요. 그렇기 때문에 이런 금산분리를 와해시키기 위해서 끊임없이 로비하고, 그 과정에서 발생한 불법행위들을 무마시키기 위해서 로비하고, 그래서 삼성의 불법부당행위는 다른 재벌들보다도 훨씬 더 심각한 상황에 있다고 할 수 있는 거죠.

사회적 대타협, 이건희 일주일만 콩밥 먹이면 된다

지 오너 경영이라는 게 한국 기업의 특수한 형태 같기도 한데요. 신속하고 과감한 의사결정을 장점으로 꼽는 사람도 많지 않습니까? 이건희 회장이 과감하게 반도체에 투자해서 삼성 신화를 만들었다고 말하기도 하고요.

김 신속하고 과감한 의사결정이 우리나라 재벌의 성장을 이끌어낸 중요한 장점인 것은 부정할 수는 없지만, 그런 특성이 장점이 될 수 있는 경제 환경이 있고 단점으로 작용하는 경제 환경이 있는 겁니다. 과거 우리 경제의 규모가 작고 구조가 단순했을 때, 특히 대외 경쟁으로부터 보호받는 폐쇄적인 시장 환경에서는 총수의 신속하고 과감한 의사결정이 성공으로 연결될 가능성이 높았어요. 그게 설령 실패하더라도 다른 계열사로부터 보조를 받거나 정부 구제금융을 받아서 문제를 해결할 수 있는 수단도 가지고 있었고요.

문제는 뭐냐면, 이런 구조의 결과로 우리 경제가 놀라운 성장을 했잖아요. 과거와는 비교할 수 없을 만큼 규모도 커졌고 구조도 복잡해졌고, 더구나 개방도 되었습니다. 이런 경제 환경에서는 어느 한 계열사의 투자의 실패를 다른 계열사가 보조를 할 수 있느냐는 겁니다. 그렇게 되면 우리나라의 자본시장이 다 개방되어 있기 때문에 국내 투자자도 그렇고 외국 투자자도 그렇고 '너 무슨 짓이냐' 이렇게 되거든요. 그게 배임행위가 되어버리는 겁니다. 이게 한 그룹의 문제가 아니라 국민경제 전체의 문제가 되었을 때 과거 박정희 대통령처럼 8.3조치를 통해 사채를 동결해버리고 금리를 반으로 떨어뜨리는 것 같은 정부 구제금융을 시행할 수가 없어요. 그렇다면 이런 상황에서는 과거와 같은 재벌 총수와 구조본에 의한 독단적인 의사결정이라는 것이 실패로 귀결될 확률도 높아졌을 뿐 아니라 그것이 실패로 나타났을 때 그 비용을 사회화할 수 있는 메커니즘도 없어졌다는 겁니다.

그런 의미에서 단순히 과거와 같은 재벌 총수 중심의 의사결정 구조가 지금도 유효하다고 하는 것은 너무나 위험한 주장입니다. 어느 그룹의 고위 임원으로부터 이런 얘기를 들었어요. "재벌 총수라고 하는 사람들은 만만히 볼 것이 아니다. 그 사람들은 고급 정보들을 집중시키는 사람들이기 때문에 그런 상태에서 본인이 일정한 정도의 능력과 노력을 같이 가지고 있다면 상당히 현명한 결정을 내릴 수가 있다"는 겁니다. "과거에 보면 재벌 총수가 내린 10개의 결정 중에서 8~9개가 맞더라, 놀랍다"는 표현을 쓰더라고요. 그런데 문제는 외환위기 이후에도 그런 정도의 성공 확률이 여전히 유지되어 왔겠느냐 하면, 그러기에는 환경이 너무 많이 변해버렸다는 겁니다. 성공 확률도 확연히 낮아졌을 뿐 아니라 실패했을 때의 비용을 사회화할 수 있는 수단도 잃어버린 겁니다. 그룹 내부에서도 그렇고, 정부 차원에서도 그렇고. 그렇다면 보다 신중하게, 그리고 다른 이해관계자의 권익을 보호하는 기반 위에서 의사결정을 하는 시스템을 구축할 필요가 있는 거죠.

지　구조조정본부도 외국에는 없는 한국 재벌의 특수한 조직 아닙니까?

김　최근에 많은 그룹들이 지주회사 체제로 전환했잖아요. 지주회사랑 구조본이 다를 게 아무것도 없어요. 구조본이라는 게 인력도 얼마 안 됩니다. 이른바 지주회사가 하는 게 뭐냐면, 계열사들 주식을 보유하고 그에 대한 의사결정을 조율·통괄하는 역할이거든요. 구조본이 하는 역할을 그대로 하는 거예요. 구조본과 지주회사의 차이가 뭐냐면, 구조본은 법적 실체가 없어요. 구조본 임원들은 자기 월급 받는 데가 구조본이 아니라 삼성전자, 삼성생명, 삼성물산, 삼성화재예요. 이학수 부회장은 삼성전자 이사예요.

구조본이라는 것이 법적 실체가 없다는 말은 뭐냐면, 막강한 권한 행사에 비해서 그에 대한 책임을 지지 않는 구조라는 것이 문제입니다. 지주회사는 법적인 실체가 있기 때문에 법적인 권리와 함께 법적인 책임도 갖고 있거든요. 누군가가 지주회사의 잘못된 의사결정 때문에 내가 손해를 봤다고 하면 민형사상 책임을 물을 수가 있어요. 구조본은 그게 초법적 조직이라는 의미에서 너무나 투명성과 책임성이 떨어지는 구조라고 할 수 있고요. 이런 상태에서는 재벌들이 이해관계자들의 권익을 보호하는 기반 위에서 신중한 의사결정을 할 수 없는 상황이 된 거죠.

지주회사 제도도 많이 완화되었기 때문에 다른 재벌들은 지주회사로 급속하게 전환하고 있고, 5년이나 10년쯤 지나면 우리나라 대부분의 재벌기업들이 지주회사로 전환되어 있을 것 같은데요. 그런데 지주회사로 전환하기 굉장히 어려운 두 개의 그룹이 있어요. 삼성과 현대자동차입니다. 삼성이 어려운 이유는 금융과 비금융이 섞여 있기 때문입니다. 우리나라의 지주회사 제도, 그게 공정거래법상의 지주회사 제도든 아니면 금융지주회사 제도든 비금융 자회사만 갖든지 금융 자회사만 갖든지 금산분리원칙 때문에 분리가 되어야 합니다. 그런데 삼성은 삼성전자도 있고 삼성생명도 있으니까

이 두 개의 핵심 회사를 하나의 지주회사 밑에 둘 수가 없는 거예요. 이건희 회장이 아들 둘을 낳았으면 생명과 전자를 분리해서 두 개의 지주회사를 만드는 방법을 생각할 수 있을 텐데요.(웃음) 그런 가능성을 생각하지 않으니까 결국 생명과 전자가 하나의 지주회사 체계 내에 들어갈 수 없다는 한계 때문에 어려움에 봉착해 있는 거고요.

현대자동차 그룹은 모비스와 현대자동차와 기아자동차 사이에 순환출자가 형성되어 있는데, 이 세 개의 회사가 시가총액이 너무 크고, 순환투자 지분의 금액이 너무 커요. 이것을 해소하는 게 현실적으로 만만치 않습니다. 하여튼 구조본은 정말 막강한, 무소불위의 권한을 행사하면서 법적인 책임은 전혀 지지 않는 그런 조직이라는 겁니다.

1998년도에 상법이 개정되어서 '업무집행지시자'라는 개념이 상법에 들어왔습니다. "이사가 아님에도 불구하고 회사의 경영에 관한 지시를 하는 위치에 있는 사람은 이사와 똑같다. 이사와 같은 의무를 부과한다"는 것인데요. 이를 업무집행지시자 또는 사실상의 이사라고 부르는데, 이에 해당하는 사람들이 재벌 총수와 구조본의 임원들입니다. 그런데 이 조항이 있음에도 불구하고 왜 이 사람한테 책임을 묻지 못하냐면, 그 사람들이 업무에 관여했다는 것을 외부자가 입증해야 합니다. 그런데 불가능한 일이잖아요. 업무집행지시자 개념이 상법에 들어온 이래로 단 한 건도 이 조항을 가지고 민형사상 소송이 이루어진 적이 없어요. 완전히 사문화되어버린 조항이거든요.

그런데 지금은 김용철 변호사라는 삼성의 내부자가 나와서 이건희 회장과 구조본 임원들이 이러이러한 행위를 했다고 내부 고발을 하고 있기 때문에 문제가 되는 것이고, 상법 401조의 2에 있는 업무 집행지시자라는 개념이 드디어 빛을 발할 계기가 마련되었다고 저는 기뻐하고 있습니다. 지금까지 단 한 번의 케이스도 없었으니까요. 내부 고발이 그래서 무서운 겁니다.

지 삼성 같은 경우 경영권 보호나 승계에 관심이 많기 때문에 그걸 보장해주고, 국민들이 원하는 다른 것을 얻어내는 것이 어떠냐는 주장에 공감하는 사람도 많은데요.

김 "갈등보다 협력이 더 좋은 경제적 성과를 낳는다." 이것은 모든 경제학자들이 인정하는 명제입니다. 사회적 대타협이 갈등하는 것보다 더 낫다는 겁니다. 너무나 명백한 얘기죠. 이 명제를 부정하는 경제학자는 없습니다. 이것을 보여주는 예증의 하나가 '수인의 딜레마'라는 건데요. 두 명의 공범이 분리되어서 조사를 받는데, 여러 가지 옵션들을 제시하니까 결국 머리를 굴리다가 최악의 결과를 선택한다는 게 죄수의 딜레마잖아요. 이렇게 되는 이유가 뭔가 하면 이 공범들이 분리되어서 조사를 받기 때문입니다. 커뮤니케이션이 불가능한 상태에서는 최악의 결과가 나올 수 있다는 것을 보여주는 겁니다.

커뮤니케이션을 통해 협력하는 것이 더 좋은 결과를 가져올 수 있다는 것은 너무나 기본적이고 분명한 원칙인데요. 저는 사회적 대타협이 나쁘다는 얘기를 한 번도 한 적이 없습니다. 우리 사회의 문제가 뭐냐면, 사회적 대타협을 해야 한다는 당위론만 얘기하고 있지 그 구체적인 방법론을 제시하지 못하고 있다는 겁니다. 죄수의 딜레마가 첫 번째 명제라면 두 번째는 함무라비 법전에 있는 '눈에는 눈 이에는 이'라는 명제예요. 두 사람이 협력하기 위한 전제조건이 뭐냐면, 한 놈이 협력의 룰을 깼을 때 그것을 제재할 수 있는 힘을 가져야만 협력이 이루어진다는 거예요. 이것을 티포탯Tit for Tat 이론이라고 하는데요. 그것을 우리의 현실에 대입해보면, 재벌들이 가장 원하는 것은 경영권 유지와 승계입니다. 그것을 주는 대가로 투자를 통한 고용창출이라는 반대급부를 받아내자는 것이 장하준 교수가 얘기하는 사회적 대타협의 핵심이잖아요.

그런데 장 교수가 제시한 사회적 대타협의 문제점이 뭐냐면, 투자라는 것은 그때그때의 경제 환경에 따라서 얼마든지 달라질 수가 있다는 겁니다. 경제성이 없는 걸 알면서도 사회적 대타협을 지키기 위해서 투자하는 기업은 오래 못 가요. 투자 약속을 어겼다고 해서 제재를 가하는 것은 사실상 불가능합니다. "이거 했다가는 망할 것 같은데, 나보고 어떻게 하라는 거냐? 망하라는 거냐? 내가 이거에 투자하게 되면 주주들로부터 소송을 당한다"고 얘기하면 실체도 없는 국민들이 사회적 대타협 약속을 어겼다고 하면서 "우리가 너네한테 줬던 선물인 경영권 유지와 승계 도구를 회수하겠다"고 할 수 있습니까? 그건 한번 주면 끝이에요. 그러니까 재벌들이 원하는 경영권 유지와 승계는 한번 주면 되돌릴 수 없는 선물인 반면 그것의 반대급부로 얻어낸 투자와 고용 약속은 언제든지 철회될 수 있는 것이고, 그렇다고 제재할 마땅한 수단도 없는 약속이에요.

이런 약속은 기본적으로 주고받을 수가 없어요. 그렇기 때문에 이른바 사회적 대타협은 실현 불가능한 구조라고 생각하고요. 결국 노조나 국민이라는 것이 실체가 없으니까 정부가 사회적 대타협의 주체로 들어가는 건데요. 그래서 금산분리 완화하고, 상속·증여세율 낮춰주고 하는 것을 정부가 하는 거거든요, 국민이 하는 게 아니라. 결국 국민과의 사회적 대타협이란 게 성립할 수 없는 구조잖아요.

그러면 재벌과 관료들이 하는 사회적 대타협은 믿을 수 있느냐? 이 약속을 믿으려면 관료가 공공성의 대변자라는 신뢰가 있어야 돼요. 장하준 교수는 영국에서 사는 사람입니다. 영국은 지난 200~300년 동안 시민혁명을 거치고 시민사회가 발전한 결과 적어도 이 관료 조직이 공공성의 대변자라는 신뢰를 가지고 있을 겁니다. 그러나 한국사회에서 관료조직은 기득권의 대변자이자 스스로 기득권자입니다. 이런 관료조직이 재벌 총수와 맺은 사회적 대타협이 우리 사회와 한국 경제 전체에 이익이 될 거라고 어떻게 보장합니까? "경영권 유지와 승계는 이미 내줬는데 그에 따른 반대급부인 투자와 고용의 약속을 지키지 않았을 때 제재할 방법이 없다, 이런 사회적 대타협을 추진해갈 관료조직의 공공성을 신뢰할 수 없다"는 것이 사회적 대타협 주장에 대한 비판의 핵심인 거죠.

물론 이런 비판적 입장에 있다고 해서 사회적 대타협을 위한 노력 자체를 무의미하다고 부정하는 것은 아니고요. 재삼 강조하지만, 사회적 대타협만 제대로 이루어진다면 갈등보다 훨씬 더 좋은 성과를 가져올 것은 분명하지만 문제는 그걸 유효하게 유지할 수 있는 방법입니다. 상대방이 약속을 깼을 때 어떤 시스템으로 유효하게 제재할 수 있을 있을 것이냐 하는 전제조건을 진지하게 고민해야 한다는 것이죠.

결국 사회적 대타협은 그 타협의 결과 얻을 수 있는 추상적인 이익을 선언함에 의해서 이루어지는 것이 아니라 그 사회적 대타협의 틀을 벗어났을 때 받게 될 제재의 구체적인 비용을 보여줌으로서 사회적 대타협을 이끌어야 한다는 겁니다. 추상적인 이익, 그러니까 '너는 이렇게 하면 장차 이런 이익을 얻을 것'이라고 해서는 온전한 사회적 대타협이 될 수 없고, '이 틀을 벗어나면 받게 될 제재의 비용이 이런 것'이라는 것을 구체적으로 보여주어야 명실상부한 사회적 대타협이 될 수 있다는 게 제 판단입니다.

농담 비슷하게 하는 얘긴데, 사회적 대타협을 하려면 일단 이건희 회장부터 감옥에 넣어야 합니다. 거기 들어가서 자신이 치를 비용이 뭔지를 알게 해야지만, 사회적 대타협의 테이블에 나온다는 것이죠. 그런데 그걸 하지 않고 그들이 원하는 경영권 유지와 승계를 다 내준 다음에, 예를 들어 포이즌 필 만들어주고, 금산분리 다 완화해주고 난 다음에 '우리 타협하자'고 하면 이 사람들이 사회적 대타협에 나올 이유가 없는 거죠. 감옥에서 일주일만 있으면 타협 테이블에 나오게 되어 있어요. 최태원 회장이 변화한 것도 그거예요. 6개월 동안의 큰집 경험이라는 게 보통 일이 아니에요. 사람은 경험을 해봐야 알 수가 있는 거고, 큰집에 갔다 와야지 개과천선해요. (웃음) 한국이라는 나라가 어느 날 갑자기 계몽국가가 될 수도 없고, 재벌 총수들이 계몽군주도 될 수 없다고 생각합니다. 그건 옛날 얘기고, 명백하게 자신이 치러야 할 비용을 인식할 때에만 타협의 테이블에 나온다고 보는 거죠.

재벌기업들 요구 다 들어주고 나면
사회적 대타협은 없다

지 이번 기회가 어떻게 보면 사회적 대타협의 호기일 수도 있을 것 같은데요.(웃음)

김 2005년 '삼성공화국' 논란을 거치면서 삼성이 낸다는 8000억 원으로 사회적 이해가 이루어졌다는 착각을 한 거예요. 돈으로 사회적 대타협을 산다는 발상을 한다는 것 자체가 어처구니없는 거죠. 더구나 8000억 원이라는 게 이재용이 얻은 부당이익을 내놓은 것도 아니에요. 그게 어떻게 이루어진 거냐면 그전에 이미 조성되어 있는 삼성장학재단의 4500억 원을 그대로 옮겨놓은 것뿐입니다, 이름만 바꿔서. 그런데 그 장학재단 돈도 이건희 회장 800억, 이재용 씨 700억 해서 부자가 낸 돈은 1500억 원뿐이고, 나머지 3000억 원은 계열사들이 낸 돈입니다. 이건희 회장 부자가 사회적으로 용서를 구하기 위해서 내놓은 돈이 아니에요. 장학재단 돈 외에 나머지 3500억 중에서도 2200억은 자살한 막내딸 재산입니다. 유서 없이 자살했으니까 자연히 아버지한테 상속이 된 거예요. 아버지가 자살한 딸 재산을 어떻게 받겠어요. 그걸 내놓은 거고요.

그러니까 1300억 원만 이재용, 이서현, 이부진 삼남매의 불법부당이득 비난 여론을 잠재우기 위한 면죄부로 내놓은 돈이에요. 이재용 남매가 가진 재산이 얼마입니까? 조 단위예요. 사실은 외국에서 이런 일이 벌어졌다면 1300억 원이 아니라 보유 재산 전부를 회사에 돌려줘야 합니다. 조 단위의 부당이득을 사회적으로 용서받기 위해서 1300억 원밖에 안 내놨는데, 그것도 8000억 원으로 뻥튀기

해서 뭔가 타협을 보자는 심보라니, 정말 어처구니없는 일이죠.

지　그런 내용이 왜 기사에는 잘 나오나요?

김　이런 것을 쓰는 신문은 《한겨레》밖에 없어요. 그나마도 아주 가끔가다가. 그런데 그런 기사가 나가면 상당 기간 광고가 떨어지죠.(웃음) 일반 국민들은 8000억! 엄청 나네, 이렇게 생각하잖아요.

지　일반 국민들은 회사 돈도 이건희 회장 돈으로 생각하는 경우가 많지 않습니까?

김　김용철 변호사가 바로 그 얘기 했잖아요. 비자금, 회사 돈은 이건희 회장의 것이라는 확신에 사로잡혀 있다는 거죠. 완전히 전근대적인 지배구조의 산물이고, 개인 돈하고 회사 돈을 구분하지 못하는 겁니다.

지　스웨덴의 발렌베리 그룹과 삼성을 비교하는 경우도 많은데요.

김　발렌베리 가문은 5대째 내려오고 있습니다. 스웨덴이 가지고 있는 여러 가지 경영권 방어 장치들이 있어요. 다수의결권제도 같은 것이 도움이 되기는 하지만, 기본적으로 발렌베리 가문은 그 안에 금융회사가 있음에도 불구하고 금융회사를 통해서 다른 계열사를 지배하지는 않아요. 발렌베리 가문이 재단을 만들어서 재단이 보유하고 있는 주식에 다수의결권을 부여해서 지배하고 있는 건데요. EU 통합 이후에 다수의결권에 대해서 미국식으로 점점 가고 있어요. 옛날에는 1000 : 1까지 갔다가 지금은 10 : 1로 줄어들었는데, 이것도 점점 폐지되고 있는 상황이고요.

2007년 10월에 EU재판소가 독일의 폭스바겐법을 무효화하는 판결을 내렸어요. 폭스바겐이 이른바 진짜 국민기업이니까 "단일 주주는 20퍼센트 이상의 의결권을 행사하지 못 한다"는 내용의 법입니다. 폭스바겐의 최대주주가 포르쉐이고 32퍼센트의 지분을 가지고 있는데, 그 법에 의해서 의결권은 20퍼센트밖에 행사를 못합니다. 다른 은행들이 그것보다 더 적은 주식을 가지고 있지만 의결권 대리행사를 통해서 폭스바겐에 대한 의결권을 포르쉐가 행사하지 못하게 했는데, 유럽재판소에 회부되어서 이 법률이 무효가 됐어요. 그만큼 유럽에서도 과거와 같은 경영권 방어 장치들이 점점 완화되는 추세에 있는데, 그럼에도 불구하고 발렌베리 가문의 지배력이랄까, 사회적 신뢰성은 전혀 훼손되지 않고 있는데요. 일단 발렌베리 가문이 노조와 공생 차원의 타협을 통해서 자신의 지위를 사회적으로 인정받았다는 겁니다. 삼성의 무노조경영과 발렌베리의 노조와의 공생, 이게 가장 큰 차이점이라고 할 수 있고요. 또 발렌베리 가문은 5대째 내려오면서 전부 장자가 승계한 것이 아닙니다. 공개경쟁을 통해서 다음 CEO를 선발하는 과정을 거쳤고요.

철저한 계급사회인데도 불구하고 스웨덴 뿐 아니라 유럽의 상류층들은 의도적으로 대중과 접촉하는 다양한 기회를 만듭니다. 영국의 왕실 가족은 의도적으로 해군에 복무한다든지. 물론 쇼일 수도 있겠지만 자선 바자회를 정기적으로 열고, 서민들의 행사 같은 데도 계속 얼굴을 내미는 등 사회적 대면 접촉을 통해서 사회로부터의 신뢰를 쌓아가는 속에서 노블리스 오블리제를 구축하는 과정을 거치는데요. 우리나라 재벌들은 일단 지분구조도 개판인데다가 어떤 경영능력 검증도 없이 장자 승계를 밀어붙이고요. 이 사람들이 철저하게 폐쇄된 공간에만 있어요. 김용철 변호사가 뭐라고 했냐면 자기가 7년 동안 삼성 구조본에서 근무하는 동안 이건희 회장이 출근하는 것을 두 번 봤답니다. 완전히 은둔의 제왕이에요. 이런 식으로 해서 과연 어떻게 기업 구성원이나 사회 구성원들로부터 신뢰를 받겠어요. 이건희 회장은 나이가 많다고 하지만, 이재용 씨는 왜 그러는지 이해할 수가 없어요.

정말 우리나라 재벌 총수들도 일부러라도 시민단체 관계자들도 만나고, 노조 사람들도 만나고, 제기동도 찾아가서 신부님도 만나고 하는 과정을 통해서 사회가 자기를 어떻게 바라보는지에 관해서 스스로 체득하고, 그 속에서 건전한 사회의 한 구성원이 되기 위해서 어떤 노력을 해야 하는가를 깨우쳐야 하는데요. 그런 가운데 경영능력을 사회적으로 인정받는 과정을 거쳐야 하는데요. 그렇게 하지도 않고 할 의지도 없잖아요. 그게 발렌베리와 삼성의 가장 큰 차이점이죠. 노조 불인정은 대중과의 접촉을 하지 않겠다는 겁니다.

투명성과 책임성이 없고서는
어떤 국가발전 모델도 무용지물

지 "삼성전자 같은 우리나라 대기업들이 자랑스러운 글로벌기업으로 성장하려면 우리 사회의 지배구조와 같은 여러 가지 시스템들이 개혁되어야 한다"고 하셨는데요.

김 사실은 재벌개혁, 지배구조 개선이라는 게 하루아침에 될 수 있는 일이 아닙니다. 저는 재벌개혁은 혁명이 아니고 진화라고 하는데요. 왜냐면, 재벌의 지배구조가 개선되려면 일단 재벌 그룹 내부의 이사회라든지 주주총회 같은 지배구조 장치들이 제대로 작동해야 합니다. 우선 독립적인 사람을 사외이사로 뽑고 회계를 투명하게 해야 하는 등의 내부 개선이 필요하고, 아까 말씀드린 회계사나 변호사, 회계법인이나 법무법인들이 제 역할을 해야 합니다.

이런 회계법인이나 법무법인, 애널리스트들이 하는 역할이 뭐냐면 기업에 관한 정보를 투자자나 시장에 중계해주는 역할을 한다는 겁니다. 평판중계기관이라고 부르는데, 얘네들이 제대로 작동하지 않으면 기업에 대한 정보가 부족하고 부정확해지는 겁니다. 그런 상태에서는 지배구조가 제대로 작동할 수 없는 거고, 시장이 제대로 굴러갈 수가 없는 거예요. 이것은 너무나 전문적인 일이기 때문에 소액주주들이 들여다본다고 해서 얘네들이 잘하고 있는지 알 길이 없는 겁니다. 관련 단체들이 자율규제기관으로서 기능을 제대로 수행할 시스템도 갖춰야 하고요.

또 한 단계 넘어서 얘기하면 공정위, 금감위 같은 감독기구들이 법을 엄정하게 집행해야 합니다. 이런 과정을 통해서도 해결되지 않는 마지막 분쟁은 결국 검찰과 법원 같은 사법 시스템에 의해서 해결되어야겠죠. 한 나라의 기업 지배구조, 경제질서, 사회질서 전반이라고 얘기할 수 있는데, 그것이 제대로 개혁되고 작동되려면 기업 내부의 지배구조장치, 평판중계기관의 역할, 감독기구의 역할, 사법질서의 엄정성 같은 것들이 다 갖춰질 때만 선진국이 되는 겁니다. 국민소득만 2만, 3만 달러 된다고 해서 선진국이 되는 것이 아니라는 겁니다. 바로 이런 부분들에 대한 신중하고도 꾸준한 개혁 노력이 이루어질 때만이 우리 경제가 선진화될 수 있다고 생각하고요. 그런 의미에서 지배구조 개선은 혁명이 아니고 진화라고 생각하고, 그렇기 때문에 하나의 대통령이 자기 임기 내에 다 해치우겠다고 하다가 아무것도 못하는 그런 식의 전철을 되풀이해서는 안 된다고 생각합니다. 다음 대통령이 해야 할 과제를 위해서 그 전제조건들을 닦아가는 장기적인 관점과 노력이 필요합니다.

지　분식회계는 미국에서도 심각하게 생각하는 범죄 아닌가요? 재계 6위였던 엔론이 분해되고, 경영진이 자살하는 일까지 발생할 정도로 미국에서는 단호하게 처리했는데요.

김　우리나라가 미국을 신자유주의의 본산, 원흉, 그러면서 비판하고 있지만, 미국이 그러한 힘을 갖게 된 경제적 기반들이 있어요. 그게 없이 어떻게 가능하겠어요? 미국 경제의 저력 가운데 하나가 바로 그런 불법부당행위에 대한 엄정한 처벌이라는 데 있는 겁니다. 이 문제를 해결하는 방식은 크게 두 가지로 볼 수 있습니다. 하나는 사전에 참여하게 해서 문제의 소지를 줄여나가는 사전 조정 방식이 있는 거고, 다른 하나는 "니 마음대로 해라. 다만 잘못하고 나서 한번 걸리면 죽는다"는 식의 사후 제재 방식이 있습니다. 어느 사회든 사전 조정과 사후 제재라는 두 가지 요소를 결합시킨 시스템을 갖고 있는데, 다만 이게 영미형이냐 유럽대륙형이냐에 따라서 강조점이 다를 수가 있죠.

미국 경제질서의 핵심은 사전 조정보다는 사후 제재에 강조점을 두는 것이고요. 미국에서도 분식회계 같은 범죄행위들이 끊임없이 발생하고 있지만, 그것에 대해서 나이가 60이 넘은 CEO에게 25년형이라는 사실상 종신형을 선고하는 그런 엄정함이 (신자유주의

질서에도 불구하고) 우리가 생각하면 금방 무너질 것 같은 경제질
서가 유지되는 이유라고 생각합니다.

지 참여정부 들어서면서 여러 가지 유럽의 경제 모델을 검토했
지 않습니까? 초기에 스웨덴 모델을 검토하기도 했고요. 교수님께
서는 어떤 모델이 참조할 만하다고 생각하십니까?

김 "그러면 한국경제의 미래가 과연 뭐냐?" 하는 질문들이 나와
야 하지 않겠어요. 영미식 신자유주의 모델, 주주자본주의 모델은
우리에게 잘 안 맞고 굉장히 부작용이 많은 대신에 유럽대륙식 모
델은 우리에게 맞을 것 같다는 인식이 우리나라 국민들이 크게 착
각하고 있는 것 가운데 하나인데요. 워낙 신자유주의에 대한 비판
이 커서 그런 것인데요. 맞아요, 맞은 얘긴데, 그 말을 뒤집어보면
'유럽대륙식의 이해관계자 자본주의는 우리로서는 보다 친숙하고
쉽게 할 수 있는 모델'이라는 잘못된 인식을 가진 거라는 생각이 들
어요. 제가 보기에는 한국의 경제질서, 좀 범위를 넓힌다면 아시아
국가발전 모델이라는 게 주주자본주의 모델로부터 멀리 떨어져 있
는 그만큼 이해관계자 자본주의로부터도 굉장히 멀리 떨어져 있거
든요. 둘 다 우리로서는 쉽게 할 수 없는, 굉장히 많은 전제조건들
을 필요로 하는 모델이라고 생각하고요.

우리들 개혁운동의 원칙이 뭐냐면, 한국의 경제질서 또는 기업
모델이 이러이러한 방향으로 가야 한다고 하는 선험적 설계도를 가
지고 있지 않는 거예요. 우리 팀 구성원이 스무 명 정도 되는데, 이
데올로기적인 스펙트럼은 매우 넓어요. 민주노동당의 정책위부의
장을 했던 친구도 있고요. 온건한 사민주의자도 있고, 합리적 자유

주의자도 있어요. 극좌와 극우 빼고는 다 있습니다. 아까 제가 혁명이 아니라 진화라는 표현을 쓴 것과도 연결되는데요. 뭔가 도달해야 할 목표점을 미리 설계해놓고 그 방향으로 가는 운동방식이 아닙니다.

우리 팀은 딱 두 가지를 지배구조 개선 원칙으로 고수하고 있는데요. 투명성과 책임성 원칙입니다. "니가 뭘 하고 있는지를 다른 사람이 알게 해라. 투명하게 해야 하고, 뭔가 일이 잘못되었으면 왜 잘못되었는지에 대해서 설명을 해라. 그게 합리적으로 설명이 되면 책임이 없는 거지만 설명이 안 되면 책임을 져라"는 것이 책임성의 원칙입니다. 주주자본주의 모델이든 이해관계자 자본주의 모델이든 이 투명성과 책임성이 없으면 둘 다 제대로 작동하지 못합니다. 투명성과 책임성이 없는 상태에서의 주주자본주의 모델은 천민자본주의가 될 뿐이고, 이해관계자 자본주의 모델은 연고자본주의가 될 뿐입니다. 둘 다 사상누각일 뿐이에요. 우리가 이념적으로 매우 다양한 사람들이 모여서 하나의 활동을 함께할 수 있는 이유가 뭐냐면, 이 투명성과 책임성 원칙이야말로 어떤 궁극적인 도달점에 가든지 간에 그것이 작동하기 위한 필수전제조건이라고 생각하기 때문입니다.

사실은 장하성 교수하고 저는 이념적으로 많이 달라요. 장하성 교수는 누가 봐도 합리적 자유주의자라고 부를 수 있는 분이고요. 영미식 모델 쪽에 상대적으로 더 가까이 가 있는 분입니다. 저는 스스로 사민주의자라고 생각하고, 이해관계자 자본주의 모델에 더 가까운 사람입니다. 그럼에도 불구하고 장하성 교수가 2001년에 이 팀의 책임을 저보고 맡으라고 했을 때 수락한 거예요. 장하성 교수와 저의 상호 신뢰관계가 그거예요. 이데올로기는 다를 수 있지만, 우리가 걸어가야 할 긴 과도기 동안 함께해야 할 과제가 있다는 겁니다.

제 생각에 우리 사회 진보개혁 진영의 문제 가운데 하나는 거대 담론 과잉이에요. 우리가 바람직하다고 생각하는 모델은 굉장히 많아요. 사회주의에서부터 라인 모델, 북구 3개국 모델, 강소국 모델 등등 많은 애기들이 있고, 일부에서는 영미식 모델이 더 낫다고 하는 등 다양한 모델을 애기하는데, 우리 사회가 계속 발전한다면 10년, 20년 후에 도달해 있을 상태가 지금 우리가 알고 있는 것과 별로 다르지 않을 거예요. 그 가운데 어느 하나이거나 그것에서 가까운 모습일 텐데요.

우리가 진정 고민해야 할 것은, 10년, 20년 후에 도달할 목표 설계보다는 거기까지 가는 동안 필연이든 우연이든 발생할 가능성이 있는 사건들, 그로 인한 불확실성의 문제들, 그로 인한 심각한 불안정성의 위험들을 어떻게 관리할 것이냐에 대한 구체적인 프로그램이라고 생각합니다. 이런 것들이 없으면 아무리 좋은 설계도를 갖춰봐야 결코 거기에 갈 수 없는 거라고 생각하고, 이러한 긴 과도기 동안 많은 불확실성과 위험을 관리할 수 있는 가장 기본적인 원칙이 투명성과 책임성이라고 생각합니다.

외부 개방에 따른 충격을 흡수할
내부 개혁이 선결과제

지 한미FTA를 추진하는 것은 미국식 모델로 가겠다는 건데요.

김 저는 한미FTA를 내부 개혁에 실패한 노무현 대통령의 모험주의의 발로라고 생각하는데요. 한미FTA 효과에 대해서 매우 우려하고 있습니다. 저는 민족경제론자가 아니고 진보적 개방론자인데요. 사실 한국은 신식민지 종속국가 상태가 아니라 이미 제3세계 국가들을 착취하는 단계까지 거의 와 있다고 생각하고 있어요. 그런 의미에서 민족경제론적인 인식은 잘못됐다고 생각하고요. 저는 외국자본에 의한 적대적 M&A를 막기 위한 경영권 방어 장치를 도입하면 안 된다고 생각하는 사람입니다.

그런 의미에서 진보적 개방론자인데도 불구하고 한미FTA는 반대했어요. 반대한 이유는, 제가 특히 관심을 갖고 있는 서비스, 금융, 지적재산권 분야의 협상 내용 때문인데요. 이런 서비스 분야에서의 개방은 관세를 낮추는 형태가 아니에요. 서비스에는 관세가 없어요. 서비스부문은 제조업과 농산물의 형태와는 전혀 다른 형태로 개방이 되는데요. 서비스의 개방을 한마디로 얘기하면 제도의 변화입니다. 우리가 지금까지 허락하지 않았던 것을 허락하는 형태로 제도를 바꾸는 것이 서비스부문의 개방이거든요. 그런데 이런 제도 변화를 계획할 때는 그 변화가 다른 제도들과 상호보완성을 갖고 있는가에 대해서 신중하게 따져봐야 하고, 더 중요하게는 '이렇게 제도를 변화시켰을 때 바뀐 제도를 엄정하게 집행할 능력이 있는가?'에 대해서 고민해봐야 합니다.

예를 들면 외환위기 이전에 '종금사'라는 사실은 별것도 아닌 금융업종 하나의 규제를 완화해놨더니 이게 IMF를 불러오는 빌미가 됐어요. 외환위기 이후에는 수신 기능도 없는 여신전문 금융기관인 카드사의 규제를 멋모르고 완화해놨더니 400만 명의 신용불량이 생긴 겁니다. 사실 제도의 변화라는 것은 이것처럼 예측 불가능한 결과를 가져올 수 있습니다.

한미FTA는 너무나 광범위한 영역에서, 경제뿐 아니라 사회 제반 영역에서 제도 변화를 부르는 거대한 충격일 텐데, 이런 제도 변화를 상호보완적으로 설계할 능력이 있느냐, 그러한 제도들을 모든 경제 주체들에게 공정하게 집행할 능력을 갖고 있느냐면 그렇지 못하다는 겁니다. 그래서 저는 한미FTA가 실패를 가져올 가능성이 매우 높다고 생각하고, 반대하는 겁니다. 따라서 개방을 하려면 먼저 내부 개혁을 하거나 적어도 같이 하는 순서로 가야 하는데, 노무현 대통령은 내부 개혁에 실패했기 때문에 개방을 하자는 거거든요. 그러면 외부 개방에서 오는 충격을 어떻게 흡수할 것이냐, 그 제도 변화를 어떻게 집행할 것이냐에 대해서 아무런 대안이 없어요. 그런 의미에서 너무나 모험주의적인 발상이라는 거죠.

또 하나만 덧붙인다면 한미FTA 아젠다에 올라간 것은 매우 협소할 수도 있어요. 거기 안 올라간 것도 많으니까요. 예컨대 금융부문만 해도 신금융서비스나 국경간 거래 같은 경우는 우리가 처음 우려했던 것보다는 많이 제한이 됐어요. 그러나 한미FTA의 효과라는 게 협정문에 올라간 아젠다에 대해서만 효과를 미치느냐, 그 분야에 대해서만 제도 변화를 가져오느냐면 그게 아니라는 거죠. 한미FTA라는 충격이 있게 되면 그 테이블에 명시적으로 올라가지 않은 아젠다들도 변화할 수밖에 없는 것이고, 그것이 보수적인 방향으로 변화할 수밖에 없는 계기를 만들어준다는 겁니다.

예를 들어, 한미FTA에는 교육 문제가 빠졌어요. 그러나 한미 FTA를 추진하는 과정에서 삼불三不 폐지라는 보수권의 목소리가 갑자기 힘을 발휘하게 됐고, 국경간 거래나 신금융서비스가 빠졌음에도 불구하고 자본시장통합법이라는 게 만들어지면서 우리나라 자본시장의 근본적인 틀이 바뀌어버리는 이런 과정들이 한미FTA의 효과라고 생각합니다. 협정문에 담긴 제도의 변화뿐 아니라 그것이 촉발시킬 다른 부문의 제도 변화가 지극히 보수적인 방향으로 흐를 가능성이 높은 거고, 그것이 제도 집행의 불공정성 문제와 결합되면 우리 사회의 갈등을 걷잡을 수 없는 방향으로 증폭시킬 수가 있다는 거죠.

지　참여연대 경제개혁센터에서 갈라져 나온 경제개혁연대의 소장을 맡고 계신데요. 경제개혁연대를 만든 이유가 뭔가요?

김　사실은 어느 날 갑자기 결정한 게 아니에요. 분리 배경은 크게 보면 세 가지 정도인데요. 첫째는 참여연대 자체가 우산 조직이에요. 그 안에 있는 9~10개의 활동부서가 있는데, 저마다 상당히 독립적으로 활동해요. 제가 참여연대 경제개혁센터 소장이었지만, 옆에 있는 사회복지위원회가 무슨 일을 하는지는 잘 몰라요. 독립성이 높은 조직의 형태였고, 특히 경제개혁센터의 독립성이 가장 높았습니다. 각 활동 단위들이 사업적으로나 재정적으로 자생력을 갖게 되면 독립을 추진한다는 것이 참여연대의 설립 당시부터 갖고 있던 조직의 목표예요. 경제개혁센터 이전에 두 개의 부서가 사실은 독립했던 경험들도 있으니까 참여연대라는 조직의 특성에서 나온 측면이 하나 있고요. 경제개혁센터가 재정적으로나 사업적으로 가장 높은 자생력을 갖게 된 거죠.

둘째는 빠르면 5~7년 전부터 경제개혁센터 시절에 우리가 기획했던 것이 있어요. 경제개혁센터, 지금의 경제개혁연대라는 활동단위가 있고, 그것을 서포트하기 위해서 연구소를 만들기를 원했어요. 그게 지금 있는 '좋은기업지배구조연구소'예요. 기업의 지배구조 문제에 관한 데이터베이스를 축적하고, 그것을 통해서 연구 성과물들을 만들어내는 연구소를 만들었고요.

셋째로 변호사들이 지배구조 관련 소송을 전문적으로 하는 로펌을 만드는, 지금은 성격이 조금 변했지만 한누리 법무법인이라는 것을 우리쪽 변호사들이 만들어서 일부 같이 활동한 적이 있었는데요. 로펌을 만드는 것도 우리의 목표였습니다.

또 하나는 소액주주운동인데요. 그걸 정말 소액주주에 의해서 하는 게 아니에요. 전세계적으로 주주행동주의를 소액주주, 시민단체들이 하는 나라는 없어요. 지극히 한국적인 상황이거든요. 주주행동주의는 결국 기간투자자들이 해야 하는 것이기 때문에 기간투자자의 행동 모델을 만들기 위해서 지배구조 펀드를 추진한다는 것이 저희들이 5년 전에 설정했던 목표예요. 그런데 이 목표들이 하나씩 이루어진 겁니다. 활동단위는 이미 있는 거고, 연구소 만들었고, 로펌 만들었고, 작년에 통칭 장하성 펀드라고 불리는 지배구조 펀드, 물론 저희들이 직접 하는 것은 아니지만 그 펀드의 기업 분석에 컨설팅을 하는 기간투자자 행동주의의 모델을 시험하는 그 단계까지 간 거예요. 그러면서 5~7년 전에 했던 구상들이 일단락되었다고 판단했기 때문에 독립 필요성이 더욱 강해졌던 거고요.

마지막으로는 사실 참여연대에 계신 분들, 다른 부서에서 활동하고 계신 분들이 펀드에 대해서 생소해하고 우려들을 많이 했어요. 특히 신자유주의 비판이나 장하준 교수와 같은 비판들이 알게 모르게 상당한 정도로 영향을 미치고 있는 거니까 그런 상태에서 참여연대 경제개혁센터 자체는 아니지만, 그것과 관련되어 있는 사람들이 지배구조 펀드 활동을 하는 것에 대해서 다른 참여연대 사람들이 우려들을 많이 했는데요. 우리는 그게 활동 목표였기 때문에 그것을 포기할 수는 없는 거고요. 그런 문제 때문에 조직적 분리의 필요성이 생긴 거죠.

그래서 우리가 비록 독립은 했지만, 촌수 관계가 좀 모호해요. 참여연대 쪽에서는 모녀지간이라고 부르면서 1촌 관계라고 하고요. 우리는 자매간 정도, 그러니까 2촌 관계라고 하는데요. 모녀간이든 자매간이든 참여연대와 경제개혁연대는 같은 뿌리를 가지고 있는 거고요. 필요에 따라서 연대활동들을 여러 가지로 같이하고 있어요. 생보사 상장 문제에 대해서는 처음부터 끝까지 같이해왔고, 특히 김용철 변호사 문제로 인한 삼성 문제에서는 여러 가지를 공동으로 대처하고 있습니다.

지 삼지모(삼성을 지켜보는 모임)에는 왜 참여를 거부하셨나요?

김 장하성 교수와 저도 요청을 받았는데요. 기본적으로 우리 팀의 원칙에 이런 것이 있어요. 우리와 어떤 기업이 관계를 맺는다면 대화를 하는 파트너의 관계(협력적 파트너일 수도 있고 갈등을 빚는 관계일 수도 있지만), 다시 말해 직접적인 관계를 원하는 것이지, 우리가 한 기업이 만들어낸 조직의 한 부분으로 들어가는 것은 원하지 않았던 거죠. 왜냐하면 다른 데서도 오시는 분들도 있을 거 아닙니까? 그 분들의 의견을 전적으로 우리가 무시할 수도 없고, 그렇다고 완전히 따라갈 수도 없는 거고요. 그런 의미에서 우리의 원칙이나 활동 방식을 고수할 수 없는 형태로는 참여할 수 없다고 했고요.

또 굳이 삼지모가 아니라도 우리는 재벌 기업들을 다 감시하고 있어요. 우리가 일상적으로 감시하고 있는 기업이 60개가 넘어요. 많은 대기업들이 우리한테 사외이사로 들어와 달라는 제안도 했는데, 그런 제안을 한 번도 받아들인 적이 없습니다. 왜냐하면 기업 조직의 한 부분이 되어버리면 독립적인 활동을 수행할 수 없기 때문입니다. 우리에게 중요한 것은 기업과의 관계에서 독립적 지위를 유지하는 겁니다. 또 하나는 삼지모의 성격 자체에 대해서도 사실 의구심을 가졌어요. 권한도 없고 의무도 없는 그런 조직에서 무슨 역할을 하기는 어렵다고 판단한 거지요. 아까 말씀드린 바와 같이 8000억 원 희사 부분도 다분히 사기라고 생각하고 있었기 때문이죠.

{ '유전무죄'의 부패구조 청산 없이는 미래도 없다

지　경제개혁을 위해서는 사람들의 '기업=국가경제'라는 인식의 틀을 깨야 할 텐데요. 방법은 뭐가 있을까요? 흔히 "경제도 어려운데, 무슨 기업 비리 수사냐?" 하는 의견도 꽤 있지 않습니까?

김　사실 재벌 총수가 형사처벌을 받게 되면 단기적으로 충격은 있을 거예요. 다만 지배구조 문제를 해결하는 노력이야말로 우리나라 기업들을 글로벌 기업으로 발전시키기 위한 투자라는 관점에서 인내심을 가지고 지켜보고 또 그것을 위해서 노력해야 할 필요가 있습니다. 재벌기업이 흔들리면 한국경제가 망할 것이라는 국민들의 인식 자체가 재벌기업들이 만들어낸 지배이데올로기에 오염된 결과라는 걸 이해할 필요가 있어요.

최태원 회장이 SK글로벌의 분식회계 때문에 형사처벌을 받고 감옥까지 갔다왔지만 SK그룹은 오히려 과거보다 훨씬 더 좋은 기업으로 발전했잖아요. 현대자동차 그룹의 정몽구 회장도 구속되었지만, 그 과정에서 현대자동차의 사업수행에 특별한 이상이 발생하지 않았어요. 오히려 지난 2사분기에는 사상 최고의 실적을 기록하기도 했고요. 그런 과정을 통해서 노조와 상생협력하는 계기를 마련하기도 했고요. 그런 불법행위들을 덮어두는 것이 우리 기업들을 아끼는 태도가 아니라 오히려 우리 기업들을 망치는 잘못된 태도일 수 있다는 것을 국민들이 인식했으면 좋겠습니다.

지 "부동산 버블은 부동산 정책 실패 때문에 나온 게 아니다. 여러 경제사회 정책이 부동산 버블을 조장하고 있는데, 부동산 수요 공급만을 조정한다고 부동산 가격이 안정되지는 않는다. 경제 환경 자체를 바꿔야 한다"고 하셨는데요. 참여정부의 부동산 정책은 어떻게 평가하십니까? 시중의 평가는 양극으로 갈리지 않습니까?

김 노무현 정부가 부동산 버블 문제를 협의의 부동산 정책, 곧 종부세로 표현되는 조세 정책을 가지고 해결하려고 했던 게 아닌가 생각합니다. 굉장히 잘못된 접근이에요. 전세계 어느 나라도 부동산 버블을 세제를 가지고 해결한 경우는 없습니다. 부동산 세제는 조세의 수직적, 수평적 형평성을 확보하기 위해서 개혁해야 할 대상이지, 부동산 세제를 가지고 버블을 잡겠다고 하는 것은 조세정책의 의미와 효과를 전혀 이해하지 못한 게 아닌가 생각하고요.

부동산 버블이 생기는 가장 큰 이유는 과잉 유동성 때문입니다. 우리나라가 2003년 하반기부터 2005년 상반기까지 2~3년 동안 금리를 전혀 조정하지 못했어요. 그리고 이른바 경기가 침체되어 있다고 하니까 저금리 상태에서 계속 경직적으로 운영해왔거든요. 그러다보니 너무 많은 시중에 넘쳐나는 거예요. 넘쳐나는 유동성이 언제나 생산적인 활동으로 연결되는 것은 아니니까 어딘가 투자되어야 할 대상을 찾는 건데, 그게 부동산으로 갈 수도 있고 주식으로 갈 수도 있는 거잖아요. 바로 금리정책, 유동성 관리 정책의 실패, 이른바 경기침체에 대한 너무나 패배주의적인 인식 때문에 금리정책을 탄력적으로 사용하지 못한 것이 부동산 버블을 가져온 중요한 원인이라고 생각하고요.

또 하나의 원인을 생각한다면 참여정부는 개혁정부가 아니라 개발정부였어요. 도대체 무슨 개발프로젝트가 그렇게 많아요. 행복도시에서부터 산업클러스터, 기업자유도시, 경제자유구역, J 프로젝트, 행담도 개발…… 하여튼 참여정부가 이른바 산업정책이나 지역개발정책의 이름으로 수행한 프로젝트들이 너무나 많아요. 이런 개발 프로젝트들은 당연히 부동산 가격 상승 심리를 낳게 됩니다. 저는 참여정부의 부동산 버블 문제는 강남만의 문제라고 생각지도 않고, 부동산 세제만으로 잡을 수 있는 것도 아니라고 생각해요. 금리정책의 실패에 따른 과잉 유동성에다가 부동산 가격 상승에 대한 기대심리를 심어줬기 때문에 부동산 가격이 상승하는 것은 너무나 당연한 거예요. 이 두 부분에서 부동산 버블이 만들어졌는데, 그것을 종부세만으로 잡겠다고 한 것이 효과도 없었을 뿐만 아니라 중산층을 보수 성향으로 돌아서게 한 결정타가 된 거죠.

지　정리하는 차원에서 한 말씀 해주십시오.

김　아까 재벌 총수에 대한 형사처벌, 범죄행위에 대한 단죄와 관련해서 말씀드리면요. 길거리 범죄는 검거율이 60~70퍼센트 정도 됩니다. 그런데 이른바 전문가들이 저지르는 분식, 횡령, 배임, 주가조작 등의 경제범죄는 검거율이 무척 낮습니다. 길거리 범죄보다도 우리 사회를 더욱 심각하게 위협하는 것이 바로 이런 경제범죄거든요. 이걸 제대로 규율하지 못하는 상태에서 어떻게 경제 주체들이 5년, 10년 후를 내다보면서 경제활동을 하겠습니까?

　적발률이 낮다는 것은 뭐냐면, 적발된 케이스에 대해서는 엄정 처벌해야 한다는 논리를 가져오게 됩니다. 이게 징벌적 손해배상제도의 논리와 비슷한 건데, 적발률이 10퍼센트면 안 잡힌 놈 9명은 놔두더라도 잡힌 놈 하나한테는 걔가 일으킨 손해에 대해서 10배의 손해배상을 물리는 것이 징벌적 손해배상제도예요. 이게 영미식 제도에서 굉장히 발달한 제도인데, 적발률이 낮은 기업가들의 전문적 범죄에 대해서는 엄정하게 처벌하는 것만이 경제질서에 관한 예측 가능성을 확보할 수 있는 것이고, 이것을 통해서만이 기업과 노동자, 시민사회가 먼 미래를 내다보는 관점을 가질 수 있을 거라고 생각합니다. 그런 의미에서 핵심 4인방(삼성 이건희, 이재용, 이학수, 김인주)은 반드시 형사처벌해야 한다고 생각합니다.